新时代教师教育丛书
丛书主编｜袁振国

教育新理念

第3版

袁振国◎著

教育科学出版社
·北京·

▣ 再版前言

教育理念是指导教育行为的思想观念和精神追求。只要有教育行为发生，就一定有教育理念在起作用，只不过有些人的比较明确，有些人的比较模糊。一对农民夫妇教女儿穿针引线，或者教儿子锄草犁田，那是因为他们觉得这是孩子将来生活必要的本领。一个国家拿出财政收入的15%或更多，建立强大的国民教育体系，组织庞大的教材编写队伍，确定各级各类教育的内容，那是因为政府认为这样做才能保证现代社会本国国民必须具备的素质。随着社会文明水平的不断提高，教育在社会发展中的作用也越来越凸显。对于在有组织、有目的的教育系统中专门从事教育工作的人员来说，具有明确和先进的教育理念，是保证教书育人质量的必要前提。教育理念一旦形成，就会成为相对稳定的精神力量，会影响一名教师如何看待教育的意义，如何看待教师与学生的关系，如何处理教育教学中的各种矛盾，等等。有没有明确而先进的教育理念，有没有对教育理想的孜孜追求，有没有不断改进工作的意识和能力，是一个优秀的教育工作者和一个平庸的教育工作者的根本区别。“全面推进素质教育，一定要抓教育思想观念的问题，要能够明确回答：我们究竟应该树立哪些新的教育思想，转变哪些旧的教育观念。…… 在教育模式、学习方式正在发生根本性变革的今天，我们在转变教育思想、更新教育观念方面应当如何去做？希望广大教育工作者……努力在新世纪的教育改革实践中，开发出更多更好的素质教育案例，不断丰富和发展中国素质教育的新理念。”[①]

历史是发展的，教育是变化的，思想是流动的，一成不变的教育和不思变革的教育思想是缺乏生命力的，根据时代的特点不断更新教育理念，我们才能成为教育变革的主动者。

好的教育是相对的，没有最好，只有更好，绝对的、统一的好教育是没有的。好教育不能通过模仿和抄袭而获得，教育是一种创造性的活动，我们只能根据特定的教育目的、教育场景、教育对象、教育任务和教育者自身的条件确定一种相对较好的教育行为方式，选择和创造自己认为好的教育。

教育是技艺，更是哲学、艺术、诗篇，是思想与思想的碰撞，是情感与情感的交流，是生命与生命的对话。教育需要用我们的热情和生命去拥抱。

教育事业是一项激动人心的事业，它为我们提供了实现理想、激发智慧的宏大舞台，为教育者和受教育者实现生命的价值、增进共同的幸福提供了无限空间。

2001年秋

① 陈至立．更新教育观念是实施素质教育的先导［M］// 中华人民共和国教育部《素质教育观念学习提要》编写组．素质教育观念学习提要．北京：生活·读书·新知三联书店，2001：2-3.

新版序言

我与《教育新理念》

1976 年我高中毕业。按照当时的政策知识青年需要下乡插队，我由于还没到下乡年龄，一时闲荡在家。正好这时候母校教师紧缺，我就临时被征召，经过简单培训做了初中二年级语文课的代课教师，后来又在我的小学母校做过半年二年级代课教师。大学任教之后主要给本科生、硕士生、博士生上课。所以，从本质上我是一名教师，对教师在学生的发展过程中有多重要，教师的创造性可以发挥到什么程度，是有些体会的。

我们很多人都目睹过这样的情况：一个乱糟糟的、师生之间充满敌意的班级，换了一位老师很快师生关系就融洽起来，班风发生了明显好转；同样是一门课、一本教材，在不同的老师手上，有的上得死气沉沉，令人昏昏欲睡，有的却上得生机盎然，同学情绪高涨；有些老师学生回忆起来，记忆模糊、印象平平，有些老师学生回忆起来却刻骨铭心，充满眷念和感恩之情……。在那些优秀的课堂、优秀的老师身上，确实有些共同的东西，但又不是千篇一律。同样是高效率、富有启发性的课程，有的老师上课气氛热烈，高潮迭起；有的却如行云流水，波澜不惊，但师生互动、思想交流却在无声进行。这些共性的东西是什么，个性的东西又是什么？1982 年当我成为一名教育学教师以后就时常关注和思考这些问题。1996 年我担任了华东师范大学公共教育学部主任，负责全校师范生教育学和心理学课程的教学，也为非师范专业希望学点教育学的同学开设选修课。也是在这个时候，国家实行了“园丁计划”，我国教师进修如火如荼地开展起来。如何讲好公共教育学课程，如何为各地的教师培训提供理论联系实际的课程，成为我们的中心议题，也成为我的研究课题。

经过与学生、教师的大量交流，经过与古今中外文献的大量对话，经过不断的思考和无数的教学实践，我们体会到一个简单而深刻的道理：好的教学首先来自正确、先进的教育理念，观念不正确，再高的热情、再高的才智也是事倍功半，甚至背道而驰。

记得刚跨入教师门槛时，有一位经验丰富的老师好心地对我说：“对学生一定要狠，否则学生就要爬到你的头上去。”一位来自著名学校的年级组长曾经给我介绍过他“修理”新生的经验，他说：“到我们这个学校的学生都骄狂得很，所以一进校一定要给他们一个下马威。”他们每年都要对新生进行一次难度很高的测试，至少让 60% 的人不及格，这样学生才会放下傲气。我还经常听到这样的说法：创造性培养是大学的事，中小学主要是打基础。我相信这些都是经验之谈，也有一些道理，但在本质上都经不起推敲，甚至是似是而非。至于“狼爸”“虎妈”，把孩子当作动物来训练，这种明显违背儿童成长规律和教育规律的说法与做法，却还很有一些市场，就更说明传播、树立和强化正确的教育理念有多么重要、多么迫切了。

所以，我一直有一种冲动，要对教育教学的一些基本理念，对我们每天都要碰到的教学的基本原则，系统地、严肃地谈一谈，对那些似是而非的观念予以澄清。于是，在 1998 年一开始放暑假，我便闭门不出，全身心地投入《教育新理念》的写作中。对于怎么写这本书我也有了自己的想法，我不想把它写成“高头讲章”。我相信这些问题的答案在那些大部头的教育学著作中，在规范的教材中，是能找到的。但是那些书本太抽象、太沉闷，对广大的教师来说，可能没有时间也没有耐心读完，即便读了，恐怕也难免隔靴搔痒。我希望以轻松自如、品茗闲叙的方式来交流这些话题。孔夫子特别欣赏他的学生曾点的情趣：暮春三月，穿上春天的衣服，约上五六人，带上六七个童子，在沂水边沐浴，在高坡上吹风，一路唱着歌而回。本人达不到这种境界但愿意去追寻。孔夫子还说："不愤不启，不悱不发，举一隅不以三隅反，则不复也。"两千五百多年前的圣人已经把教育的真谛揭示无遗了。有一位著名经济学教授的座右铭是这样的：讲一个原理不准备好 3 个以上的例子不上课。对此，我很有共鸣。我希望通过真实、鲜活的例子，化抽象的道理为生动的故事，写一本大家爱看的书，写一本易于读者举一反三的书。

20 年前《教育新理念》首版不久，我突然收到四川成都特级教师李镇西先生的来信，他说："我睡觉之前有拿本书随便翻翻的习惯，昨晚读了您的《教育新理念》，一上手就放不下来了，一直到凌晨 5 点读完为止。按捺不住激动的心情提笔给您写这封信……"后来他在《人民教育》杂志上发表了他的读后感文章，感谢他的溢美评价。我很高兴这么一本小书能受到广大教师的喜爱，重印了十多次，发行了几十万册，2009 年在《中国教育报》举办的读者评选活动中还获得了"2009 年影响教师的 100 本图书"之最佳图书奖。

2010 年以来时间又过去了 10 多年，出版社希望修订重印。这 10 多年世界发生了天翻地覆的变化，教育理念也有了很多新的发展和创新。近五六年来，我又陆续为教师、校长、局长写了一些短文，对教育理念有了一些新的思考。这次修订除了在对全书进行了一次校订修改之外，主要是增加了两个部分，一是更新了"校长的文化使命”这一章的全部内容，二是增加了“面向 2030 的教育改革”一章，敬请广大教师和喜爱这本书的读者提出宝贵意见。

写于 2021 年新春之际

目　录

|第一章| 课堂教学的革命

课堂教学是素质教育的主渠道，也是教育改革的原点。

——作者自题

第一节 以问题为纽带的教学

一、创造力是人人具有的天然禀赋

创造、创新近年来成了出现频率极高的字眼，它越来越受到世人的关注，这是令人鼓舞的。创新能力已经成为一个民族是否具有竞争能力、是否能够立于不败之地的关键。但我经常听到一些校长、教师说，创新是很重要，但那是大学的事，我们基础教育主要是打基础，换句话说，主要是传授知识。

这里首先必须对创新能力或创造能力（这两个概念在我看来完全是同义词）做一点解释。从教育学、心理学的角度看，创新是个体意义上的创新，而不是种系意义上的创新，也就是说，创新不创新是就他个人而言的，而不是与别人比是否有所创新。从个体思维发展的角度说，一名小学生发现了他个人未曾发现的东西，与科学家发现了人类未曾发现的东西，是等价的，虽然在社会价值上他们可能相差十万八千里。我们并不期望中小学培养出诺贝尔奖获得者，但我们却希望或者是要求学校、教师能够不断提高学生的创新能力。从这个意义上说，中小学培养学生的创新能力不仅可能，而且非常必要。因为如果孩子们的创新能力从小没有得到很好的保护和开发，就会逐渐地受到抑制甚至丧失。这样的学生，要想再培养他们的创造力就困难多了。

创新当然希望有创造性的成果，但从学校教育的角度说，创新更在于创新意识、创新个性的培养。现实社会的变化越来越快，我们的学生走向社会以后，能不能成为社会的主人，能不能在千变万化的社会生活中有自己的独立位置，关键在于能不能适应社会生活和工作的不断变化。这种适应绝不是消极的、被动的适应，而是主动的、创造性的适应。

创造性并不神秘。求异思维的冲动和能力，可以说是人人都有的与生俱来的禀赋，是人生下来能够适应各种环境的天然保障。它与人的智力水平并不是简单的正相关，而更多地与文化习惯、与教育影响相联系。我们举一个生动的画圆想象的实验例子来说明这个问题：一位教师在幼儿园的黑板上画了一个圆，问："小朋友们，你们想象一下，这个圆可能是什么？"结果在两分钟内，小朋友们说出了 22 个不同的答案。有的说，这是一个苹果；有的说，这是一个月亮；有的说，这是一个烧饼；有一个小朋友说，这是老师的大眼睛。这位教师拿同样的实验到大学一年级去做，要他们想象一下黑板上的圆可能是什么。结果两分钟过去了，没有一个学生发言。教师没有办法，只好点名请班长带头发言。班长慢吞吞地站起来迟疑地说："这——大概是个零吧？"

这个实验非常简单，却非常能够说明问题。没有受过教育的小朋友在两分钟内说出了 22 个不同的答案，经过了小学、初中、高中教育，经过了高考选拔，一路过关斩将进入了大学的优秀学生，面对这么一个简单的问题，两分钟过去了，却没有人主动回答。被迫回答的班长还迟疑地说"大概"是个零吧。大学生真的全都失去了想象力了吗？不是的，经过多年教育，他们建立了一个信念：教师的任何问题都是有一个标准答案的，面对这样一个突如其来的问题，他们揣摩不出教师的标准答案是什么，所以就不敢贸然回答，不愿当众出丑。他们关心的不是我怎么看问题，我怎样想问题，而是教师怎样看问题，教师期望的答案是什么。在心理上，他们已经习惯了接受教师的答案，而不是向教师的答案提出挑战。

二、创造始于问题

要保护和发展学生的创造性，首先要保护和发展学生的问题意识，进行基于问题的教学。问题意识、问题能力可以说是创新意识、创新能力的基础。早在 20 世纪 30 年代，陶行知先生就言简意赅地说，创造始于问题。有了问题才会思考，有了思考，才有解决问题的方法，才有找到独立思路的可能。搞学术研究的，一方面有人一辈子找不到合适的课题，另一方面每天都有新的发现；经商的，一方面有人为找不到商机、找不到市场犯愁，另一方面每天都有富翁产生；搞经营、搞管理的，一方面有人埋怨竞争的激烈，另一方面每天都有提高效率的经营策略诞生……。这里的关键就在于能不能在没有问题的地方发现问题，在没有机会的地方发现机会，在没有道路的地方开拓道路。有问题虽然不一定有创造，但没有问题一定没有创造。

三、问题意识是与生俱来的本能

问题意识、另辟蹊径是人与生俱来的本能，并不需要培养。孩子刚刚勉强学会走路，就试图摆脱成人的束缚，离开成人认为天经地义的、习惯了的大马路，去到那泥塘、石子、杂草丛生的不是路的路上去。说它不是路，那是从成人的眼光说的；说它是路，那是从孩子的眼光说的。孩子们本来并没有关于路的概念，只是因为家长的反复教导和强迫，孩子才放弃了每次不一样的路，走上了大家公认的马路。一旦走上了公认的马路，往往就再也不去探寻泥塘、石子、杂草丛生之地的乐趣和新奇了。

当小孩开始学会说话以后，说得最多的就是问题，“这是什么？”“那是什么？”诸如此类的无穷无尽的问题。当你回答了他的问题，他接下来又是新的问题——“为什么？”

“没有什么为什么。”这是我们经常听到的家长对孩子的回答。

“那为什么没有什么为什么？”家长以为可以搪塞过去了，不料引来了更大的麻烦。

“你长大了就知道了。”

幸好孩子还没有学习形式逻辑，如果他学了形式逻辑，接着再追问一句：“你已经长大了，你为什么不知道？”看你何言以对。

中华民族是一个十分重视下一代教育的民族，为了孩子的教育，父母花多大的代价都舍得。问题是我们要孩子掌握的都是我们认为他们应该掌握的，而孩子感兴趣的问题、出自孩子自身思维发展要求的问题我们却常常视而不见或置之不理。在孩子尚未具备识数能力时，我们就开始不厌其烦地教给他们 1、2、3、4、5……；在孩子还在咿呀学习母语时，我们就开始艰难地教给他们 A、B、C、D……；而对发自孩子内心世界的“为什么”，我们却常常以漫不经心的态度，以“长大了就知道”来搪塞他们。

进入学校以后，这种知识教学的倾向，这种“去问题教育”的倾向更是有增无减。孩子们第一天走进学校的时候，绝大部分是兴高采烈的，是充满了奇思异想的。他们怀有无穷的求知欲和表现欲。因此，第一天当教师向学生问问题的时候，50 个学生举起了 100 只手，每个人都太想回答问题了，所以都举起了双手。面对如此高涨的热情，我们教师通常的反应是：同学们，要学会举手的正确姿势，举一只手，另一只手请放下来。于是100只手一下子减少为50只手；但这并不妨碍孩子们的积极性，一只手就一只手吧，剩下来的一只手依然举得老高。不仅手举得高，而且左右摇动，同时还在呼唤“我要说，我要说！”来吸引教师的注意。面对学生的这种热情，教师的反应却是：“举手要有正确的姿势，手臂不要离开桌面……”孩子们虽然有些气馁，但他们还是很快适应了这种要求，按照规定的要求不屈地举着小手。

四、我们到底追求什么?

小孩子们因为无知而上学，所以孩子们回答问题不正确或提出的问题浅薄甚至荒谬，应该说是正常现象。如果孩子们的回答都是正确的，提出的问题都是高质量的，倒是不正常的了。可是我们却常常把这种正常现象视为不正常，而要把不正常现象变成正常现象。孩子们回答问题正确时，就会受到教师的肯定和表扬，而回答错误或提出荒谬的问题，则免不了要受到批评和嘲笑。面对不断的批评和嘲笑，孩子们回答问题和提问的积极性也逐渐降低，所以在学校里看到的情形是，小学低年级小手如林，小学高年级则逐渐稀疏，到了初中举手的则是寥若晨星了。高中学生还有举手的吗？没有了。他们已经没有回答问题和提出问题的欲望了。有谁愿意不断地被批评被嘲笑呢？不回答问题、不提问不会有任何麻烦，而回答得不好却有不愉快的结果，这是其一；其二，教师的问题一般都是有标准答案的，提问仅仅是一个手段，渐渐地学生学会了消极听课，等待教师自问自答。随着这种态度的发展，学生的问题意识也在日渐淡化。

很多时候，我们认为优秀的展示课是这样的：教学目的明确，教学内容清晰，教学方法灵活；教学过程活跃，教师问问题，学生顺畅回答问题，师生互动强，气氛热烈；教师语言准确简练，教学时间安排精当。这样的课堂教学，看着似行云流水，但我们是否曾换个角度想一想，既然教师的问题学生都能回答，这堂课还上它干什么呢？

我们可以设想两种情形。一种是教师通过问问题检查学生的预习情况，了解学生掌握知识的程度，如果学生把教师的问题都回答出来了，那说明学生对教师所讲的知识都掌握了，没有问题了。我们经常听到教师下课前问学生："都听懂了吗？还有问题吗？"当学生回答说没有问题了，教师就放心了。有的教师不仅听其言，还要观其行，要抽问学生，当得到的答案都是正确的，也就是都符合标准答案时，教师才会感到学生确实是没有问题了，才会露出满意的微笑。学生没有问题走进教室，没有问题走出教室。我把这种教育称为"去问题教育"。

另一种情形中，教师认为：学生总是充满好奇和疑问的，他们走进教室的时候，带着满脑子的问题。教师在回答他们问题的过程中，有意通过情境、故事、疑问、破绽等激发学生更多的问题。教师的回答使学生产生更加多的问题，最后教师不得不投降："你们的问题我已经回答不了了，我的知识就是这么多，我回去再学习、再准备，下次再来回答你们，你们回去也去思考，去寻找答案。"学生带着问题走进教室，带着更多的问题走出教室。这就是以问题为纽带的教育。教师并不以知识的传授为目的，而是以激发学生的问题意识、加深对问题的理解程度、探求解决问题的方法，特别是形成自己对解决问题的独立见解为目的。

你正在进行的教学属于哪种情形呢？教师教学的目的是什么？我们到底追求怎样的教育？我想老师们都已经有自己的思考了。

五、冲破观念障碍

我们的孩子放学回家以后，家长们问孩子的第一句话，从黑龙江到海南岛，可能差不多是一样的："今天的作业做完了吗？"家长们关心的是学校既定的任务完成了没有。但假如，我们试着从今天起，当孩子到家之后，我们问："你今天在学校向老师提问题了吗？"这时，孩子也放心地、得意地说："我今天向老师提了一个问题，老师没有回答出来！"你也不必因此感到尴尬和为难，甚至可以像孩子一样得意、喜形于色。那么，情况会有什么变化呢？

西方哲学史上有一个著名的故事：在剑桥大学，维特根斯坦是大哲学家穆尔的学生。有一天，大哲学家罗素问穆尔，"谁是你最好的学生？"穆尔毫不犹豫地回答："维特根斯坦。""为什么？""因为，在我的所有学生中，只有他一个人在听我的课时，老是流露着迷茫的神色，老是有一大堆问题。"后来维特根斯坦的名气超过了罗素。有一次有人问维特根斯坦："罗素为什么落伍了？"他回答说："因为他没有问题了。"

问题能力在于学生，能不能以问题贯穿教学在于教师。让问题成为知识的纽带吧！

第二节 化结果为过程的教学

一、知识是从哪里来的?

知识是从哪里来的?

产生了这个问题后我随即想起了一幅有趣的漫画：爷爷问他的孙子：“你知道米是从哪里来的吗？”孩子指指装米的坛子说：“米是从那里来的。”爷爷啼笑皆非。在孩子的生活经验中，坛子就是出米的地方，而不知道米是从稻来的。稻要经过育种、插秧、灌溉、锄草、施肥、收割、晒干、脱粒等若干工序，每一道工序都有前因后果，每一道工序都会影响收成。

我们的学生对“知识是从哪里来的”这样一个问题，最经常、最简洁的回答是：“从书本上来的。”这就如同回答米是从坛子里来的一样，似乎知识是从天上掉下来的，是生来就有的，不知道任何知识都有它的来龙去脉，都有它的产生、发展、更新的过程。更重要的是知识并不是一成不变的，知识的本质并不在于它的确定性和稳定性，恰恰相反，知识的本质在于它的不确定性，在于它的不断变化，知识的本质在于不断地推陈出新。我们总是在教导学生，学习科学知识很重要，而形成科学态度、科学精神更重要。所谓科学态度，就是实事求是的态度；所谓科学精神，就是怀疑的、批判的、探索的、创造的精神。可是这种态度和精神不可能离开学科教学、离开学科发展的实际过程单独进行培养。它必须渗透在学科教学的过程之中。

二、没有氧气就不能燃烧吗?

以化学为例，氧气的发现无疑是化学史上的重大成就，可是氧气的发现和对氧气特性的认识却是不断深化的。早先，人们一直以为物体燃烧是有一种可燃素在起作用，于是在两千年的历史中人们陷入于寻找可燃素的迷茫之中。到了18世纪，才由法国杰出的化学家拉瓦锡通过科学的实验证明，物体燃烧是由于有一种帮助燃烧的气体的存在。于是人们发现了氧气，并且确信离开了氧气任何物体都不能燃烧。可是，有没有什么物体在没有氧气的环境里也能燃烧呢？自从发现了氧气以后，人们就认定任何物体离开了氧气都不能燃烧。可是近年来人们却发现，镁在氮气里也能燃烧。它丰富了人们关于燃烧的认识。人们就是这样自己不断否定自己，从而不断发展。再比如，在电被发现以后，人们接着就发现了导电体和非导电体。塑料一直是不导电的绝缘体，可是2000年的诺贝尔化学奖却授予了发现塑料通过特殊处理能够导电的三位化学家。由于塑料具有拉伸性、弹性和柔韧性，而且可以做得很细，这一发现为自动化设备的集成电路进一步密集化、微型化开辟了广阔的前景。

多少年来，化学家和数不清的教科书在介绍碳的基本形态时，都只提到两种，即金刚石和石墨。这一“金科玉律”在20世纪80年代中后期突然被突破了，科学研究发现碳的家族中还有一位未被发现的新成员，即新发现的富勒体。于是一夜之间，无数的有关碳的物理的、化学的教科书都变得过时了。

近些年，纳米技术被各大新闻媒体不断报道，为什么人们对纳米材料如此感兴趣？就是因为纳米材料表现出的许多性能是以前的教科书中找不到的。原来的一些“规律”在纳米材料中都行不通了。

三、牛顿力学可靠吗?

物理学的发展更为典型。现在我们瞭望夜空，有遨游于太空的人造地球卫星；远途跋涉，有手持移动电话可以随时与友人沟通，甚至可以互通文字和画面。面对如此发达的科学技术，我们有时不得不感慨人类的伟大。可是回首思量，400 多年前人类还基本处于愚昧时代。那时人类对自己在宇宙中所处的位置还不清楚。无论是东方还是西方，无论是官方还是民间，都相信地球处于宇宙的中心，太阳围绕地球旋转，这就是长期统治人类的“地心说”。“地心说”既符合人们的经验，我们每天感受到太阳早起晚落，却丝毫感受不到地球的运动；又满足了人类的自尊心——万物皆围绕着“我”，以“我”为中心，多好！由于“地心说”与《圣经》中上帝把人类安置在宇宙中心的说法相吻合，所以更得到了教会的保护。然而，这样一个“常识”的“真理”却是错误的。当“地心说”在哥白尼（1473—1543）的观察和思索中，无论如何无法解释一系列的天文现象时，一天，他产生了一个连自己也感到惊恐的假设：也许地球并不是宇宙的中心，太阳才是宇宙的中心，不是太阳围绕地球转，而是地球围绕太阳转。当这一假设产生之后，他观察的许多现象都能得到了解释。正是这样一个大胆的、离经叛道的假设，开启了现代科学的大门，使人类告别了愚昧时代，走上了现代文明的大道。“从此自然科学便开始从神学中解放出来”，“科学的发展从此便大踏步地前进”[①]。但是，哥白尼的“日心

① 恩格斯. 恩格斯自然辩证法 第一分册 [M]. 北京：人民出版社，1971：9.

说”并不是纯粹客观的，他在“日心说”中保留了“完美的”椭圆形轨道等不符合事实的论点。

近100年后，德国天文学家开普勒（1571—1630）在对前人观察到的大量天文资料分析的基础上，提出了著名的行星运动三定律：第一定律——行星轨道是椭圆，太阳在一个焦点上；第二定律——在相等的时间内，行星和太阳的连线所扫过的面积相等；第三定律——任何两行星公转周期的平方同轨道半长轴的立方成正比。开普勒的三定律发展了“日心说”，为牛顿的万有引力定律打下了基础。

又过了近100年，牛顿（1643—1727）的万有引力定律诞生了。近代科学与古代科学相比，有两大特征，一是用实验可以验证，二是用数学可以精确表达。牛顿创立的力学是世界上第一门具备这两大特征的科学。在牛顿之前，人们普遍认为，天上物体运动的规律和地上物体运动的规律是不同的，一个是做圆周运动，一个是做直线运动。但是牛顿证明，不论是天上的还是地上的物体，都要遵循惯性定律、加速度定律和作用力与反作用力定律，即所谓的“牛顿三定律”。而这三定律的基础是万有引力定律：$F = Gm_1m_2/r^2$（引力的大小等于引力常数 G 与两物体质量 m_1 m_2 的乘积除以两物体距离的平方）。这一定律不仅计算出了行星围绕太阳的运动，卫星围绕行星的运动，还说明了地面上物体的降落运动和抛射运动，以及海洋潮汐的原理。现在我们都知道太阳系有八大行星，可是200多年前人们以为太阳系只有六颗行星。这六颗行星都准确地遵循万有引力推算的轨道围绕太阳运行。1781年科学家发现了第七颗行星，即天王星。可是这位太阳系新成员的运行轨道却常常不符合万有引力定律。如果万有引力定律是正确的话，唯一的解释就是还有一颗人们尚未发现的行星在干扰天王星的运行。1846年两位数学家根据万有引力定律用两年的时间精确地计算出了这位尚未露面的成员的位置和轨道，提请天文台观察。当晚，天文学家们就在指定的位置找到了这颗行星，即海王星。从此，人们确立了对科学的信仰。牛顿力学获得了不容置疑的崇高地位。甚至有人认为，牛顿力学已经解决了世界上的所有问题，剩下来的就是怎样运用它了。

然而，牛顿力学真的能终结真理了吗?

牛顿力学的正确性其实也是非常有限的，比起更伟大的物理学发现来，也许它只能算是其中的一部分。这个更伟大的发现就是爱因斯坦的相对论。

牛顿力学的核心概念是绝对时间和绝对空间，时间和空间是相互分离、互不联系的。在牛顿时代，在我们所能感受到的地球范围内的物体运动速度，时间和空间的联系是可以忽略不计的。而爱因斯坦的相对论把物体运动的研究对象拓展到了宏观的宇宙世界，深入到微观的粒子内部，光速成为一个很重要的物理量。在这样的背景下，运动就成为时间和空间的辩证关系，时间和空间都随运动状态的变化而变化。绝对性和相对性成为经典物理学和现代物理学的分水岭。举一个例子来说明：如果你驾驶着一辆汽车按每小时 50 千米的速度朝前开，从车上以每小时 30 千米的速度沿汽车运动方向扔出一块砖，那么这块砖相对于地面的速度是多少呢？按照牛顿力学 $v = v_1+v_2$，砖的速度是每小时 80 千米。可是如果你坐在一枚光速火箭上沿火箭运动方向扔出一块砖，牛顿就没有办法回答了，因为没有比光速更快的速度了。爱因斯坦提出了相对性原理和光速不变原理，以这两条假设为基础建立了狭义相对论，很好地解决了这一问题。

如同海王星的发现奠定了牛顿力学不可动摇的地位一样，光在巨大质量引力的作用下会发生弯曲的猜想被证实，奠定了相对论不可动摇的地位。早在 1915 年爱因斯坦就预言，当来自遥远恒星的光靠近太阳时，在太阳质量所扭曲的时空中穿过后，会发生歪曲，这会使这些恒星在天空中的位置发生移动。1919 年发生日全食时，太阳光被遮住了，这种移动就能被看见和拍摄下来。全世界的科学家都在屏息等待这一天的到来。果然，从人们拍摄的照片中确切地显示出爱因斯坦预言的结果：弯曲的时空是真的。但是，物质宇宙所处的时空处于不稳定状态，要么在膨胀，要么在收缩。爱因斯坦为此感到烦恼。他不断修改自己的方程，唯一的目的是使时空稳定。20 世纪 20 年代初，爱因斯坦和牛顿一样，认为宇宙是稳定不变的。可是在以后的 10 年中，越来越多的天文观察表明，宇宙在膨胀。爱因斯坦和许多其他的科学家一起经过艰苦的努力，经过思想上的不断交锋，建立了宇宙大爆炸理论，开启了人类探索宇宙起源的新航程。

如果说牛顿把人类带进了科学时代，那么爱因斯坦则是把人类带进了宇宙时代。可是我们绝不会因为有了爱因斯坦而否认牛顿，也不会因为有了牛顿而小看开普勒或哥白尼。人类就是这样不断学习前人又不断打破前人的结论，这就是知识产生的过程。

四、三角形的内角之和等于 180 度吗?

数学是一门人为的科学，是根据人自己的定义进行的演绎、推理，从这个意义上说，数学是最严密、最无懈可击的。可是数学的发展同样是不断推陈出新的过程。比如，学习平面几何接触的第一个定理“三角形的内角之和等于 180 度”，自从欧几里得几何诞生以后，这一直是不容置疑的铁定真理。可是三角形的内角之和一定等于 180 度吗？不一定。你不妨拿一个篮球来，把球面上的三个点连起来看看，它们的内角之和是不是 180 度。不是的，它大于 180 度。你再把球的气放了，在凹进去的球面上把三个点连起来看看，它小于 180 度。这就是球面几何。球面几何是 19 世纪末、20 世纪初才诞生的，可它诞生之后就在航天学、地理学、建筑学、力学等方面显示出了巨大的价值。因为地球是个球面，如果要建造一座大跨度的桥梁或水坝，实际上就是在抛物线上建造它们，这时候就必须考虑到抛物线的特性。

1+1=2 更是颠扑不破的真理了吧？其实也不然。1+1=2 在二进位系统中就发生了变化。300 多年前德国哲学家、数学家莱布尼茨发明了二进位制，仅仅用 0、1 两个数字就完全可以进行与十进位制对等的运算。只是由于它的长度太长，太麻烦，缺乏应用价值，只被人们作为一种游戏的活动。可是谁能想到，200 多年以后，二进位制成了计算机的语言基础，成了方兴未艾的数字化的基础。二进位制将怎样改变人类的面貌，恐怕无论多么大胆的设想都不会过分。一切事物都在发展之中，一切知识都在发展之中，一切科学都在发展之中。只有在思想深处认识到这种发展，只有使这种变化发展的观念成为思想方法，成为思维习惯，成为生活的信念，才能自觉地不断更新知识，才可能真正获得创新的精神和勇气。

五、过程教学比结果教学更重要

知识是人们认识的结果，是已经获得的结果，也是已经过去的结果。知识的学习和教学无疑是必要的，但我们太注重认识结果的教学了，我们相信已有的知识都是千真万确的，相信用已有的知识武装头脑就足够了。如果说在知识发展缓慢的时代这样想还能够应付世界的变化，还能够容忍的话，那么，在知识、信息更新日新月异的时代，这就不能容忍了。我们不仅希望学生掌握知识，更希望学生掌握分析知识、选择知识、更新知识的能力。简单地说，智慧比知识更重要，过程比结果更重要，知识是启发智慧的手段，过程是结果的动态延伸。教学中能够把结果变成过程，才能把知识变成智慧。

第三节　以综合为导向的教学

一、世界是综合的

人类为了认识世界非常聪明地将世界分割开来，进行了抽象的分析。人类认识世界的过程可以看作是一个不断深化地对世界进行分析的过程。早先，并没有关于哲学、自然科学和社会科学的分类，对自然、对社会生活、对人类思想的研究是浑然一体的。哲学是对所有智慧活动的总称。到现在为止，在西方的许多大学里还留有明显的痕迹，理科博士被授予 Ph. D.，即哲学博士学位。近代以后自然科学才彻底从哲学中分离出来，再后来社会科学又分离出来。人类进入了分析的时代，学科日益增多。人们把自然科学分为数学、物理学、化学、生物学、地理学、天文学……，把社会科学分为社会学、经济学、法学、伦理学、语言学、教育学……，可是世界本身并不会因为人类的分类而发生任何的变化，自然现象也好，社会现象也好，依然是浑然一体的。在实际生活中你永远找不到一个纯粹的数学问题，也找不到一个单纯的经济学问题。哲学家、教育家杜威曾举过一个例子很形象地说明了这个问题。在马市上看到一匹马，不同的人看到的内容是不同的，动物学家、骨骼学家和马贩子分别看到的是它的进化程度、成熟程度和值多少钱，可是马还是一匹马。同样，当你面前放着一杯水时，你可以从物理学的角度去分析它的体积、重量、温度，也可以从化学的角度去分析它的成分、新鲜程度，还可以从营养学的角度去分析有多少对人体有营养的物质，有多少对人体有害的物质……，但不管你从哪个角度去分析，水还是那杯水，也仅有一杯水。你不可能拿到一杯单纯物理的或化学的或营养学的水。问题在于当你拿到一杯水时，能不能根据需要运用你的已有知识对这杯水进行物理的或化学的或营养学的分析。也就是说，能不能综合所学的知识根据需要解决问题。

二、高分低能的本质——知识的割裂

根据比较，我们的中小学生在学校所学的知识，在数量上并不比绝大多数发达国家的中小学所学的知识少。我国高中所学的许多内容在国外要到大学一二年级才学习。而且，我们学生的考试成绩普遍都不低，相当精深的专门知识他们都能掌握。遗憾的是，他们在生活中解决实际问题的机会较少，相应地，解决问题的能力也比较低，而解决这些问题的知识他们是完全拥有的。一位教初三数学的教师有一天突发奇想，向全班学生提出了这样一个问题：我们教室的体积有多大？全班同学异口同声地说："这简单，你告诉我们长、宽、高。"教师说不知道。同学们又异口同声地说："那就没有办法了。"教师反问同学们："你们就不能想想办法吗？比如，量一量？"同学们受此启发，觉得茅塞顿开，又异口同声地说："你给我们尺。"教师说没有。"那就没有办法了！"教师没有办法，只好再次提示："你们浑身不都是尺吗？”“对啊！我们的身高、臂长、掌宽都是尺啊。”很快，这个问题迎刃而解。关于这个问题的每一个具体知识对初三学生来说，都是非常简单的，可是要把它们综合起来解决一个问题时，全班四五十个学生却一筹莫展。

这使我想到另一个例子。大神探福尔摩斯是家喻户晓的。他给人的感觉是无所不知、无所不能的。有一天，他的助手华生突然对他的知识结构发生了兴趣，对他进行了一次知识结构的调查，结果使华生大为惊讶：

> 文学知识——无。/ 哲学知识——无。/ 天文学知识——无。/ 政治学知识——浅薄。/ 植物学知识——不全面，但对于莨菪制剂和鸦片却知之甚详。对毒剂有一般的了解，而对于实用园艺学却一无所知。/ 地质学知识——偏于实用，但也有限。但他一眼就能分辨出不同的土质。他在散步回来后，曾把溅在他裤子上的泥点给我看，并且能根据泥点的颜色和坚实程度说明是在伦敦什么地方溅上的。/ 化学知识——精深。/ 解剖学知识——准确，但无系统。/ 惊险文学——很广博，他似乎对近一个世纪中发生的一切恐怖事件都深知底细。/ 提琴拉得很好。/ 善使棍棒，也精于刀剑拳术。/ 关于英国法律方面，他具有充分实用的知识。（《血字研究》）

福尔摩斯与华生的对话就更值得玩味了。华生问他：“你的知识是如此有限，为什么能够无所不通、料事如神呢？”福尔摩斯顺手打开面前的酒柜说：“我的酒并不多，也并不是太高级，但什么酒放在什么地方我一清二楚，我可以随时拿到我所需要的酒。而很多人的酒柜很大，却杂乱无章，找不到他所需要的酒。”福尔摩斯最大的特点就是能够在需要的时候调动他所具有的有限的知识，当他觉得知识不够用时，就及时补充知识。不能综合运用自己的知识，就像杂乱无章的酒柜，数量虽然不少，可惜实际需要运用的时候却无法调动。

三、知识的综合与知识的综合教育

20 世纪 50 年代以后，科学发展的最大特点就是在两个或多个学科的边缘，在学科交叉、重叠的地方产生重大突破；在各个学科、在各行各业最活跃的人才总是具有强烈综合知识能力的复合型人才。为了适应这种变化，我国高等教育已经完成了重大改革，将学科分类目录做了一些合并，以前大学里一个系有好几个专业，现在好几个系并成了一个专业。曾任复旦大学校长的杨福家教授曾说，他们核物理专业的 10 个毕业生中最多有 1 个毕业后的工作与核物理有关，其余的活跃在金融、行政等各个领域。他说，这不但不是教育的失败，而且是复旦的成功："我们的学生具有广阔的适应能力，有在各个领域成才的潜力。”实际上，发达国家随着高等教育的普及化，大学的专业概念已经越来越淡化，基础教育上移，通识教育增强。以著名的哈佛大学的课程为例，哈佛大学的“核心课程”共分成七个板块：外国文化、历史学、文学和艺术、道德伦理、定量推理、科学和社会分析。

与高等教育对综合发展潮流的反应相比，我们的基础教育显得有些滞后。大学文理科的界限在模糊，中学的文理科界限却很清楚，高中就开始分文理科；大学课程的类型越来越多样，种类越来越丰富，中小学的课程基本上还是法定的必修课，课程的种类也基本没有变化。当然，我们并没有必要拿大学与中小学简单相比，同时我们也欣喜地看到，综合理科、综合文科、文理综合的课程和教学正成为新的时尚，已经在广大的中小学推广开来。但如何使学生具有综合运用知识的能力成为我们的基本理念，且渗透在每门课、每节课的教学之中，绝不是轻而易举的。

叶圣陶先生早在20世纪40年代初，任职四川省教育科学馆专员时就说过："学校里的课程各个分立，这是不得已的办法，不分立就无从指导，无从学习。但因为分立了的缘故，每种课程往往偏于一个境界，如数学理化偏于逻辑的境界，历史地理偏于记认的境界，公民训练偏于道德的境界，等等。""教育的最后目标却在种种境界的综合，就是说，使每个分立的课程所产生的影响纠结在一块儿，构成个有机体似的境界，让学生的身心都沉浸在其中。"[①] 要使学生能够"沉浸其中"，教师首先要进入这一"境界"。要求每一位教师能够胜任两三门课程的教学也许难度较大，要求每位教师熟悉学生所学习的全部内容也许并不过分。可是现在最缺乏的恐怕就是能够在学科间相互沟通的教师。不要说文理沟通，就是文科与文科之间、理科与理科之间能够沟通的也很缺乏。听说浙江省早先进行理科综合教学改革的时候，综合了数学、物理、化学的教材，上课时三名教师轮流上课。这不仅达不到综合的目的，而且原先单科知识的系统性也不能保证了。可见，综合性教学的关键是教师综合知识的水平和综合运用知识的能力。由此，它提出了三个相关的要求：

第一，教师综合意识与综合知识的自我更新；

第二，培养教师的大学改进课程结构，跨越学科界限，拓宽学术视野，培养适应综合性教学的新师资；

第三，改进教师在职培训的内容结构，突破单科进修的固定模式，为教师的跨学科进修提供机会。

---

① 吕达．关于我国中小学课程、教材改革的思考［M］// 吕型伟，阎立钦．面向21世纪我的教育观：基础教育卷．广州：广东教育出版社，2000：203.

第四节 研究性教学

一、研究并不神秘

中国人一提到“研究”二字，就有点肃然起敬，似乎那是很神圣又很困难的工作，并不是一般人所能及。现在“研究性课程”已经走出了高堂深院，走进了基础教育的课堂。但绝大多数人还是认为那是高中阶段才适宜开设的课程。如果对研究性课程有自己明确的定义，放在高中开设，当然也不是不可以，但如果以为研究性学习和研究性教学也非得在高中才能进行，那就大谬不然了。

在英语中，关于学习经常出现的词有两个：learning 和 study，关于研究也有两个经常出现的词：study 和 research。learning 侧重于接受式学习，research 主要指学术性研究，而 study 一词从学习的角度说，是带有研究性的学习，从研究的角度说，则是带有学习性的研究。study 与学习的内容有关系，但更是指一种思想、一种态度、一种方法。我这里说的研究性教学就是在这个意义上讲的。简单内容的学习同样可以具有探索性，而复杂、深奥知识的学习照样可以是接受式的。我们可以把知识变成思想，也可以把思想变成知识。这全在于教育者的观念和实践。

如同我们在前面说的问题意识、创新意识是与生俱来的天性一样，探索意识也是与生俱来的本能。问题仅仅在于，在教学中我们是重视、保护、诱发、激励这种天性，还是忽视、抑制、挫败甚至扼杀这种天性。婴儿降生不久就会对特别的声响、异样的光线做出明显的反应，彩色的图片、动态的画面总是更容易引起我们的注意，矛盾的现象、反常的话语无疑更容易引起我们的兴趣。一个学前儿童蹲在地上观看红蚂蚁和黑蚂蚁的战争，可以一蹲半小时甚至更长。在这半小时中，他不但在观察，而且在研究，他可能发现蚂蚁世界的许多秘密。诸如小蚂蚁与小蚂蚁的群体作战，蚂蚁王与蚂蚁王的单挑独斗；蚂蚁与蚂蚁的团结协作以及战场转移的某种规律（确实，本人在学前就有过这种体验）。人们这种天生的好奇心、探究心正是研究性教学的心理基础。这种好奇心、探究心不仅是学习的巨大动力，而且这种好奇心、探究心的满足可以使人们获得精神上的极大愉悦。从这个意义上说，研究性教学不仅是重要的教学方法，是日后继续独立学习、独立处理问题等生活能力的重要保证，而且是以学生发展为本的价值追求。

二、三个案例

第一个案例。在日本的时候，我目睹过日本一所小学在三年级开展研究性教学的生动例子。教学的主题是如何参与社区活动，为社区作贡献。课堂气氛非常活跃，同学们争先恐后地发表意见。当一个小朋友说，我们的社区少一个邮筒，建议增设一个邮筒时，老师眼睛一亮，觉得这是一个很好的话题，便加入了讨论。他问，为什么说少一个邮筒呢？反过来，这个问题就成为：增设一个邮筒的理由是什么呢？增设一个邮筒的条件是什么呢？然后，他把这个问题分解成若干的小问题：社区的成员也就是孩子的家长们认为有这个需要吗？邮递员怎么看？邮政所所长怎么看？一般情况下，邮筒与邮筒之间的距离有多远？增设邮筒有什么政策上的规定？如果增设邮筒的话，经费有没有困难？设在什么地方最合适？接下来，他就把同学们分成几个小组，分别去采访家长、邮递员和邮政所所长，去考察邮筒和邮筒之间的距离，并要求同学们把调查和考察的结果写成报告。第二天，孩子们把采访的结果纷纷带到学校来了。有的说，我们的爸爸妈妈很支持，说这个想法很好；有的说，邮递员叔叔没有意见，增加一个邮筒对他影响不大；有的说，我们这个社区邮筒之间的距离明显比其他社区邮筒之间的距离长；有的说，邮政所所长说了，如果需要的话，邮政所自己就可以决定。于是，教师和大家一起把这些报告汇总起来，形成了一篇《在某某地增设一个邮筒的建议》的报告，送给了邮政所所长。所长很激动地对同学们说："我感到很惭愧，很感谢大家，这本来应该是我的工作。我保证让你们在明天早上上学的时候，就会看到一个新的邮筒建在路边上。"第二天早上，当孩子们上学的时候，看到穿着绿色新装的邮筒已经竖立在那里时，心里的那种兴奋就不用说了。

这当然可以说是一堂社会活动课，可又何尝不是一堂生动的研究性课程呢？

所谓研究，首先最重要的是要觉察到问题（这里的问题是觉得缺少一个邮筒）；其次形成某种假设（这里的假设就是需要和应该增设一个邮筒）；再次或者通过实验，或者通过调查，或者通过文献整理，等等，去验证或推翻假设；然后把研究的过程、得到的数据写成报告；最后，如果有可能或需要的话，提出某种建议。关于一个邮筒的讨论完全满足这一程序。在研究过程中，同学们不仅学习了研究的方法，而且学会了协作，增强了社区主人的意识。

第二个案例。中国的一位留学生在美国拿到学位在一所大学任教后，把自己的儿子带到了美国小学读书。孩子适合的年级是五年级。但美国小学的自由随便和只鼓励不纠错的教学传统使我们这位学者深感担忧。担心这样学不到什么，并动了还是把小孩送回国读书的念头。但一年多以后的一件事极大地改变了他对美国教育的看法。有一天，孩子放学回来后问他："什么叫文化？"这是一个大得叫人很难简单说清的问题。没有办法，只好硬着头皮说了一通。儿子显然不满意，便不再问他的父亲。接下来的一个星期里，只看到孩子忙得很起劲，跑图书馆，浏览网页，打电话和同学交流，邀小朋友来家商讨。一个星期以后，从电脑里打印出一份报告来：《什么叫文化？》。在报告中，孩子从各种途径总结了关于文化的17种定义，以及它们的出处；最难能可贵的是，孩子都不同意这些观点，得出了自己的意见：所谓文化就是一个民族适应形势变化的能力，适应形势的变化，文化就生存、就发展，不适应变化，文化就消亡。报告接下来还说，如果要继续研究，还有如下参考文献，列了整整三页的参考文献。

受过正规论文写作训练的人都知道，这就是一份学术论文的开题报告。有对文献的收集和整理，有自己的假设，有进一步研究的计划，特别是有自己的创见。

第三个案例。我国一城市郊区初中三年级的一堂环保课。话题是这样开始的，教师问学生们：我们居住的区域有什么污染问题吗？学生们反映最强烈的问题集中在本区河流的污染问题上。那么好，既然大家都认为我们区的河流有严重的污染问题，那我们就先从本区河流污染着手来研究一下水污染的指标。于是学生们分头到图书馆、互联网上去查找资料，获得了水污染的各项指标；然后分组取来水样进行物理的、化学的、生物学的检测，这过程中自然免不了及时学习补充以前没有学习过的知识和检测的技术；然后分别写出报告。他们发现，有多项指标超出了正常标准，严重的超过几十甚至几百倍，深深感受到污染问题的严重性；然后再分组去了解污染源，发现了多家排放污染物的工厂、宾馆以及城市生活污水排放问题；然后，他们进行了一次热烈的讨论，为治理本区河流的污染献计献策；最后，教师组织学生们把他们研究的成果写成报告，提出了治理本区河流污染的建议并送给了区政府和市政府，受到了政府和社会舆论的高度赞扬。

三、研究性教学的特点

可见，研究性教学并不是高不可攀的，事实上研究性教学就在我们身边，只是你并没有注意它罢了。

拿上面的三个案例与传统的、主导的教学做比较，可以发现这样一些重大差别。

第一，研究性教学是开放性的，没有标准答案的。接受式教学与研究性教学的根本区别在于，接受式教学有标准的、预期的答案，而研究性教学没有甚至不可能有标准答案。就拿“文化”研究的这个例子来说，教师对文化这一概念到底应该怎样下定义并不要紧，教师关注的是学生怎样找到解决问题的切入口，怎样形成假设，怎样查找资料，怎样进行论证，怎样形成真正属于自己的见解，而不在于要得到什么统一的答案。有什么样的教学理念、什么样的教学意识，就有什么样的教学方法。如果没有开放的理念，即使面对有开放性的题目，也可以把它变成接受式的甚至是牵强附会、死记硬背的教学。举个例子来说，有一年高考语文有一道要求归纳下列短文中心思想的题目：

先秦时期，一名教师和他的一名学生到一个城邑去，可是赶到城外时，城门已经关上了。他们只能在城墙外等到天明。城外天寒地冻，他们衣着单薄，一夜过来，冻死无疑。但如果把两个人的衣服集中到一个人的身上，则可以救一个人。谁肯做出牺牲呢？教师对学生说："弟子，我老了，你应该敬老尊师，把衣服让给我。"学生则说："老师，我还年轻，你应该爱幼辅生，把衣服让给我。"闻听此言，教师黯然神伤，想："罢了，现在人心不古，让我去死吧。"

这道题目的标准答案是"表现了教师舍身救人的精神"。老实说，如果让我回答，这个答案是最不可能想到的。这本来是一个很有开放性的题目，完全可以仁者见仁、智者见智，用来启发学生的发散性思维，只要言之成理、持之有故即可。可是对这样一个本没有标准答案的问题一定要弄出一个标准答案来，结果荒谬不说，抑制了学生的自主性、探索性是更悲哀的。

第二，研究性教学常常需要综合运用知识。学科知识是分析的，是引导学生专门化地、分析化地认识世界，是人类走进文明的重要步骤。学校教育为了有效地传授人类积累的知识，采取了分科教学的办法。随着人类专门化知识的日积月累，学校教育分科教学的时间越来越长。但现实世界本身是综合的，这就造成了越是受教育，越是有背离真实世界的危险。而研究性教学是从问题出发的，是调动、综合各科知识的活动，至少是调动和综合本学科前后知识的活动，而且常常要求学生去寻找、补充没有学习过的知识。传统教学中的作业一定是根据已有知识编制的，而研究性教学中的作业是根据事实需要展开的。这就决定了它的综合特性。

第三，研究性教学常常与生活密切联系，鼓励协作性学习。研究性教学是有计划的，但却不是唯计划的。研究性教学的问题经常是自发地产生于学生中间，经常是生活化的、社会化的。这样的好处在于促进学生养成在现实生活中发现问题的习惯和敏锐性，在于将学习的知识运用于生活中需要解决的问题。研究性教学极大地有利于改善教育与生活实际相脱离的状态。

四、确立课程意识

所谓课程意识，最简单地说，就是“教什么”的意识，而教学意识是“怎么教”的意识。长期以来，我们只有教学意识，而没有课程意识，考虑的是怎样把规定的内容比较好地教给学生。这是由于长期以来从课程种类、课程内容到课程时数全都是统一制定和统一要求的，所以从教师、校长直至省市教育主管部门领导都不需要也不可能形成课程意识。而没有课程意识却要对教学进行深刻的变革，是不可能的。因为对“教什么”的理解不同，对“怎样教”的判断自然也就不同。林林总总的知识浩如烟海，什么知识最要紧或者说最有价值？这是课程理论中最基本也是最深刻的一个问题。千百年来，思想家、教育家对这个问题的不同回答形成了不同的课程流派。有些人强调抽象的知识，有些人强调实用的知识；有些人强调知识本身，有些人强调掌握知识的方法。我们现在的课程体系和教材体系，并没有为研究性教学提供现成的条件。我们到底给学生什么知识，怎样组织这些知识，用什么方法评价对这些知识的掌握情况，对每个教师来说都是新问题，需要结合学科知识体系、社会生活需要和学生身心发展规律综合思考。今天的优秀教师，再也不仅仅是忠实圆满地教授规定内容的教师，而应是主动地、合理地、创造性地丰富和调整教学内容的教师，是将课程与教学联系起来的教师。

第五节　追逐知识前沿的教学

一、从“哥本哈根理论物理研究所”说起

量子力学的发展是 20 世纪科学的重大成就之一。量子力学是描述微观世界结构、运动和变化规律的物理学科。从半导体、晶体管到集成电路、信息产业，从核能到激光，无不以量子力学的发展为前提。说到量子力学，不能不说到丹麦物理学家玻尔（1885—1962），他是经典量子论和现代量子论的创立者之一。1913 年，他把量子化的概念引进原子结构理论，于 1922 年获得诺贝尔奖。后来他又提出电子的波动理论模型与它的粒子性的互补理论，使经典量子力学进入了现代量子论时代。

丹麦是一个很小的国家，但在量子力学的创立过程中，玻尔于 1921 年创立的丹麦哥本哈根理论物理研究所起到了关键作用，成了对 20 世纪物理学和哲学有重大影响的“哥本哈根学派”，形成了 20 世纪 20～30 年代世界物理学研究的主要中心之一。研究所吸引了一大批有才华的年轻物理学家来学习和工作，先后有七八人获得诺贝尔奖，其中最有代表性的是玻恩、海森伯和泡利，他们发现的“互补原理”“测不准定律”和“不相容原理”、量子矩阵力学和量子统计力学等成为量子力学发展的一个个里程碑。

哥本哈根理论物理研究所之所以能够取得如此辉煌的成绩，成为科学发展史上的亮丽风景线，固然与玻尔的崇高威望有关，更与研究所民主的学术气氛和玻尔不断追逐学术前沿的教学风格有关。

玻尔讲学最大的特点是，自己知道的内容、自己已经搞清楚的问题不讲，讲的问题都是自己正在思考的问题。所以来到哥本哈根理论物理研究所的学者们接触到的问题始终是学科最前沿的问题，教学上的突破就可能预示着科学上的突破。玻尔在讲学的过程中经常凝神思考，忘了学生的存在，几十分钟不讲一句话。可以想象，当时所有参加研讨的人的大脑也都在飞快地运转。

我国杰出的数学家华罗庚讲学也有这个特点，经常讲的问题就是他正在思考的问题。数学家杨乐在一篇回忆华罗庚的文章中说，他在读研究生时，听过华老很多课，但印象最深的一堂课却是华老“挂黑板”的一次。华老在证明一道原以为容易得到证明的题目时，发现有漏洞。他没有采取回避和搁置的办法，而是和大家一起思考，站在黑板前整整 45 分钟，直到把问题解决。在这过程中包含了多次的尝试失败。学生们在这种没有预期答案的情况下，思维的竞技状态达到了最高的水平。

高水平的研究生课程可以用这种方法，普通的中小学教学可不可以用这种方法呢？数学家陈景润中学时期就立志解开哥德巴赫猜想之谜的故事，可以说明这个问题。陈景润在中学时期就显露出了杰出的数学才华，他的老师为了满足他不断增长的数学好奇心，给他介绍了哥德巴赫猜想的内容，即一个质数一定是两个素数之和。但同时又告诉他，这个问题太难了，是数学分支——数论的尖端难题。如果说数论是数学的王冠，哥德巴赫猜想则是王冠上的明珠，很多大数学家都想摘而没摘到。陈景润说，那我一定要摘下这颗明珠。他的老师听后，哈哈大笑：这可不是件容易的事，你要摘这颗明珠就如同想骑自行车上月球一样。这位教师还是比较开明的，但在他的观念中，科学前沿的问题绝不是中学生可以接触的。可是正是他的这番话，使得陈景润从此立下了摘下这颗明珠的雄心大志，把毕生的精力献给了数学事业，对数论的发展作出了杰出的贡献。

二、循序渐进与跳跃式发展

在我们的教育学教科书上无不写有循序渐进的原则：由浅入深、由近及远、由易到难。教学强调环环相扣、步步为营；每一条原理都要讲解清楚，每一个概念都要严密证明。这对于打下扎实的基础、形成缜密的思维有很大的好处。但这对于创新思维，对尽快接触科学前沿却成为障碍。随着人类积累的知识越来越多，随着学科的基础越来越厚，我们要学习和教授的东西也就越来越多。如果我们恪守按部就班的知识教学程序，不谋求跳跃式学习，将有一个极大的危险：我们离当代的知识、离知识的前沿会越来越远，永远接触不到科学研究的前沿。而美国式的教学却是谁是权威就瞄准谁，谁是最大的权威就向谁挑战。这里就要追问一个深刻的教育理论问题：我们进行知识教育的目的到底是什么？难道我们学习知识仅仅是为了记住知识，我们证明定理仅仅是为了确信定理是正确的吗？显然不是。学习知识是为了运用知识解决当下的问题，证明定理是为了推论自己的命题。我们不仅要学习知识，不仅要掌握知识，更要创造知识，更要学会运用知识创造性地解决自己的问题。一个人的生命是有限的，我们用毕生的精力也不可能学会全人类的知识，因此我们必须学会有选择地学习知识，构建个性化的知识，也就是符合自己能力结构和兴趣结构的知识，有利于自己创造性地转化的知识。

网络时代的到来，将使教育从“学校选择适合教育的人”向“个体选择适合自己的教育”转变，循序渐进的教学原则必须与跳跃式的学习相结合，引导学生不断接触最新的科学成果，经常问津人类共同关注的科学难题。涉及难题并不一定就要解决难题，但想要解决难题却必须以涉及难题为前提。这一观念将对我们的教师形成尖锐的挑战。我们现在绝大部分教师大学毕业，在学校工作几年后，几乎就不再关心科学前沿，对科学发展的最新动态不熟悉、不了解甚至没有热情。这是非常可怕的。据说某一大城市对重点中学的高中理科教师进行过一次关于科学最新成就的考查，考查的试卷同时让高中生作答。其结果令人震惊，学生的平均成绩高出教师的成绩一个标准分数。我们知道，本来高中生的主要精力差不多用在准备高考上，学习任务很重，他们所接触的科学前沿知识仅仅是偶尔从报刊、电视上获得的一鳞半爪的知识，可是就是这点知识我们的教师也比不过。可见，对教师而言，要引导学生跳跃式地学习，不光是个观念的问题，还有个不断学习、知识更新的任务。

三、直线教学与散点教学

根据现在我们对教学内容的安排和教学的程序，要实现跳跃式发展是很困难的。因为我们是直线教学，也就是说，教学内容是完全安排好的，既不能跳过也不能旁骛，我们要求所有的学生学习同样的知识，并且用同样的标准要求和检查他们。之所以这样做，是因为我们认为这些知识是最基本的，是无法跳过的。可是这样的假设既缺乏事实根据，也不利于学生的个性发展。

第一，关于什么知识是必要的基础，这历来就是一个争论不休的问题。拿中国的数理化教材与美国的或俄罗斯的或其他国家的数理化教材做比较，你会发现，没有一个国家的教材是完全一样的，有些相同年级教材的内容相差三分之二。毫无疑问，每个国家的教材编写专家们都试图将最重、要最基础的内容教给学生。这样的差别就说明对基础的理解本身就是主观的选择。为什么我们为学生选择好了一切，而不让学生自己去选择呢？散点教学则是另外一种思路，另外一种内容的编排方式，它不是把所有重要的东西都选择好了给学生，而是选择部分重要的东西交给学生，让学生自己去探索若干知识点之间的联系，补充他自己认为需要补充的知识。

第二，关于学习无法跳过的假设也是不符合事实的。其实在学习中或多或少地都要有必要的跳跃，很多人还能够实现比较大的跳跃。没有准备好充分的基础知识就获得了重要的创造发明、获得了诺贝尔奖的大有人在。20 世纪两位最具创造性才能的科学家爱迪生和比尔·盖茨，都不能说他们的基础有多扎实。爱迪生是小学退学的，比尔·盖茨是大学三年级退学的。在知识堆积如山、信息铺天盖地、变化日益加快的今天，追逐前沿的选择性学习恐怕才是最要紧的。从浩如烟海的信息中选择最有价值的知识、最个性化的知识——即最符合自己能力结构和竞争需要的知识才是最重要的。散点式教学的目的也就是为这种选择提供一个空间。

四、不直接回答问题

美国著名的生物化学家保罗·伯格是现代基因工程技术的创始人。他因利用基因重组技术将大肠杆菌的 DNA 与外来的 DNA 片段结合，形成新的遗传基因，获得 1980 年的诺贝尔化学奖。伯格从小就喜爱科学，中学时他参加了课外生物小组，辅导教师索菲亚·沃尔沃说小伯格有不懂的问题问她时，她很少把答案直接告诉他。起初，伯格对她的这种教学方法的意义并不了解。原来，沃尔沃并不把灌输现成的知识作为重点，而是启发学生在过程中发现问题，并教给他们如何利用图书馆查资料、如何通过实验来寻找答案。在这一过程中，小伯格发现，自己的收获往往比预想的还要大。

送人以鱼，不如教人以渔，教是为了不教。沃尔沃认为，教会学生自己去发现和寻找答案，远比传授知识重要得多。而科学给人的乐趣主要在于科学的探索之中。

我还想再讲一个故事。有一位数学教师是一位业余数学研究者。他发现一个学生很有数学才能，便经常给他出一些比较艰深的课外习题，这个学生总能顺利完成。有一次，这个学生放学前又向老师要题目，老师顺手就从笔记本里抽了一张纸给他。可这次的题目却不像以往那么容易解决，他一直到深夜两点还解不出来。但是，经过紧张的思索，最后他还是找到了答案。第二天，这个学生把解的题送给老师时，老师简直不敢相信这是真的。因为夹在笔记本里的那道题目是一道数学难题，是他自己苦思冥想了几个月而未解的题目，那天随手给了这个学生。这个学生后来成为很有成就的数学家。他回忆说，如果当时老师告诉他这是一道数学难题，也许他根本就没有勇气去解决了。在前沿性教与学的问题上，也许心理上的障碍比科学上的障碍更难跨越，有时候不是能不能的问题，而是敢不敢的问题。

前沿性与基础性、循序渐进与跳跃式是两对矛盾，西方教育比较好地注意到了前沿性、跳跃式教学的必要性和可能性，利用了这种教学有助于激发学生的探索精神和主动参与的优点，有效促进了学生的创造性发展、超常规发展，但在打好基础这方面或许略有欠缺；而我们在较好地传授知识、打下坚实的基础方面有优势，但在促进学生大胆地自我探索、走向世界前沿这方面比较保守。现代社会人才的竞争，特别是创新人才、领头人才的竞争十分激烈，要保持我们在这一竞争中立于不败之地，就必须加大教学改革的力度，实现课堂教学的革命。

第六节　课堂教学的悖论

悖论是表面上同一命题或推理中隐含着两个对立的结论，而这两个结论都能自圆其说。古希腊哲学家苏格拉底有一句名言："我只知道一件事，那就是什么都不知道。"这就是经典的苏格拉底悖论。从逻辑上无法推论出苏格拉底到底知道还是不知道。悖论本质上是思维的内在矛盾，在实践中常常隐含着变革倾向。对悖论的揭示可以加深对事物本质和发展趋势的认识。

课堂教学是学校的基本活动形式和任务载体，提高课堂教学质量是提高教育质量的关键。研究课堂教学的悖论对深化教学改革意义重大。

课堂教学有四个常见的悖论，经常困扰着教学工作者，而且似乎于今更甚。第一，标准答案与求异创新；第二，习得知识与探究问题；第三，统一要求与发展个性；第四，授人以鱼与授人以渔。

四对矛盾的八个方面都不是简单的"是还是非，好还是坏"的问题，它们都有其合理性，但是它们之间确实是相互对立的。世界是在矛盾运动中发展的，没有矛盾就没有事物的发展。世界是矛盾的对立统一。矛盾有主要矛盾和次要矛盾，更重要的是矛盾有新兴发展的方向、转变的方向，这个我们需要把握住，也就是说这个时代和这个社会向我们提出了什么样的要求，我们要把握这个态势，以便把握住矛盾双方运动转化的方向，通过提升我们的素养，推动这个矛盾向积极方面的转化。

一、标准答案与求异创新

标准化是传统教育和工业化的一个天然结合。中国文化对于规范、规矩、统一行为模式的要求和工业化以后提出来的大规模的标准化生产，以提高工作效率的要求，非常相通。教什么，怎么教，不仅有统一的内容还有统一的方法，不仅有统一的方法，还要统一步骤。最典型、最顶峰的时候是 20 世纪 50 年代。当时受苏联的影响非常之大，人们高度自觉地运用了凯洛夫的教学模式。这个模式把教学分成五个基本步骤，即准备上课、复习旧知、讲授新知、巩固新知、布置作业，甚至在时间上都做了规定：准备上课 2 分钟，巩固已有知识 10 分钟，讲授新知 25 分钟，总结复习 5 分钟，最后 3 分钟布置作业。当时全国只有一本教育杂志叫《人民教育》。《人民教育》曾经介绍过一位老师怎么掌控教育时间，严格按照规范要求进行教学的先进事迹。那是在福建的一所农村学校，没有钟表，更不要说电铃。老师怎么控制时间呢？当地有一种草的茎，燃烧速度很慢且是匀速的，老师就在草根上刻上刻度，燃烧到 2 分钟刻个印……，他在草上标好刻度，上课的时候按照刻度进行教学，完美地贯彻了五步教学法。他的这种经验做法被介绍推广至全国，可见标准化教学到了什么程度。

社会发展对人才的要求发生了很大的变化，越来越需要创造性的人才。世界的多样性，世界的丰富复杂性，需要有丰富多样的人才。

创新成为一个民族、一个国家最重要的发展动力。从农业社会到工业社会，从工业社会到信息社会，越来越多元化、个性化、小型化，越来越依赖于运用创造性的知识去推动经济发展。

改革开放以来，中国从一个贫穷落后的国家，发展到今天成为世界上第二大经济实体，一个很重要的原因就是我们快速地消化吸收了世界上 200 年来的技术创新成果，吸收了先进的观念、先进的技术、先进的管理经验，在很多行业、领域都已经走在了世界前列，和发达的国家处在了同一条水平线上。如今可以模仿的技术越来越少了，只有靠创新才能持续发展。创新人才是关键，创新教育是基础。中国在标准化知识传授方面可以说具有无可比拟的优势，而创造性、创造能力的培养显然是我们的短板。

科学时代获得标准答案是重要的，创新时代求异思维则越来越重要，而要把这二者统一起来，存在内在的冲突。在传递已有知识、掌握标准答案方面，我们非常擅长，但在如何激发学生的创造性意识、培养学生创新能力、鼓励具有创新精神的人才脱颖而出方面，我们就不那么擅长了。

怎么才能更好地发挥学生的创造力和想象力呢？首先是尊重学生，相信学生的创新天赋。心理学研究表明，创造性和一个人的智商、和学习成绩没有直接关系，智商高不一定创造性强，智商低也不一定创造性弱。比尔·盖茨属于“学霸”型人物，从小学到大学始终学业优异，乔布斯就不是这样了，爱迪生更是在小学入学两个月后就退了学。

要挫伤一个人的创造性是很容易的，孩子们的很多想法，绝大多数无疑是行不通的，甚至 99% 行不通，但 100 个想法有 1 个行得通那就不得了，所以我们不要轻易地去否定学生的异想天开。有一本书叫《科学研究的艺术》，作者是科学史研究学者贝弗里奇，他通过研究总结世界科学创造历史发现，即使是伟大的人物、著名的学者，当他否定一项计划、一个创新设想时，可靠性也只有 7%，但做出肯定判断时的可靠性是 93%。从教育的角度说，即使实践证明某个创新设想是不成功的，也不等于没有价值。在探索的过程当中也会获得许多意想不到的收获。华罗庚评价陈景润素数研究的价值的时候说：1+1 到底有什么价值是一回事，但陈景润在攻克这个难题的过程中发明创造了一系列的数学工具，就像木匠要打一套家具，这套家具和以往的家具不一样，有很多特别的地方，而已有的工具要把这套家具做出来是不可能的。为了要达到这种目标和要求，首先要发明创造出一些工具来。在努力探索创造发明的过程当中，获得的经验、体验，这些都是财富。如果学生经常有一种创造冲动，不断去探索，不断去尝试，和总是按照既定的、教师讲的方式去完成作业，试想，发展结果会是一样的吗？

二、习得知识与探究问题

人类文明的重要成果和重要标志就是知识积累越来越丰富。人类为了最快地走到文明的前沿，能够站在前人的肩膀上继续向前，就想着寻找获得知识的捷径，最好是一夜之间就能掌握人类所有的已有知识。最好的办法就是灌输，就是背诵、记忆。在人类知识积累有限的时候这是可以做到的，可是现在知识实在太多了，怎么吸收、记忆也只能是杯水车薪，更重要的是，知识在不断增长，在不断更新，等我们觉得学会了、掌握了，有很多知识又被更新了。如果我们只把习得知识作为教学的任务，是无法应对日新月异的世界的。在新的世界里，没有多少问题是有现成答案的。学会分析问题、探索答案才更重要。而探索研究的第一步是发现问题，所以说提出一个问题常常比解决一个问题更重要。如果希望有所创新、有所发明的话，第一步就是提出问题。提出问题不一定有创新，但是没有问题一定没有创新，创新就是在所有的已有现象面前，在已有的解决问题的办法面前发现不同。能不能提出问题，有没有提出问题的勇气，是创造力的前提。

长期以来，我们基本上是一种“去问题教育”，一堂课上下来，老师问“还有问题吗”，同学们齐声回答说没有问题了，那就是这堂课的最大成功。如果你去小学一年级、初中一年级、高中一年级、大学一年级这四个课堂观察一下，你一定会发现，当老师提出问题时，小学一年级小手如林，抢着回答问题，初中一年级七零八落，高中一年级基本上是老师自问自答，大学老师连问题也不问了。

这是为什么呢？因为在回答问题的过程中学生总是屡战屡败，最终再也不愿回答问题了。想想看，老师提出一个问题，学生的回答要么正确要么不正确。回答正确，老师说很好，坐下；回答错误，老师说让我们来看一看，这位同学是怎么犯错误的，结果回答不正确的同学成了被“示众”的对象。

什么是教育？教育就是激发学生的问题意识，老的问题不断得到解决，新的问题不断产生。在回答老的问题的过程当中，大家讨论、辩论、争论，最后产生新的问题；新的问题解决不了，大家回家思考，明天继续讨论。课堂以问题为纽带，在提出问题、解决问题、产生问题的过程中学习知识，运用知识。所有的知识是围绕着问题展开的，在讨论问题、回答问题、产生问题过程当中引导学生掌握知识，而不是根据知识点设计课程进行教学的。从知识掌握的角度来说，通过解决问题来掌握知识，也是最有效的。这看上去是教学模式之间的差异，其实在更深层次上是对人的培养理念上的差异，是对教育功能的理解上的差异。

三、统一要求与发展个性

一个社会需要统一的思想、统一的价值、统一的行为模式，一个一致的集体才有力量。但另一方面，社会越来越多元，更加的多样化、个性化。现在每天都有各种各样的工种在消失，甚至整个行业在消失；每天又有新的工种、新的行业在产生。要像以前那样从事一种职业就一劳永逸，终身不变，现在是很难了。如果没有适应变化的能力，没有与时俱进的能力，就会失去很多发展机会，特别是当社会逼迫你不得不流动的时候，不仅会失去发展机会，甚至会失去工作的岗位和为人的尊严。有一种失业叫功能性失业，即原先的工种消失了，新的岗位出现了，但你没有再就业的能力，丧失了再学习的能力。人的价值的本质不在于其与别人的相同性，而在于其不同性。一个人生命的价值、生活的意义在什么地方呢？在于他的与众不同。从人的生命意义来说，应该让每个人饱满起来、多样起来。教育不是把不同的人培养成相同的人，而是把不同的人变得更加不同。通过教育的隧道，通过小学、中学、大学教育之后，拥有不同的性格、不同的特点、不同的潜在优势的人，会变得更加不同，而不是大家都变得差不多了。通过教育使得人不同的特点得以放大，每个人变得更加富有个性，更加具有特色，大众创业、万众创新才有可能。这里就提出一个问题，怎么尊重学生的个性，怎么培养学生的个性？要统一步调，统一指挥，统一行动，这是社会的一种需要。我们有统一的知识、统一的答案，这也是对社会需要的自然反应。但如果忽视了另外一个方面，忽视了人的个性的发展，则是个人的不幸，也是社会的不幸。怎么能尊重学生的个性，鼓励学生个性的发展，这是对我们教育智慧的考验。我们现在的评价标准是一个统一的标准答案，考分高是最大的本领。高分数没有什么不好，但是高分数只是一种本领，不是全部的本领，甚至不是最主要的本领，高分低能或者低分高能，两种情况都很普遍。在社会生活中，起最大作用的不是相同的素质，而是不同的素质，是与众不同的特点。个性化特征在社会生活中显现出越来越大的作用。所以对于教师来说，最伟大的工作在于在教学过程中，对每天在课堂发生的、学生表现出来的与众不同的特点，保护它，维护它，尊重它，促进它更进一步地、更积极地发展。

四、授人以鱼与授人以渔

俗话说，授人以鱼不如授人以渔。话虽这么说，但真正要做到并不那么简单。送鱼比较容易，教人打鱼就复杂多了。第一你本人要会打鱼，第二你要会教人打鱼，第三被教的人要愿意学打鱼，第四不同的人还要讲求不同的教法，因材施教之谓也。

在人类文明的很长时间里，基本上是靠经验来认识世界的。但文艺复兴之后西方国家逐渐进入了科学时代，科学时代与前科学时代的一个重要区别是，人类认识世界不再是凭经验、凭感觉，而是靠科学方法。大家都知道培根，他不仅强调知识的重要性，而且发现了认识知识的方法。总结经验是归纳的方法，而认识世界、科学研究还有另外一种方法——演绎的方法。培根第一次对归纳法和演绎法的逻辑进行了深刻研究，提出了一整套的科学方法逻辑。正因为有了科学方法论的进步，才有了现代科学。历史科学的重大突破，往往都是以研究方法的突破为前提的。科学方法的思想在西方可谓根深蒂固，大学里面不管是大学生、研究生，有关研究方法的课程都是最重要的和占比最多的课程。我们也有研究方法的课程，但不大受重视，“方法”在中国的文化体系里面并不占据重要位置，我们不太注重通过自己的推演、实验、操作得出结论，而是喜欢接受现成的知识和经验，拿现成知识来解决问题。学习、掌握科学的方法，耗时费力，又没有“看得见”的成果，难免有“得不偿失”的感觉。而直接教授知识，认了多少字，解了多少题，掌握了多少知识点，那是实实在在的，心里踏实，应试有用。所以我们注重的是知识的传授和掌握，是走捷径；而对于是怎么得出这个结论的，用什么方法得出结论的，往往一带而过。由于这个原因，教师自己在方法论上的修养也很欠缺。人总是喜欢讲自己熟悉的东西，对于不熟悉的东西自然是能不碰它就不去碰，所以教学过程中也就有意无意地忽视了方法论的培养。再说方法论的学习是需要花费时间的，有影响教学效率、影响考试成绩的风险。传授知识，从短期来讲它是见效的。但是知识这个东西，是很快会遗忘的，知识遗忘之后我们留下来的是什么？是方法。如果我们只传授了知识，忽视了方法，鱼吃完了，就什么也没有了。所以说磨刀不误砍柴工，在教育过程中一定要非常重视方法论的教学，要传授打鱼的方法，这是值得的，也是越来越必需的。

◎讨论题：

1. 怎样理解课堂教学中问题与知识的关系？
2. 怎样理解课堂教学中过程与结果的关系？
3. 怎样理解课堂教学中综合与分科的关系？
4. 怎样理解课堂教学中研究与接受的关系？
5. 怎样理解课堂教学中渐进与跳跃的关系？

|第二章|　学科教育的新视野

学科是知识结构的主体，

更新学科教育的观念，是更新学科教育的前提。

——作者自题

第一节　反思科学教育

素质教育在本质上是一种新的教育价值观，是一种在新价值观指导下对理想教育的追求。[①] 课堂是实施素质教育的主渠道，课堂教学中能不能体现素质教育的思想，是素质教育能不能得到真正贯彻的关键。我们之所以这样强调，是有明确针对性的。因为在实际的教育中，种种背离素质教育本质的观念和做法，诸如把素质教育理解为课外活动，“轰轰烈烈搞素质教育，扎扎实实抓应试教育”“要热闹看素质教育，要升学看应试教育”，等等，都与脱离课堂教学谈论素质教育有关。课堂内真正体现了素质教育的思想，非但不会与升学相矛盾，而且有利于学生综合竞争能力和可持续发展能力的培养。

课堂教育的主要内容是学科教育，因此课堂中能否实施素质教育很大程度上取决于能否将素质教育落实到学科教育中去。学科教育包括自然科学、社会科学和人文学科的教育，这里首先讨论自然科学教育中的问题和自然科学教育的变革。

一、科学教育对科学的背离

这个标题写全了应是“科学学科教育对科学的背离”。科学教育

① 参见本书第四章“创新人才的培养”。

是基础教育的基本内容，也是现代文明的基础。可是，什么是科学教育？长期以来我们对这个问题的认识是不全面的，甚至是避重就轻的。通常我们把科学教育理解为“系统的科学基本知识、基本技能和科学思维方法的教育”，这是一个不全面的理解，而在实际的编写教材和教学中，在考试检查中，“科学思维方法的教育”往往又成为虚拟之格，科学教育被缩减为科学知识的教育。层层窄化，使得科学教育的空间越来越小，甚至发展到与科学教育的本质背道而驰。事实上，人们早已把科学分为相互关联的四个层次的内容：科学知识、科学方法、科学态度、科学精神，科学教育无疑应该包含这相互关联的四个层次的教育。

科学知识

虽然我们的科学教育把主要精力放在传授科学知识上，但传授什么知识和怎样传授知识却依然值得反思。中国的教育传统是重伦理道德教育，所谓知识主要是关于伦理规范、道德经验的知识，这就决定了我们对知识的理解有这样一些基本特征：第一，知识是预设的，也就是预先早已具备的，而非个人主体发现的，与我们个人的努力无关，我们既不能增加它，更不能改变它。第二，知识被认为都是正确的，既然是知识，特别是写在教材上的知识，都是“圣人之言”，一定是正确无误的。巧合的是，新中国成立初期对我国教育产生了重大影响的苏联凯洛夫《教育学》也持同样的观点，甚至明确说明，教材具有准法律的地位，这就排除了对教材和教学内容的质疑。第三，知识是人格化的，即知识和人的品行联系在一起，知识的可靠性与权威性与人的地位和威望相联系。这些特征决定了传统知识教育的特征：第一，知识的学习是被动接受的；第二，知识的学习过程主要是记忆过程；第三，知识的学习带有社会强制性。这些特征对现代科学和科学教育具有难以摆脱的影响：第一，重结果甚于重过程。忽视了所有后续的知识都是在前有知识的基础上发展起来的，对知识发展的过程重视甚少。第二，重标准答案甚于重智慧开发。我们教学的目的和评价教学成败的标准就是看学生是否能够获得唯一正确的答案。所有的习题都是有标准答案的，题目中的所有数据都是必定有用的。而事实上任何现象的答案都不会是唯一的，不同角度会有不同的答案，在解决实际问题的过程中，重要的并不是运用数据，而是确定什么数据才是有用的。第三，重教育者对知识必要性的看法甚于重社会、市场对知识的需要。第四，重稳定的知识甚于重新兴的知识。

科学方法

在一次教育部基础教育司召开的“基础教育课程改革专家工作组”会议上，一位中学校长的发言给我留下了深刻的印象。他教高三毕业班的化学，他所教的学生高考化学的平均成绩是94分。这些学生绝大部分都进入了大学的不同专业。一年后这些学生放假回乡后纷纷来看望原来的校长。他突发奇想，拿当年高考的化学试卷对这些学生再进行了一次测试，结果出乎意料，平均成绩只有16.3分。所得分数主要是与化学思维方法有关的内容，换句话说具体的知识和运算方法几乎遗忘殆尽。这虽然不是说具体的知识不重要，任何科学的思维方法都是不能离开具体的知识来获得的，但是，在科学教学中，是把知识本身作为目的，还是把知识作为工具和手段，以掌握科学方法为目的，这是两种完全不同的教育思想。

科学并不是简单地对自然规律的揭示，更重要的是找到了研究自然规律的方法，或者可以说一门学科能不能形成科学，主要就在于它能不能找到研究自身对象的正确方法。如果一门学科不能形成自己的科学方法，就不可能称其为科学。我们学习一门科学，如果不能掌握一门科学的方法，就只能掌握一些零碎的知识。地理学是以抽象地构造出地球本身并不存在的经线、纬线为起点的；物理学是将物质运动的能量抽象为以做功为基础的……任何一门学科走向科学的过程都是形式化，符号化，建立数学模型、实验模型的过程。不同学科构建符合自身研究对象特性的形式、符号和数学模型的方法，就是这门学科特有的思维方法和工作方法。现在的教育完全没有把这种科学方法放在特别重要的位置，使得我们的学生掌握了某一学科的许多知识，却不懂得该门学科的科学方法及其价值，这种现象在大学里甚至也同样存在。我们每位教师不妨自问：自己所教学科的独特的思维方法是什么？如果我们学习了一门学科，而没有掌握这门学科的科学方法，那么，我们充其量只能说学过了这门学科，而不是掌握了这门科学。

科学态度

科学态度是通过对科学知识的正确理解和科学发展的整体把握而形成的科学信念与科学习惯。科学既是真实可信的又是不断发展的。之所以可信，是因为科学来自经验，是真实可见的，经过了实验的检验，具有可重复性。科学的本性是拒绝权威的，更是拒绝权力的，科学是没有意识形态的。任何超验的、臆想的、传闻的东西都不能轻易进入科学的领域。科学态度就是它的防线。但是我们在教育中非常不重视这种态度的培养，很多荒谬的无稽之谈不经设防就不胫而走，用行政权威解决科学问题，这些都与缺乏科学态度有关。科学又是发展的，而且发展性才是科学的本质。任何科学真理都是相对的，任何科学知识都是要被新的知识取代的。牛顿的力学曾经统治世界 200 年，被奉为能够解决一切物理问题的不变真理，可是在现代物理学、在爱因斯坦的相对论面前，它就显得非常脆弱和浅薄；三角形内角之和等于180度似乎是无可怀疑的事实，可是在球面几何中三角形内角之和就不等于180度；甚至1+1=2这样似乎是毋庸置疑的结论在二进位制中也会发生变化，二进位制是一种特殊的数学语言系统，正是这种语言，建立了电脑语言的基础，正日益深刻地改变着人类世界。

科学精神

科学精神是在对科学真理探索的过程中，在对科学本质的认识不断深化的过程中，孕育起来的推动科学进步的价值观和心理取向。现代科学哲学的研究告诉我们，科学是不断发展的，科学的本质并不是证实真理，而是不断发现以前真理的错误，不断更新真理。科学知识强调的是确定性，而科学精神强调的却是不确定性，强调科学精神就是强调怀疑的、批判的和创新的精神，就是要善于在没有问题的地方产生问题，在没有现成答案的地方寻找答案。现代科学发展的另一个重要特征是科学合作的重要性越来越突出。以往重大的科学发明可以是一个人或少数科学家团体的成果，而现在一项重大的科学发明往往需要成百上千的科学家的参与，甚至是跨国的合作。合作意识已经成为科学精神中的重要组成部分。此外，科学精神中还有一种超功利的精神、为科学而科学的精神，不为任何非科学的压力所屈服。这对于保证科学的纯洁性，保证科学之为科学，也是十分重要的。

在我国科学发展和科学教育的历史上，由于现代科学是在救亡图存的特殊背景下传入中国的，所以对现成科学知识的获得，对科学实际功用的重视，远远超出了对科学方法、科学态度、科学精神的重视，而且在很多情况下采取了违背科学理念和科学精神的态度。这也是我们今天在科学教育中仍然对科学方法、科学态度、科学精神缺乏应有意识、缺乏重视的原因。[①]

二、科学对科学教育的呼唤

这个标题写全了应是"科学对科学学科教育的呼唤"，也就是我们要以科学的方法和科学的态度进行科学教育，以使我们的科学教育承担起培养学生完整的科学素养的任务。

按照传统的科学观和科学教育观，科学主要是一些既成的事实、规则、定理，教育的任务就是使学生掌握这些知识，形成运用这些知识解析题目的能力。在西方教育史上，赫尔巴特是将这种思想理论化的重要代表。赫尔巴特认为，人类的观念、经验增长的过程，是一个积累的过程，人类经验中一切新的东西都是根据过去的经验而得到补充和了解的，观念和经验在人的头脑中形成了"统觉团"，统觉作用就是利用已有的观念吸收新的观念。所以他认为，一个好的教学过程应该分为四个步骤：

> 明了——给学生明确地讲授新知识；
> 联想——新知识要与旧知识联系起来；
> 系统——做概括和下结论；
> 方法——把所学知识运用于实际（习题解答、书面作业等）。

赫尔巴特的这种教学思想传入中国，与中国传统的教育观念基本相通，后经苏联教育学家凯洛夫的强化，对中国产生了持久的影响，

---

① 参见本章第三节"理解文科教育"。

以至于我们的教育没能根据科学观的发展和对科学本质认识的深化而发生深刻的变化。

而按照现代科学观和科学教育观，作为结果的知识是不断发展更新的，发现真理、探求结果的方法才是更重要的。知识本身并不是教育的目的，而是建立科学方法的工具和手段。因此，现代教育观更关心的是怎样使传授知识的过程成为掌握科学研究方法、开发学生智慧的过程。美国教育学家杜威把这看作是现代教育与传统教育的根本分歧之一。杜威认为，赫尔巴特的教学思想是和人的实际思维过程相悖的，它不能使人的智慧得到发展，而只能使人的头脑成为仓库。杜威认为人们思维的过程不外乎这样五个步骤：感觉到问题；思考问题的性质和特征；设想解决问题的可能途径和方法；通过推理确定哪一个假设能解决问题；通过观察或试验，证实结论是否可信。接着他认为，教学的方法与思维的方法应该是一致的。为此，他提出了相应的五个教学步骤：

设计问题情境；

产生一个真实的问题；

占有资料，从事必要的观察；

有条不紊地展开所想出的解决问题的方法；

检验或验证解决问题的方法是否有效。

这里关键的一步是产生一个真实的问题。所谓真实的问题，就是学生自己产生的问题，而不是教材规定的问题，不是教师主观的问题，更不是为了提问题而提出的问题。杜威早就意识到，任何知识的学习，既是为某一理论提供依据，又是形成新理论的素材。美国学者福克斯指出："在了解杜威对'知识是什么'的回答时，我们记住的重要的事情是，除了过程，这个问题是没有意义的。杜威认为，除了探究，知识没有别的意义……当指出那种未确定的情境中的各种要素，使它们成为一个确定的情境，最后成为一个统一的整体时，经历这个过程的探究者就获得了知识……知识绝不是固定的、永恒不变的，它是作为另一个探究过程的一部分，既作为这个过程的结果，同时又是作为另一个探究过程的起点，它始终有待再考察、再检验、再证实，如同人们始终会遇到新的、不明确的、困难的情境一样。"①

杜威的这一思想，开启了现代科学哲学和现代教育思想的大门，对我们变革科学学科教育有深刻的意义。通过对这一思想的回顾，我们就完全可以理解为什么对同一堂课，会有两种完全不同的评价。中国衡量教育成功的标准是，将有问题的学生教育得没问题，"全都懂了"，所以中国的学生年龄越大，年级越高，问题越少；而美国衡量教育成功的标准是将没有问题的学生教育得有问题，如果学生提出的问题教师都回答不了了，那算是非常成功的，所以美国的学生年级越高，越富有创意，越会突发奇想。这就是以问题为纽带的教育。以问题为纽带进行教育，就是以激发学生产生问题始，以产生新的问题终，在这样的过程中，培养学生的问题意识，帮助学生掌握解决问题的知识、程序、方法，培养学生的怀疑精神和创新精神。由于学生的背景不同，认知风格不同，所产生的问题自然会有差异，解决问题的程序、假设和结果也会不同。这样，科学教育的过程就不再是追求标准答案的过程，而是发展学生富有个性的综合科学素养的过程。

现在我们正逐渐走向知识经济时代，即以知识的创新和知识迅速

---

① 瞿葆奎．教育学文集·教学：上卷［M］．北京：人民教育出版社，1988：438-439.

转化为技术引导经济主流的时代，知识总量迅速膨胀，知识陈旧周期日益缩短，社会观念、生活情境日益多元化，现代信息媒体的运用也越来越普及。教师和学生经常面对着同样不知道答案的问题，面对着谁都不知如何处置的情境。因此，我们的教育要使学生有效地产生问题、研究问题，形成解决问题的意识、习惯和能力，能创造性地应答没有遇到过的挑战，这才是科学教育的基本要求和改革目标。科学呼唤以科学的态度和科学的方法进行科学教育。

第二节　开放数学教育

自然科学是对自然现象本身客观规律的揭示，从这个意义上说，科学的本质是发现；而数学是人们为了建立自然和社会现象的主观联系，从这个意义上说，数学的本质是发明，是主观建构。数学中最基本的有理数、无理数是人自己设定的，几何学上最基本的点、线、面实际上是不存在的，它完全是一种抽象的概念，只不过为了帮助人们理解这种概念才提出有形的点、线、面来。有时候，数学是通过“无”与“无”的运算，算出“有”来。夸张一点说，数学有时就是“无中生有”。而这种“无中生有”是非常重要的，甚至是数学的本质。苏联著名教育家赞科夫有一次上小学数学公开课，教学的任务是引导学生完成从连加向乘法的过渡。他出了一道题目：7+7+7+7+7+7+3=？赞科夫的意图是引导学生得出 7×6+3 的方法。

但出乎意料的是一开始一个学生就说，“我可以用 7×7-4 的方法来计算”。在《教学与发展》这本书中，赞科夫回忆道：当我听到这一方法的时候，我非常激动，这个孩子非常了不起，她看到了一个不存在的 7，她发现了数学的本质。既然孩子们已经具备了认识数学本质的能力，我们为什么还要按部就班地进行教学呢？如果我们忽视学生的发展水平，忽视学生发展的潜力，就等于是犯罪。于是他推翻了自己准备的教案，就从这个不存在的 7 讲起。这里既表现了赞科夫的教学机智，更表现了他对数学和数学教学本质的认识。当然，我们这里不是严格讨论数学的问题，而是想要说明一个道理，人是数学的主人，数学教育的目的是使学生学会让数学为我所用。

数学是一种工具，是一种将自然、社会运动现象法则化、简约化的工具。数学学习最重要的成果就是学会建立数学模型，用以解决实际问题。数学本身是人为的，是开放的，是丰富多样的，一句话，数学是为人所用的。数学又是训练人的思维的工具，通过学习数学，人的思维将更具有逻辑性和抽象概括性，更精练简洁，更能够创造性地解决问题。数学教育的任务当然也就是教人掌握这一工具和利用这一工具。然而不幸的是，由于教育竞争的压力，由于“应试教育”的扭曲，在我们的数学教育中，数学成了封闭的系统，成了固定的逻辑联系。不是数学成为人的工具，而是数学教育使人成了数学的工具，成了解题的工具，特别是成了寻求唯一答案的工具。

举一个例子。一位数学教育家做过一个实验，他给小学生出了这样一个题目：河的一边，有一群牛和羊，其中牛 38 头，羊 42 只，一位船工要用船将这群牛和羊运到河的对岸，请问船工的年龄有多大？使人感到惊讶的是，绝大部分学生都有答案，而且大部分学生的答案都是相同的：船工 40 岁。特别是刚刚学过平均数的学生 100%都回答说船工是 40 岁。问他们何以能得出这一结论，其回答又是惊人地相似：你让我们做题目，那题目必定是有答案的，题目中的数据也一定是不会多也不会少的，虽然在解题的过程中也感到迷惑，但想来想去，只能是这一答案了。

搞教育的人都知道，如果解题时题目中有一个数据没有用上，即使是成绩再差的学生也会认为题目一定做错了。因为我们的题目中基本不会有多余的数据或条件。可是实际生活中，解决问题最重要的往往并不是怎样将数据代入公式，而是要确定哪些数据、哪些因素对事情有影响。我们的学生之所以普遍存在高分低能的情况，就是因为我们的教育注重的是教会学生怎样将数据代入公式，而不是怎样确定解决问题的思路和方法，就数学教育而言，就是怎样建立数学模型。面对不同的数据或条件，不同的需要、不同的构思完全可能建立起不同的数学模型来。

再举一个例子。香港的中学数学教材中有这样一道题目：某一企业，有股东 5 人，工人 100 人，1990—1992 年的 3 年间，该企业的收益情况如下表，要求根据表中数据绘制一幅图。

	股东红利（万元）	工资总额（万元）
1990 年	5	10
1991 年	7.5	12.5
1992 年	10	15

面对这样一组数据，拥有不同思维方法的学生可以构建出不同的数学模型，描绘出不同的图表来。

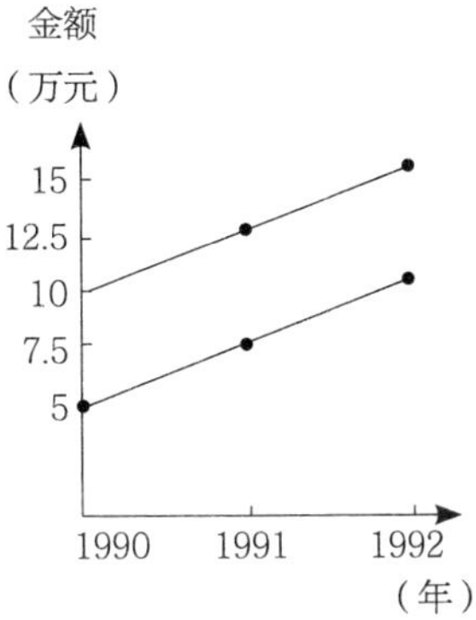

图 1

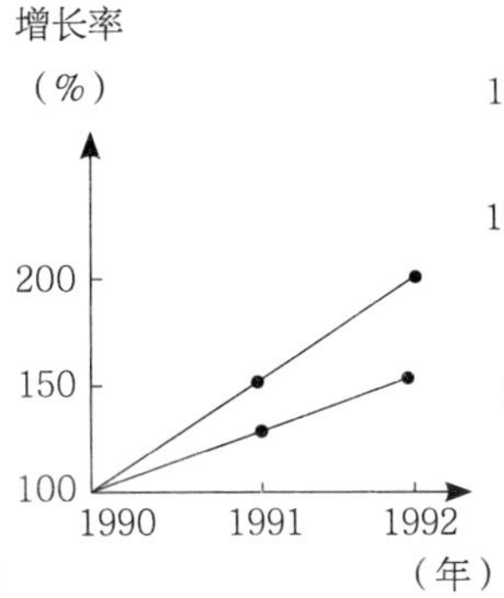

图 2

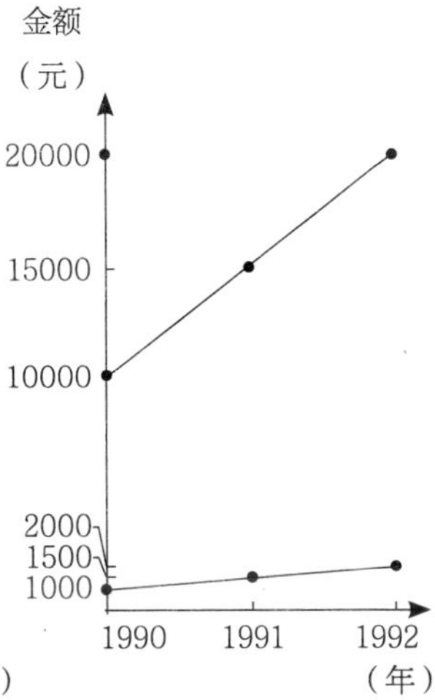

图 3

图 1 是两条平行线，传递出的信息是劳资双方共同发展，有福同享、有难同当，这样的图是老板最愿意看到的，我们姑且称它为“老板图”。图 2 是拿全体股东分红的增长和全体工人工资的增长做比较（将 1990 年的股东红利和工资总额分别作为 100%），两年内股东分红增长了 100%，工人工资只增长了 50%，传递出来的信息是工人工资的增长比例是股东分红增长比例的一半，应该适当增加工人的工资，我们把它称为“工会图”。而图 3 是拿股东个人收入的增长和工人个人收入的增长做比较，传递出来的信息则是：股东和工人的收入悬殊，而且差距越来越大，这可称为“工人图”。华东师范大学的张奠宙教授拿这一题目请一位教师到一所中学做实验，让学生们根据数据绘出图来。结果 100% 的学生绘制出的图都如图 1。在我们的学生看来，图 1 是最规范的思路，最标准的答案，他们根本没有想过这一题目有多种答案的可能性，没有想过一组数据中透露出来的生活中的实际信息，更没有想过把数学作为工具来解释世界，而是只想到把这

一题目解出来就是了。

这又使我想起上海市某区有一年初中升高中的数学题中，有一道题是问学生怎样将一张被告知长和宽的硬板纸做成一只体积最大的纸盒，结果 70% 的人答不出来。其实这道题所需要的数学知识小学数学就够用了。如果题目不是这样出，而是要求出具体的面积、体积，恐怕就是 70% 的人答得出来了。长期的标准程序、标准答案的教育，很可能会把学生训练成解题的工具，训练成封闭思维方法的工具。其实，数学本身是开放的，应对社会生活需要有开放的数学教育。数学的开放性、多样性不仅是生活需要的反映，也是人的认知结构、认知能力的反映；不仅生活需要开放的数学教育，学生认知潜力的发展也需要开放的数学教育。

当校阅本书清样的时候，我看到了北京大学附属中学张思明老师在数学教学实践中的一个例子，生动有力地表现了如何还数学教育的本来面貌，以建模的思想和方法进行数学教学的思想。

他以“教育储蓄”为题材，帮助学生用数学建模的方法解决实际生活中的问题，并反过来促进学生数学建模意识和能力的发展。他把这一教学过程分为 4 个基本步骤。

1. 请学生个人或组成小组，利用课余时间调查有关“教育储蓄”的资料，事先可以引导学生讨论需要了解的信息是什么。主要途径是网上主题词检索、各大银行直接询问。

以往的应用题常常是“没有源头”的，所需解决问题的信息都是已知的，不多不少，没有信息寻求、选择、加工的过程。而解决实际问题的第一步应该是从寻求有关信息开始。

2. 让学生交流，互相启发、补充扩展他们取得的信息。重点确定以下信息：教育储蓄的适用对象（在校中小学生等）、该类型储蓄的特点（零存整取的形式，但享受整存整取的利息，不扣利息税）、最低起存金额（人民币 50 元）、每户存款本金的最高限额（人民币 2 万元）、支取方式（3 年或 6 年，到期凭学校开出的在学证明一次支取本息）、银行现行的各类存款利率、零存整取和整存整取的本息计算方法。

3. 请学生提出拟解决的问题，根据问题，在教师带领下寻找适用的数学工具，建立相应的数学模型。例如：

（1）依教育储蓄的方式，每月存 50 元，连续存 3 年，到期时（3 年或 6 年）一次可支取本息多少元？（等差数列求和，公式应用模型）

（2）依教育储蓄的方式，每月存 a 元，连续存 3 年，到期时（3 年或 6 年）一次可支取本息多少元？（公式模型的一般化）

（3）依教育储蓄的方式，每月存 50 元，连续存 3 年，到期时（3 年或 6 年）一次可支取本息比同档次的“零存整取”多收益多少元？（比较方知差别）

（4）欲在 3 年后一次支取教育储蓄本息合计 2 万元，每月应存多少元？

（5）欲在 3 年后一次支取教育储蓄本息合计 a 万元，每月应存多少元？（特殊到一般）

（6）依教育储蓄的方式，原打算每月存 100 元，连续存 6 年，可是到 4 年时，学生需要提前支取全部本息，一次可支取本息共多少元？

（7）依教育储蓄的方式，原打算每月存 a 元，连续存 6 年，可是到 b 年时，学生需要提前支取全部本息，一次可支取本息共多少元？（分段函数的模型，一般化）

（8）（开放题）不用教育储蓄的方式，而用其他的储蓄形式，以每月可存100元，6年后使用为例，探讨以现行的利率标准可能的最大收益，将得到的结果与教育储蓄比较。（可以涉及等比数列、递推关系、单调性应用、不等式比较等许多知识）

（9）（开放题）学生自己设计的其他计算题。

（10）（开放题）将问题解决过程中数学模型（等差数列或复利增长模型）进一步抽象出来，看看它还有怎样的应用。

……

4.学生交流计算的结果及他们的发现，提出新问题。可以让学生报告小组讨论的结果并分工写成解题报告或小论文。

张老师还特别强调，数学建模教学的关键是找到“好的问题”：第一，应选择与学生的生活实际有关的问题；第二，应努力表现数学建模的全过程，而不仅是问题本身的解决；第三，选择的问题最好有比较宽泛的数学背景，有不同的层次，以便于不同层次的学生参与，注意问题的可扩展性和开放性；第四，应鼓励学生在分析解决问题的过程中使用计算工具和成品工具软件。[①]

这一事例生动地告诉我们，不同的教育观念、不同的思想方法会有不同的教学思路和教学方法，学生会有不同的发展结果。教学的开放首先需要思想的开放。为了培养学生更好地应对社会生活的能力，为了更有效地培养学生的创造性，我们需要更开放的数学教育。

① 本刊记者．数学建模的教育价值：访特级教师张思明［J］．教育研究，2001（7）：66-71.

第三节 理解文科教育

近年来，文科教育，特别是语文教育受到了普遍的关注，且受到不同程度的非议。这种关注和非议反映了文科教育改革的迫切性，但把文科教育中存在的问题归罪于任课教师，是有欠公允的。事实上，文科教育的改革，需要重新认识文科和文科教育，而不是仅仅靠改变教材或改变教学方法所能解决得了的。

一、文科与文科教育

我们这里说的文科，指的是人文学科。人文称学科而不称科学自有它的道理。人文学科包括哲学、文学、艺术、神学等研究领域。可是从我们现在的图书目录分类来看，文科没有独立的地位，图书被分为自然科学和社会科学两大类。而国外的图书分类通常是分为三类，即自然科学、社会科学和人文学科。这种分类的不同，绝不仅是分类方法的不同，而是思维方法的不同，是对文科意义认识的不同。

按照我们国内的分类方法和思想方法，文科被消融在科学之中，文科教育的目的也就被涵盖在科学教育的目的之中，解决科学问题的方法自然也就被认为适合于解决文科问题，甚至以为只有用解决科学问题的方法，来思考和解决文科问题才是正确的，才有发展前途。标准化测试就是一个典型的例子。有一种意见强烈地认为，包括哲学、语文、道德品质等在内，只有实现了标准化的测试才是科学可靠的。

可是，科学的方法真的能解决人文学科的问题吗？标准化测试适用于所有学科的所有内容吗？说起来，这并不是一个新问题。早在20世纪20年代一场影响深远的“科玄论战”就对这个问题进行过深刻辩论。以丁文江、胡适等人为代表的“科学派”强烈认为只有科学能够救中国，发展科学是中国的当务之急，科学问题解决了，其他问题便迎刃而解。以张君劢、梁启超等人为代表的“玄学派”则坚持认为科学只是手段，只能解决技术问题，不能解决玄学问题，即不能解决人生的幸福问题，不能解决人生意义的哲学问题。由于当时中国饱受了落后挨打的痛苦，帝国主义的坚船利炮使得我们国门难守，急欲奋发图强，所以“玄学派”被打得落花流水，“科学派”取得了全面胜利。科学救国成了人们的普遍信仰。

科学主义的胜利不仅使得科学的地位日益高涨，确实推进了中国科学技术的进步，而且使人们建立了这样的信念：科学的东西都是正确的，都是好的。这样，就在不知不觉之中，将真伪（科学）的问题和好坏（价值）的问题混为一谈了。更为严重的是，在我们无条件接受了“只要是科学的就是好的”这一观念的时候，又不知不觉地接受了第二个观念：不是科学的一定是不好的，只要是好的一定是科学的，走向了“科学意识形态主义”。于是，什么都往科学上靠，作为人们表达对人生、对社会主观理想的哲学也成了科学，作为人学、人性之学的文学也成了科学，要么是科学，要么是伪科学，甚至神学也能被清楚地分为科学的神学和伪科学的神学，而且，不言自明的是，只有科学的神学才是有价值的，伪科学的神学是没有价值的。考虑问题、判断问题，只剩了一种标准，即科学标准，人文学科的价值被瓦解了，人文学科的独立性和人文学科教育的特殊性被忽视了。

二、文科教育的价值

人文学科与科学有着不同的性质，发挥着不同的功能。科学在于揭示自然和社会运动的客观规律，文科则在于探求人生生活的意义；科学追求的是精确性和简约性，文科追求的则是生动性和丰富性；科学的标准是规范的和统一的，文科的标准是多变的和多样的；科学强调客观事实，文科强调主观感受。科学与人文学科的不同价值和性质决定了科学与人文学科教育的价值不同。科学教育的工具性价值超过目的性价值，文科教育的目的性价值超过工具性价值。这就是说，科学教育也有为了学习而学习的因素，但更主要的是为了传授知识，为了提供一种工具，是启智的过程。文科教育虽然也要传授知识，也为人们提供一种生活的工具，但它更是目的本身，是情感、人格的陶冶过程。与科学教育相比，对文科教育的特别价值研究得还很不够。

文科教育的过程是精神享受的过程，是提高生命质量的过程。

有生命的存在并不等于有生命的质量。人的生命是短暂的，生命的质量首先在于人的精神生活的丰富性，在于生活感受的愉悦。一个人的精神生活很单调，内心很苦闷，生活质量无从谈起。文科的学习为学习者精神的丰富和愉悦提供了极好的条件，使学习的过程成为欣赏的过程：哲学在于欣赏哲人的思想智慧，欣赏观察和分析世界的多种视角；文学在于欣赏人性的展开，欣赏语言表达的精美。艺术语言的丰富多样性，诉诸人的感官形式的多样性更不待言。事实上，对于精神丰富性的追求是人的基本追求，五音不全的人也会哼，色彩不辨的人也爱涂，大字不识的人也有诗。所以在我看来，文科课程首先是欣赏课程，在欣赏中有所感受，在欣赏中获得陶冶，在欣赏中美化情怀。

可是文科教学的实际情况却不那么令人乐观，文采飞动的语文课变成了生词抄写课；真情实感流淌的作文课，变成了八股格式的模仿课；灵智生辉的哲学课，变成了1、2、3的背诵课；甚至连音乐、绘画课也成了乐谱的记忆课和横平竖直的训练课。工具价值压倒了目的价值，学生可能掌握了“基本知识和基本技能”，可是却失掉了兴趣、激情和灵性，享受的过程变成了被动接受的过程。得到的东西我们看到了，失去的东西我们并未发觉。得到的东西也许只是大海里露出水面的冰山一角，失去的却是海水下面冰山的主体。

文科教育的过程是体验和提升生命价值的过程。

现实生活中我们经常可以见到这样的情景：鲜艳的花朵遭到随意的蹂躏，可爱的小猫、小狗遭到不经意的虐杀；无力反抗的孩子遭到成人心理上的摧残或肉体上的欺辱，呻吟的病人受到粗暴的治疗；低收入者受到无端的鄙视，残疾人受到莫名的嘲弄……人的生命意识，人的生命价值观在哪里呢？上述行为的发出者都不一定不识字，哲学考试也不一定不及格，道德评分也许还很高。换句话说，他们都是接受过文科教育的。但文科中的文学、哲学、道德表达对生命价值的肯定，对生命价值的尊重，却没有成为教学的重点，我们努力去抓住的是表达这些内容的形式。

对生命的尊重、对生命价值的尊重，最基本的就在于尊重生命的存在，不无端地剥夺生命，即使是非常低级的生命。当一个人对低级的生物和动物毫无怜爱之情时，你能指望他尊重高级的生命吗？反之，当一个人充满了对小草、小猫的生命关怀时，他对于高级的生命、对于人的生命能不尊重吗？

生命的独特性、不可重复性以生命的存在为基础，但仅有生命存在是不够的，生命存在只是生命价值展现的最低条件，人的生命价值更体现在人的感受、情怀、思想和创造力的独特性、不可替代性上。李白的蜀道是那样绮丽（《蜀道难》），光未然的黄河是那样动人心魄（《黄河颂》），老舍的猫是那样令人怜爱（《猫》），朱自清的父子深情是那样动人（《背影》），冰心的小橘灯是那样辉煌（《小橘灯》）……同样是“桨声灯影里的秦淮河”，俞平伯的感受是那样细腻，朱自清的感受是那样华美[①]；同样是“临街的窗”，王蒙、陆文夫、冯骥才看到的和感受到的各不相同[②]……这并不仅是对自然、对人情的不同感受，这是对生命的不同感受。人的生命的价值得到实现，就是人的这种独特的生命感受、生命力量得到尊重的表现。使学生在学习的过程中，感受到这种生命的跳动，感受到这种生命价值的升华，这才是文科教育的真正任务。这是文科教育的基本使命，也是文科教育的基本功能。但是，这种感受、这种追求，绝不是标准化测试所能反映的。标准化测试充其量反映的只是表达这些内容的形式。这就是为什么文科教育不能靠被分解的知识点来完成的原因。再精彩的篇章被逐步分解为生词、段落、大意、中心时，“魂”也没有了。本来这些字词句章是用来为“魂”服务的，现在字词句章本身成了目的。感受、领悟、欣赏的过程被单调的操练加上难以避免的批评训斥代替了。感受和提升生命价值的过程，倒反而形成了对生命的压抑。

---

① 1923 年的一个晚上，俞平伯、朱自清等人共舟同游南京秦淮河，约定以“桨声灯影里的秦淮河”为题作文，尽管两篇文章风格迥异，但皆成散文上乘之作，传为现代文学史上的佳话。

② 1984 年《人民文学》以“临街的窗”为题，公开征集作品，不同心路、不同题材的佳作纷至沓来，成为当代文学史上的佳话。

文科教育的过程是感悟自由精神的过程。

人类之所以能够不断发展，人类的文明之所以能够不断提高，最根本的就在于人类能够不断超越自身，不断超越自己体能的、智慧的、精神的极限。这种超越的精神就是获得更大自由的精神，这种追求超越极限的过程就是自由精神的追求过程。文科教育的一个内在功能就是展示这种精神，弘扬这种精神。学生在接受文科教育的过程中，感悟这种自由精神本是顺理成章的事。“女娲补天”“精卫填海”“西西弗斯永不停顿地推石上山”表达的都是知其不可为而为之的不屈意志；唐僧冲破千难万险西天取经、浮士德奋斗不息追寻新目标，昭示的都是精神能量的无限可能性；凤凰涅槃、普罗米修斯为人间偷盗火种，歌颂的都是生命不死、价值延伸的情怀；老人与海的搏斗（海明威）、鲁滨孙在荒岛上的漂流（笛福）表现出人对自然的无穷伟力；“嫦娥奔月”“地心旅行两万里”表现出人的想象力的奇异无边……哲学家对世界的不同理解、阐释和追求，则表现了人类智慧的自由驰骋：孔子的“仁爱”追求，庄子的“自然”法则，柏拉图的理念构想，在这种哲学观指导下形成了意趣迥异的教育观：孔子因人而异的“礼教”观，庄子“顺情达性”的“无方之传”观，柏拉图智慧启迪的形式教育观……这些都是知识，但如果这些变成了被切碎的知识，而丢弃了它们的灵魂，丢弃了人类的自由精神，那么，文科也就被科学的手术刀肢解了。文科教育固然有知识点，但更应是整体的、历久以来一以贯之的对自由精神的感悟。

人类不断超越自我的自由精神也是科学发展的内在动力，与人的创造性发挥是相辅相成的，甚至可以说没有自由的人文精神便没有科学的不断进步。

三、以人文精神进行文科教育

文科教育是分解的教育，更是整体的教育。

学校教育的课程是有限的，教材内容更是有限的。教材只是体现一种教育思想的工具，只是教授某种教学内容的例子。所以不能把教材看成是对教学内容的规定，更不能把教材看成是对教学内容的限定。它是学习的向导，是开阔视野的镜子。使用教材的目的是见木知林，所以我们用不着把一本教材嚼烂了，更不能把一篇篇的课文分解了，而是要以教材为核心，感悟人文精神。鲁迅的杂文最根本的特点可以用一个字概括：憎，对魑魅魍魉的“憎”；巴金的作品最大的特点也可以用一个字概括：真，对生活的“真”。这里的“憎”与“真”，又都归结为对生命的爱，对生命价值的追求。这不是靠哪一段文字、哪几篇文章就能反映的，这是他们全部生命的展现，是他们一生人格的乐章。如果我们没有这种整体观，文科教育就有流于八股教学的危险。

整体的教育观首先是感悟，要使学生感悟到作者的感受，感悟到作者的情感，感悟到整个作品的风格和情调；其次是理解，理解作者观察问题、描述现象的角度，理解作者看问题、分析现象的视角和方法；再次是表达，能够以课文为例子，表达自己独特的生命感受和观点；最后，也是最终的目的，是获得精神的自由，个性化地感悟事物、体察社会和人情，创造性地表达人生。

文科教育是标准的、统一的教育，更是多样的、个性化的教育。

“进”的反义词是什么？（标准答案是“退”，写“出”就错了）

> 用一个成语概括下面这句话："很多人为了一个共同的目标而奋斗。"（标准答案是"齐心协力"，写"同心协力"就错了）

"给课文分段，并写出段落大意"，是语文课的常见要求，当然都有标准答案——在教师参考书上。写文章的人考虑过怎样给文章分段吗？把唐宋八大家的散文、鲁迅的杂文都划分出符合标准答案的段落来，并且能够背诵这些段落大意，就能写出好文章吗？

"归纳课文的中心思想"，也是语文课的基本要求。文章有中心思想吗？我的意思是，真正有思想感情的文章有大家公认的中心思想吗？什么叫"形象大于思想"？一部《红楼梦》，说尽风流，"单就命意，就因读者的眼光而有种种；经学家看见"易"，道学家看见淫，才子看见缠绵，革命家看见排满，谎言家看见宫闱秘事……"（鲁迅《集外集拾遗补编》），毛泽东看见的是封建阶级的没落画卷。"一千个读者就有一千个哈姆雷特"，文学的多义性、丰富性是文学的生命。这是由人的丰富多样性决定的，这正是创造的动力和创造的空间。

哲学也同样如此。有一千个读者就有一千个孔子。自古以来，出现过多少个孔子思想的阐释者？最重要的就有好几个：孟子、董仲舒、朱熹、王阳明、黄宗羲、康有为。正是这些孔子思想的不同阐释者，丰富和发展了儒家文化和中国思想史。哪种哲学见解没有相反的观点？如果我们忽视人类思想自身的多样性，一定要给出一个标准答案，那么，我们的学生得到的可能是一些知识，失去的却是批判性和创造性。文科本身的多样性、个性化特点要求文科教育承认多样性、认同个性化。

文科教育是技能的教授，更是生命的对话。

字词句章、谋篇布局是文科教育不争的要求。但中国自古以来就强调不得以词害意。再好的文章也经不起串讲。不管多么激动人心的内容变成一遍遍领读、齐读、轮流读，变成不分轻重缓急、没有情感色彩、千篇一律的串讲的时候，也会索然无味的。

文科是主观感受的表达，是内心情感的流露，是个人见解和智慧的展现。文科教育的真正价值在于引导学生获取这种感受，体验这种情感，理解这种见解，转化这种智慧，最终形成自己丰富的精神世界。所以文科是知识、技能的教授，更是情感的交流、心灵的沟通、生命的对话。这并不是什么新境界，早在两千多年前，庄子已经描绘了这样一幅图景：

> “大人之教，若形之于影，声之于响。有问而应之，尽其所怀，为天下配。”（《庄子》）

教育者与受教育者之间的关系如形和影的自然亲和，似声和响的关系相得益彰，言语对话的形式传递的是心灵交流的内容。这是文科教育与科学教育最本质的区别。这对教师的要求是相当高的，也可以说这是教书匠与教育家的根本区别之所在。要学生有感受，首先教师要有感受；要学生能体验，教师首先要能体验；要学生动情，教师首先要动情。当教师把文科的教学变成了欣赏的过程，变成了体验生命价值的活动，变成了展现自由精神舞台的时候，这才是真正的文科教育。在这样的教育氛围中，学生获得了愉悦，获得了对人生价值的感悟，获得了精神的自由，获得了人文精神，教师也获得了满足和幸福。

这样的文科教育一定会令师生都兴趣盎然的。

第四节　提升美育

中国历史上基本上没有美育的概念，虽然可以找到不少关于美育的言论和故事，但从总体上说，美育是被包容在德育之中的。只是到了近代，才有王国维先生关于美育的学理研究，有蔡元培先生石破天惊的“以美育代宗教”说。但是这些都只是昙花一现，美育始终是德育的跟班，“寓教于乐”才是一以贯之的主导思想。

一、美育不是德育

德育真的能包容美育吗？善能包容美吗？德育是关于道德理性和道德能力的教育，美育是关于审美感受和审美能力的教育。毫无疑问，美与善、美育与德育之间有着密不可分的联系。但是，美与善、美育与德育之间有着本质的区别，并且可能具有内在的冲突。换句话说，美与善之间可能会面临二者只能择其一的矛盾。比如现在学校里普遍流行的校服，善则善矣，经济、整洁，可能还有益于集体意识的培养，但美则不敢苟同。任何统一化、标准化、固着化对美来说，都是灾难。再比如说，当学生们陶醉于流行歌曲、忘情地载歌载舞时，教师大声要他们“不要太疯狂”，那一定会很倒胃口。从本质上说，美与善、美育与德育是不同的。

道德是社会的意志，具有强烈的客观性、确定性，好还是不好，善还是不善，不以个人的意志为转移。相对于善来说，美具有强烈的主观性和不确定性；道德是理性的，所有道德条文都可以解释得清清楚楚。而美感，尤其是深刻的美感，是非理性的，很难解说得很清楚，能解说得很清楚的，绝不是至美。所以德育重在说理和模仿，美育重在感受和领悟。

道德在本质上是一元的，德育的内容和要求是明确而标准化的。社会道德不会允许有几种不同的解释和标准，不会允许有不同的应对方式。德育的功能在很大程度上就是使人认识到社会道德的合理性和实践道德规范的自觉性。而美在本质上是多元的，美的生命力来之于审美对象的与众不同，来之于审美活动的个性化。美育则是要告诉人们美是非标准化的，越是与众不同，越是奇思异想，越是富有创造性的现象、思想、作品，越是灿烂的美。

道德的社会性意志决定了德育的规则性，特别是道德具有明确的强制性，这就决定了德育不可能不或多或少地具有强制性，惩罚自古以来就是德育的一种方法，东西方皆然。而美育在本质上是反规则的（规则的美只是不规则的一种特例），是要打开人们观念中的所有限制和锁闭，返归自然、放松的状态。与强制性相反，美育鼓励人们自由放纵、驰骋想象、随心所欲、“为所欲为”。

德育具有明显的功利目的，它总是和一定的政治思想、价值观念、统治需要紧密联系，正如马克思所说，一切处于统治地位的道德，都是统治阶级的道德。学校德育有着明确的政治目的和工作任务，对于教师来说，维护和宣传一定时期统治阶级的道德是他的使命，他没有权力散布与社会主流道德背道而驰的观点。而美常常是超功利性的，若带有强烈的功利目的，很多美便不能感受，更难创造。美更具有穿越时空、超越外在目的的力量。美育的一个重要任务就是使人们认识到美的这种特性，能够不带任何功利目的地感受美、欣赏美、创造美。美育的过程意义远远超过美育的目的意义，在某种意义上说，美育的目的就是美育本身。“美育不仅能陶冶情操、提高素养，而且有助于开发智力，对于促进学生全面发展具有不可替代的作用。”① 所以，如何在美育与德育之间保持良好的张力，倒是学校教育工作应有的使命和高超的艺术。

二、美育的本质在于培育美的精神

在相当多的人的观念中，美育就是艺术教育。有一年，我在教育学研究生入学试题中出了一道正误判断题“美育等于艺术教育”，结果有一半的考生认为这一命题正确。更令人遗憾的是，一提到美育，很多人想到的只是美术课、音乐课，把美育窄化为美术、音乐教育。接着，又把美术、音乐教育变成了横平竖直的训练课和乐谱的记忆课，美育进一步被降格为工艺训练。

美育不是德育，美育也不等于艺术教育。艺术教育只是美育的一个方面，一种手段；美育并不以培养艺术家为主要目的，如同体育不以培养国家级运动员为主要宗旨一样。从美育的角度看，文学教育也好、艺术教育也好，注重的都不是掌握其技术的精湛程度，而是在于通过它们，获得一种美的感受，体验一种美的情怀，进入一种美的境界。总之，在于孕育一种美的精神。只要有利于这种精神的培育，人与自然的交往，人与人的交往，人与艺术的交往，都是审美的对象，

① 摘自《中共中央国务院关于深化教育改革全面推进素质教育的决定》。

都是美育的素材。

先说感受。鲁迅先生的散文《秋夜》是这样开头的:“在我的后园,可以看见墙外有两株树,一株是枣树,还有一株也是枣树。”从文学的角度看,这大概可以说是败笔——重复、啰唆,但从美学的角度看,它非常生动地表达了鲁迅童年的独特感受:一种孤独、寂寞但又不肯放弃希望的感受。如果把这句话写成“我家的院子里长着两棵枣树”,那就只有景而没有感受,就索然无味了。自然现象是客观存在的,自然本身无所谓美不美,自然是因人而美,是因人的感受而美;而对人来说,面对自然可能无动于衷,而“感受自然”才有美。历史上有无数脍炙人口的诗篇,有无数精妙绝伦的散文,有无数动人心魄的绘画是描写自然的,但这些作品没有一件不是在描写作者自己的感受。以不同的心情面对同样的自然现象可以表现出完全不同的感受:比如同样是面对霜后红叶的景色,有杜牧“停车坐爱枫林晚,霜叶红于二月花”的兴高采烈,也有《西厢记》里“晓来谁染霜林醉,总是离人泪”的悲伤愁苦。相同的感受也完全可以借助不同的自然对象表达:“举杯邀明月,对影成三人”,这是李白的名句。这里李白的人、月、影“三人”与鲁迅的“两株枣树”有异曲同工之妙,完全不相干的景致却表达了同样的感受。所有对自然的感受,都是对生命的感受,是对生命存在价值和生命存在方式的感受。不进入审美的境界,便无法获得如此深刻的感受,更不可能创造性地表达这种感受。如何调动各种手段帮助学生获得这种感受,是美育的基础。

至于情怀,是以感受为基础的,但又是对感受的提升。“枯藤、老树、昏鸦,古道、西风、瘦马,断肠人,在天涯。”这本来是一幅穷困潦倒、愁苦不堪的画面,可是一旦把它作为客观的形象、作为审视的对象表现出来,拉开了现实环境与主观感受的距离,就成了审美的对象，历来被认为其“意境深远”。所谓意境深远不是别的，就是一种情怀，往低处说，是自嘲、诙谐的情怀；往高处说，则是乐观、豁达的情怀，并没有悲伤之气。这种情怀连接着人生的态度，表达了一种对复杂人生的感悟，一种进取与退缩、屈服与抗争的矛盾。这种场景人生是常见的，这种情怀却不是多见的。《黄河大合唱》则是另一番气象：悲壮慷慨、激越昂扬，摧枯拉朽、势不可当，不屈不挠、自强不息。我们站在黄河边上，可能会感受到黄河的磅礴、浑浊，或者感受到它的川流不息，但不会自然上升到《黄河大合唱》的那种情怀；在聆听、欣赏《黄河大合唱》的时候，使聆听者升腾、体验到这种情怀，才是美育。体验这种情怀，除了美育，别无他途。

境界与感受、体验是无法分离的，但出于强调的目的，特别分离出来予以分析。审美的最高境界往往是超功利的境界。金器、宝石陈列在展览馆的时候，人们看着觉得精美绝伦，可是一旦被聚财者收藏在保险箱里，就一点美感也没有了。《长生殿》里有一段以美玉宝石形容丑女形象的文字：“眼看猫睛石，额雕玛瑙纹，密蜡装牙齿，珊瑚镶嘴唇。”这是在以美写丑，读来确实使人生厌，因为这里的形容只能使人联想到这些珠宝的金钱价值，而无法使人联想到它们的脱俗美。迄今为止的整个人类社会一直是一个功利社会，政治的成败、经济的贫富、道德的好坏，都有明确的功利目的和功利标准。唯审美的价值、审美的境界可以超乎功利，获得精神上的彻底自由。当人们欣赏断臂的维纳斯雕像时，不能不为她的超凡脱俗的美而感到震颤，这个时候没有人去想没有双臂的女人怎样劳动和生活。千百年来，人们相信，维纳斯就是这个样子，只能是这个样子。人们不再关心原本维纳斯雕像的样子，人类将自己对自由精神、对审美理想的追求，对摆脱功利缠绕的希望寄托在她的身上，人类的集体审美意识创造了她，她又反过来使人类更伟大。近年来，在澳大利亚海滨兴起了一种沙滩雕塑的艺术创造活动。当海水退潮时，无数的人拥向沙滩，抓紧有限时间，在沙滩上塑起心爱的沙像——动物、建筑、人像，等等；海水涨潮时将它们全部卷走。人们为了这短暂的美丽而乐此不疲。目前参与这一活动的人数与日俱增。人们何以有这种热情？它并不增加任何财富，甚至不留下任何创造活动的痕迹。可是这种创造美的活动对于荡涤占有的欲望，对于摆脱患得患失的狭隘心理，对于激发创造的热情，对于潇洒地面对社会风云、人生际会，一定很有意义吧？

余纯顺的名字我们应该是不会忘记的。他独自万里走神州，穿越了人迹罕至的“死亡禁区”，最后走进了罗布泊的深处再也没有回来。他的勇气、他的豪情、他的毅力，赢得了“壮士”的称号。在中国历史上能赢得这一称号的人是不多的。他没有钱，没有权力，也没有达到自己的目的，如果苛刻一点的话，也可以说他是一个失败者。可是他在无数人的心目中建造起了一座不朽的丰碑，很多认识和不认识他的人都真心诚意地敬佩他。敬佩他什么呢？敬佩他达到了这样一种境界。我想，这种境界没有其他语言可以表达，只有一种语言，即达到了美的境界，一种不计名誉、不计报酬、不计成败，甚至不计个人生命的超功利境界。他的这一壮举的唯一目的就是想要检验人到底有多大潜力，人的精神的力量到底有没有边界。他想要用事实来说明，人的潜力是无限的，人们以为的人的可能性的极限是可以突破的，人的精神的力量是人的力量的本质。在这一境界里，人的肉体生命和精神生命真正达到了完美的统一。正是因为这个原因，余纯顺的壮举穿越时空、超越种族，是属于全世界的。我想，生活中的孔子、释迦牟尼、耶稣、富兰克林、爱因斯坦等，都是进入这一美的境界的人类的代表，他们能够把博大的爱、超越常人的毅力和智慧完美地结合起来，不计功利地毕生追求。如果从这个意义上理解蔡元培倡导的“以美育代宗教”说，确乎是有些道理的。

美育活动可以丰富多彩，但如果不能获得一种美的感受，不能体验一种美的情怀，不能接近和进入一种美的境界，那只是活动，而不是美育。美育的本质意义不在于技术层面，不在于获得一些技能技巧，而在于培育美的精神，即对美的境界的追求（这里丝毫没有看轻鉴赏美、创造美的具体能力的意思，鉴赏美、创造美的能力与感受美、实践美的深刻性无疑是相辅相成的）。美的境界并不是高不可攀的，人生而具有追求美的天性，具有摆脱功利、超凡脱俗的意向：五音不全的人也会哼，色彩不辨的人也爱涂，大字不识的人也有诗，吝啬鬼也有破财助人的冲动。美育的任务就在于引导、升华这种爱美的天性，进入美的境界。

如此看来，美育的价值和美育的活动要比传统美育的概念深刻得多，丰富得多，广泛得多。毫无疑问，文学、艺术教育是美育的核心，但目前的文学、艺术教育，无论是在课程、内容的安排上，还是在对已有材料的把握、开掘上，都缺乏美育意识。就是那些传统意义上的美育课程，本该令人赏心悦目、净化灵魂，可在很多地方却成了加重学生负担、枯燥乏味的课程。这不能不提醒我们需要对美育从课程理念、教学目标、内容安排到教学方法进行认真的检讨。美育绝不能简单地套用智育和德育的模式，美育不该简单化，更不该庸俗化，美育需要以美的精神来进行。

美育以文学艺术教育为核心，这只是从文学艺术的典型性、深刻性来说的，而不是从美育的范围和途径来说的。事实上，美育的范围是极其宽广的，美育的途径是多种多样的。审美活动和实现美的实践过程是充满创造性的，充满个性的，美育也非常需要有创造性的智慧，需要个性化。美育绝不仅仅是音乐教师、美术教师的事，美育贯穿于教育的全过程，贯穿于包括课程设计、环境布置、风格管理、人际关系处理等各个环节。当我们对美育的价值和性质有了新的定位以后，探索美育的新思路无疑就成了全面推进素质教育的重要任务。

第五节　把握信息技术教育

人类有文字可考的文明史已经有五千多年了，但如果把这五千多年缩短为 1 个小时的话，那么，信息技术是在这个小时的最后几秒钟才出现的。可是正是这最后的几秒钟，深刻改变了并更加深刻地改变着人类的生活方式：它使人们认为不可能的事变得唾手可得；使社会生活的每个环节都与电脑和网络相联系；使人的创新能力和创新精神成为取胜的最重要的法宝和人才的最重要的特征。与此同时，人们的价值观和思维方法也相应发生着深刻变化。

信息技术（Information Technology，缩写为 IT）一词正成为当今世界最为流行的词汇之一而走进我们生活的每个角落。随着计算机的普及，特别是国际互联网的普遍运用，信息技术的威力越来越不可限量。信息技术对生活的影响，不管你喜欢不喜欢，它已经成为挥之不去、无孔不入、无法回避的现实。信息技术对教育将会产生怎样的影响，对此，我们必然有一个很长的适应过程。

一、信息技术教育的巨大功能

我们已经进入了这样一个时代：科学技术发展的速度超出了我们的想象力。在信息技术特别是网络技术出现以前，人类的文明大概可以分为两个大的阶段：农业文明和工业文明。漫长的农业文明差不多占据了五千年文明史的 4700 年。在这 4700 年中，人们的生产、交往、通信、交通方式几乎是千年如一日，代代都相同。

200 多年前，人类进入了蒸汽时代。马克思说，动力方式的改变使得资本主义创造的财富比人类有文明史以来所创造的财富的总和还要多得多。100 多年前，人类进入了电气时代，能量的远程输送，使得列宁相信，共产主义就在于苏维埃加电气化。50 多年前，人类进入了电子时代。由于电子技术实现了声音和图像的同步传送，从而改变了人类的时空观念，在教育上则实现了远程教学。

20 世纪 80 年代特别是 90 年代以后，人类进入了一个新的文明阶段——网络文明。基于网络文明的信息技术将从根本上改变人类的生活方式，毫无疑问，信息技术也将从根本上改变我们的教育方式和学习方式。

信息技术改变着人们关于知识的观念：按照传统的观念，知识的获得主要通过书本，知识的多少与学历、年龄成正比，知识是能够穷尽的，知识是终生有用的。可是信息技术却把图书馆微型化了，将世界上无数大型图书馆通过网络搬进电脑、搬进个人的家里。面对网络这样一个浩瀚的知识海洋，个人之间在知识上的差距，甚至一位教授与一名小学生在知识上的差距，可能就显得微不足道了。在网络时代，文盲不再是不识字的人，而是没有学会运用网络的人。所以曾任美国总统的克林顿把其教育目标简洁地表述为：8 岁的儿童学会识字，

12 岁的儿童学会上网，18 岁的青年都进大学。

信息技术在改变着知识的数量观念的同时，又改变着知识的质量观念。根据情报学家的统计，第二次世界大战以来，知识的陈旧周期不断缩短，进入 20 世纪 90 年代，每隔 4 年就有 75%的知识被更新。换句话说，一名大学生进校第一年所学习的知识，到他毕业时 75% 已经需要重新审视。而信息技术使得这种被更新的知识以分以秒的速度不断被送到人们的电脑屏幕上。

信息技术改变着人们关于学习和教育的观念：一提到学习，在人们的心目中立刻会联想到教师、书本和生活经验；一提到教育，人们立刻会联想到教师对学生的面对面的单向交流，联想到固定的教育对象、固定的班组和教室、固定的教学内容、固定的教学速度、固定的评价标准。可是信息技术却从根本上改变着这种学习方式和教育方式：教育过程在本质上成为一种选择过程，电脑和网络以及其他多媒体设备成为教育的中介，教师通过信息技术发送信息，学生通过信息技术接收信息。这里教师的“发送”包括从声音、文字、图像、演示、讨论到模拟仿真等多种形式；学生的“接受”包括从不同程度、不同速度、不同时间、不同指向的主动选择，包括生—机、生—生、师—生的个别的和群体的相互论辩。

原有意义上的有固定场地、固定班组、固定活动的学校教育形式，将成为学生进行社会交往的处所，而知识的学习将让位给不受时间和地域限制的信息技术。所以网络学家说，未来的教育将是这样一幅情景：要学习知识吗？请你回家去。要玩吗？请你到学校去。

当人类创造了文字以后，便告别了耳传口授的时代，它使得人类的经验、思想可以被记载下来，使知识的传递突破了时间的限制；隔代相传，突破了空间限制；超越地域相传，开创了人类教育的新纪元。

工业革命前后，班级授课制应运而生，成为现代教育制度的主要内容之一，开启了教育大众化的历程，形成了人类对教育制度、培养目标、课程设置、教育内容、选拔方式等的系统建设。班级授课制以这样的假设为前提：相同年龄的儿童其发展水平和发展潜力相同，所以对相同年龄的儿童以同样的速度、同样的要求教授同样的内容，并以同样的标准进行统一的评价。然而，这一假设是不成立的。在智力上，7 岁儿童的实际智力水平在 4～11 岁；在性格上、认知风格上，也是五颜六色，“人心不同，各如其面”；在家庭背景上，政治、经济、文化的差异巨大。这就注定了班级授课制一开始就种下了教育的一个祸根——去个性化。教育的理想是促进不同的儿童根据各自的特点得到更好的发展，而事实却是教育使得不同的人变得越来越相同。这个问题的严重性随着国际竞争的加剧而加剧，因为对个性的消磨，也就是对创造性的消磨。所谓创造性首先在于差异性，在于与众不同。差异性没有了，创造性的基础也就没有了。

班级授课制的另一个祸根在于对学生学习主动性的消磨。由于人类信息传递手段的限制，决定了教育内容呈现方式的单一化，这就不可避免地决定了教师讲、学生听是教育活动的基本形式。同样不可避免的是，造成了学生对教师的依赖和消极等待的性格。

在消磨学生的个性和主动性的同时，传统班级授课制顺带种下了第三个祸根——师生间的尊卑差异。一群稚嫩的儿童终日面对一位知者、一位长者、一位德者，怎么可能不逐渐产生深刻的无能感、自卑感和负罪感呢？而知者、长者、德者又怎能不逐渐产生良好的万能感、优越感和正确感呢？可是也就是与此同时，社会固着了对教师角色的期望，并由此带来了教师人格的单一化。我们需要明白一点，当我们的某一行为事实上造成了对别人的某些伤害时，我们自己也势必受到同样的伤害。

二、实现教育的第三次飞跃

信息技术的日益成熟和普及，为消除这些祸根，实现教育的第三次飞跃提供了平台。

首先，信息技术的智能化，可以根据学习者的情况自动生成相应的教学内容和教学进度，确定相应的针对个人的评价标准，实现教育的个性化，使因材施教的理想真正成为现实。

其次，信息技术实现了人机互动模式，根据学习者的目标、选择和努力程度等给予不同的反馈，给予象征性的奖励和惩罚。在传统的教育中，没有学生的积极主动性，教学活动可以照样进行；而在人机系统中，没有学习者的积极反应，教学活动将会终止，学习者的积极主动性乃是教学活动正常进行的必要条件。

最后，信息技术将改变人们关于知识的观念，将使面对面的教学活动退居次要地位，知识与长者和德者将完全分离，智慧与人格也将不断分离，教育中无法避免的师生尊卑差异将完全可以避免。这将极大地促进师生关系的民主化，有利于学生积极人格的养成。

信息技术给教育带来的这些变化，将进一步促进我们思考更深刻的问题。

教育的功能是什么？到目前为止，由于历史条件的限制，教育的多种功能、教育的主要功能被一个次要的功能——传授知识的功能掩盖了；或者说，教育的次要功能过于膨胀，挤占了教育的其他功能和主要功能。信息技术把教育从单一传授知识的桎梏中解放出来，使教育有可能把重点放到教育的主要功能上来。教育的真谛在于：将知识转化为智慧，使文明积淀成人格，信息技术使这一追求成为真正的可能。但是，这并不是自然而然的，它需要教育工作者把握信息技术，重新认识教育的功能，履行教育的真正使命。

如果不能够正确把握信息技术，不能够认识教育的内在功能，不能认清新时代教师的真正使命，非但不能发挥信息技术在现代教育中所能起到的巨大作用，使教育从繁重的知识传授和应试教育的重压中解放出来，而且可能适得其反，使信息技术成为应试教育的帮凶。现在有些学校变粉笔加黑板的“人灌”为电脑加光盘的“电灌”，就是一种表现。

把握信息技术，首先要消除对信息技术的种种误解，对信息技术的意义和作用有一个正确的认识。在这里存在着的第一种误解是，认为信息技术与我们已经熟知的电化设备一样，只是教学的一种辅助手段，对以电脑为核心、以网络为纽带的现代信息技术的巨大功能和对教育可能产生的革命性影响估计不足，对信息技术已有的功能也只是采取消极的等待态度，远没有像重视应试考核那样重视信息技术，远没有像重视研究教材、考卷那样重视对信息技术（比如课件技术、网络技术）的开发利用，特别是没有重视信息技术在改变教育的模仿性、等级性、模式化和群体化等方面所潜藏的巨大力量，而这些方面恰恰是传统教育根深蒂固，甚至无法摆脱的弊端。

要把握信息技术，无疑要学会运用信息技术。在这里存在着第二种误解，即认为运用信息技术必须懂得信息技术的原理，所以有极大的畏难情绪，有一种非我辈所属的自卑心理。其实，运用信息技术未必懂得信息技术。信息技术的一个最大特点就是与人交朋友，它追求的最大目标是比电视机操作还简单。电脑已经从键盘——指令时代进展到视窗——鼠标时代，并已进入语音遥控时代；网络也已经突破有线连接进入无线连接。这些都使得信息技术的运用变得轻而易举。在信息技术的挑战面前，你不掌握它，它就要淘汰你。

迄今为止，人类任何一种新的科学成果都非十全十美，而且都具有正、负两方面的效应，信息技术也同样如此。尽管信息技术有人们无法估量的巨大功能，有高速度、大容量、立体性、多方向、智能化传送呈现信息的功能，但信息技术并不能激发学习动机，不能使人更聪明，也不能使人更勤奋。这里存在着一种最严重的误解：有了信息技术可以不要教师。

三、网络时代的教师

教师优势的丧失与教师功能的凸显并行不悖。进入信息时代，在信息技术面前，教师在知识和信息方面的优势将逐渐丧失，面对每天排山倒海压过来的新的知识和信息，师生处在同一条起跑线上。而且，由于年轻人的敏锐性和接受能力强等特点，教师反而会处于劣势。但是，这并不表明教师在信息技术日益普及的今天不重要了，并不表明教师功能的丧失。恰恰相反，由于教师可以从次要的知识和信息传授的任务中解放出来，教师真正的功能，教师之为教师的功能，才更加凸显出来。

使知识转化为智慧。过去，我们用“汗牛充栋”“学富五车”形容一个人读的书、拥有的知识多，可是今天，“充栋”也好、“五车”也好，都可以压缩在一张U盘里；过去，我们说“学者即良师”，可是今天，手提电脑带在身边，就是最大的学者。传知已不重要，启智才是良师。所谓智慧并不是空灵缥缈的东西，我在前文“反思科学教育”中，强调了科学教育不可偏废的四个方面：科学知识、科学方法、科学态度、科学精神，这四个方面的结合就是智慧。要培养学生的智慧，教育就要有相应的措施。以往，要求教师告诉学生，世界是什么样的，应该怎样做；今天，要求教师启发学生，世界可能是什么样的，应该怎样想，可以从什么地方获得知识。这就是从传授知识向启发智慧的转变。面对铺天盖地的信息源，我们需要教会学生求知的渠道，学会对知识信息进行判断和选择。知识是现成的，可是知识的获得却是孜孜探求的结果；知识本身是多变的，可获得知识的方法却是少变的，因此教会学生致知的方法，要比教给学生现成的知识重要得多。按照传统的观念，知识是永恒的，知识一旦拥有，终身再无所求。可是知识更新的历史却告诉我们，任何知识都是相对的，知识的本质非但不是永恒，恰恰正是打破永恒，不断推陈出新，这种疑知的态度，对于学生形成终身学习的观念和不断进取的精神非常重要。知识经济的根本推动力在于知识的创新，所以创知的精神和相应的创知能力，是启智教育的最高目标。

使文明积淀为人格。信息技术可以有效地帮助学生了解和掌握文明的成果，但却不能使其内化为人格。人格是人之为人的社会内涵，人格不是教导出来的，更不是信息技术传递得出来的，人格需要人格的濡化，精神需要精神的感染。在未来社会，我们的学生是否具有灵活的适应能力，能否根据社会、市场的需要不断改变自己、重塑自己，又有自己做人的原则，形成有原则的适应性；是否具有强烈的竞争能力，又懂得社会协作的本性和协作的技能，形成有协作的竞争性；是否具有强烈的创新愿望和创新能力，又牢牢地站在前人的肩膀上，形成有继承的创造性；在多元化的社会中，能否理解、尊重、包容不同的思想观念、不同的生活方式、不同的人生目标，又有自己的崇高理想，形成有理想的包容性，这些都是任何技术所无法替代的教师的独特使命。

智慧需要智慧的启迪，人格需要人格魅力的感召。

信息技术为教育的新飞跃提供了平台，也对教师的素质提出了根本挑战。信息技术呼唤新时代的教师。

第六节 走进体育

当我写下这个题目时，头脑里立刻浮现出一幅画面、一个数字和一个场景。这幅画面准确地说是一座雕塑，但因为我总是从画面上看到的，所以在头脑中显现的是画面，这就是米隆的“掷铁饼者”。这座古希腊时期的雕塑，距今已有 2400 多年，可那股蓄势待发、力抵千钧的雄风依然让你动魄，那种无可阻挡的爆发力使你的肌肉也会随之紧张起来。早在 2400 多年前，力和美就如此完美地结合在了一起，实在令人叹服。想到的一个数字则是：据统计，美国中学的一种历史教科书中，78%的“英雄人物”是开拓南极、登上月球、发现新大陆、深入百慕大的冒险家，而政治家、科学家、军事家、艺术家等只占 22%。联想到的一个场景是：一次有机会游览了云南丽江的玉龙雪山，那是一座海拔 5500 多米终年积雪的山峰，处于尚未人化的原始状态，满山的乱石和丛林。乱石丛中，修了一条两千米的索道，可以把人送到 4000 多米的半山腰。为了乘索道，得排队等候两三个小时。再健壮的中国小伙子，也都焦急而又无可奈何地等待着。可当我乘上了索道缆车后，却看到了另一幅令人激动的画面：一群群人，有男有女，有老有少，穿着备好的行装，气喘吁吁，不乘缆车而在乱石丛中攀爬。这种场景在峡谷、在荒漠、在峻岭你都有机会看到。我也不知道为什么会在一刹那间，同时想到这三件事。也许这看似相互没有联系的三件事，其实都灌注着一种相通的东西，即体育的精神吧。

一、体育精神

体育精神是什么呢？在我看来，体育精神是一种强力的冶炼，是一种冒险精神的培养，是一种运动习惯的形成。

古希腊的斯巴达有一种近于野蛮的传统，当婴儿降生后即将其浸到冷水里，如果他的抵抗力足以让他活下来，就活下来；如果他活不下来，就不必让他活下来。在西方的文化观念里，肉体与精神是不可分离的，没有强健的肉体，就难以有坚强的精神，强健的肉体是坚强的精神的载体。为了让坚强的精神能够寄予强健的肉体，就有了马拉松，就有了“掷铁饼者”。“掷铁饼者”绝不仅仅是一座雕像，绝不仅仅是一件艺术品。任何真正的艺术品，都是一种文化的产物，都蕴涵了一个民族、一种文化的某种理想，“掷铁饼者”在某种程度上可以说是西方体育精神的凝结，可以说是一种图腾，体现了人对无穷伟力的向往。这种精神孕育了一些在我们看来近乎残酷的体育运动项目，比如斗牛、拳击。西方人在我们认为不可理喻的行为中，感受到虽败犹荣的境界。一个人的失败甚至死亡使同样是人类的另一个人的超人力量得到了展现，可以毫不勉强地说，没有失败者，也就没有胜利者。从古罗马的决斗到今天的拳击，虽然更规则、更文明了，但崇尚强力的精神却是不变的。

在中国的文化传统里，精神与肉体是分离的，甚至是对立的，宋明理学把这种观念推至极致，提出“存天理，灭人欲”的主张。中国人也讲“浩然之气”，讲“大丈夫精神”，但这种精神主要是靠修身养性、靠诚意正心获得的。这当然也有道理，但它不具有体育精神。

1905 年废科举、兴学堂以后，我们在引进科学的同时也引进了体育的概念。但是，中国人是用修身养性、用智育的观念来消融体育的。“向受教育者传授健身的知识、技能，增强体质，培养自觉锻炼身体习惯的活动”，这是《中国大百科全书·教育》给体育下的定义。假如我们做一个小小的概念替换游戏，你就会发现，这是一个智育概念的翻版，“向受教育者传授科学的知识、技能，增强学力，培养自觉学习习惯的活动”（顺便说一下，这种关于智育的观点也是很肤浅的，我在前面的文章中已经有所阐述）。体育不是智育的延伸，更不是智育的翻版，体育有体育的本质和特点，体育不能按照智育的模式来进行，同样也不能以智育的方式来衡量和检查。非常遗憾的是，作为全面发展教育方针的一个重要组成部分，我们的学校体育基本上游离于体育的本质之外，被一些肤浅和模糊的观念左右了。

体育不等同于达标训练。国家关于中学学生运动能力和运动水平的标准，是对中小学生的一种期望。学校为了促进学生达到这一标准，给予各种有益的帮助、指导和要求，也是无可非议的。但是如果把体育局限于有关体育标准的知识、技能和目标的达成，体育围绕达标而展开，就把体育引入了运动能力和水平达标的应试教育了。不达标，就没有体育吗？达标了就可以不要体育吗？如果是这样的话，相当一部分学生，几乎不要体育就能达标，而另外有一部分学生，放弃所有与达标无关的活动，全身心地投入为达标的努力，可能也无法达标。把达标与体育等同起来，等于取消体育。

有运动不等于就有体育。对体育最普遍的一种肤浅的理解是，体育就是运动。体育当然离不开运动，没有运动就没有体育。但这并不是说，有了运动就一定有体育。斯文的运动不是体育，比如下棋、打牌就不是体育，下雨把学生关在教室里做做操当然也就不是体育了；机械地运动不是体育，比如走路上班也有运动，但那不是体育；稍息、立正、齐步走，当然也就不是体育了；游戏也不等于体育，以游戏的心态对待体育，那是一种很高的境界，反之却不然，游戏并不等同于体育。

体育不能仅以安全为前提，也并不一定能延年益寿。强力既是一种体力，也是一种精神，就像汉语中说的血气。现在的学校体育往往画地为牢，以安全为前提，太温文尔雅了，太循规蹈矩了，太整齐划一了。擦破一点皮，流了一点血，就不得了了；打碎了一块玻璃，踢飞了一个球，就犯大错误了。长此以往，一个民族还有没有血气！体育可以健身，但体育并不一定能延年益寿。所有关于长寿原因的调查，很少有提及体育锻炼因素的，更多地倒是强调养生。体育是冒险的准备，冒险是发现和创造的前提。健身养性，是修不出哥伦布的新大陆，也养不出南极探险者的。

体育不是整饬纪律和惩罚的手段。我无数次地看到和听到过，有些学校把体育课作为整饬课堂纪律、训练遵守规则的手段，体育教师成了变相的训导员。很多学校的体育课常常用1/3甚至1/2的时间进行遵规守纪的操练，甚至用强迫性运动作为对不守纪律学生的惩罚。这种认识和做法不仅不是体育，而且与体育的本质是背道而驰的，是对体育精神的践踏。所以难怪相当多的学生对体育课没有兴趣，还有不少学生讨厌甚至痛恨体育课。令人展现力量、令人精神松弛、令人热血沸腾的体育课，竟然会使学生感到厌烦，实在令人痛心。

二、体育是人类原始动力的文明表现

原始动力有点近似于动物性，但动物性在中国人的心目中，太负面、太触目、太刺激了，动物性被看作与人性是分离的，是根本对立的。人与动物不可以在同一层面思考，否则就太亵渎人的尊严了。可是，人离动物真的那么远吗？

从西方文化的观念来看问题，就是另一番景象。从希腊文明起，对人的理解就是，人一半是野兽，一半是天使。兽性是人性回避不了的一部分。人本来就是从猴子来的。所谓兽性就是自发性、攻击性、情绪性，所谓天使性就是预定的、理性的和克制的特性。在这一点上，埃及文化与希腊文化倒是相通的，许多动物，大到狮子、老虎，小到小猫、老鼠，甚至甲壳虫，都是人所崇拜的图腾。著名的狮身人面像典型地表现了人对动物的亲善和借助其力量的希望。到了近现代，这种人兽相通的意识，滋生出了两个伟大的人物和伟大的学说，一个是达尔文和他的进化论，一个是弗洛伊德和他的精神分析心理学说。达尔文的进化论证明，人是动物进化而来的，动物性是人性的基础，离开动物性考虑人性是无法想象的，“物竞天择，适者生存”是人和动物的共同法则。弗洛伊德的精神分析心理学说试图证明，人的行为绝大部分并不是人的理性支配的结果，而是原始动力在无意识的情况下驱使的。这不是好不好或者喜欢不喜欢的问题，而是事实如此。说这么多，只是想要说明一点，人性当中具有动物性不是什么可耻的事，无须为此感到羞愧。人的伟大之处在于可以保持动物原始动力的冲动，而又纳入文明的轨道。

原始动力的第一个基本特点是自发性，是自由自在的放纵。规范的、合理的、有组织的活动，都是人类社会活动的特征。任何一个社会都必须遵守这些特征。但人的原始动力的自发性，实际上在潜意识深处经常决定和改变着人们的行为，经常促使人们不断打破自己建立的规范，不断引导人类走向尚处无知的领域。这种自发性需要一个释放的途径，体育活动就是一个恰当的途径，它使得原始动力的自发性得到释放又不至于产生破坏性。任何激动人心的体育活动，都具有相当程度的原始的奔放、自由、无拘无束的特征。短跑、体操、远足、赛马、自行车赛、摩托车赛、汽车赛等，都是其自由的舞台。人类的这种不受限定的野性，也许正是突破陈规、不断创新的精神来源之一。

中国人信奉的人生哲学更具有决定论的倾向，相信的是“人算不如天算”“谋事在人，成事在天”，儒家文化虽然也有“天行健，君子以自强不息”的一方面，但总的说来，更多的是宿命论，这就比较容易接受规矩而不是突破陈规。这种文化的传统使得我们在接受体育这一概念的过程中，凸显了体育中规则的一面，而忽视了自发冲动的一面。

原始动力的第二个基本特点是攻击性。为什么西方人对于足球赛、冰球赛、曲棍球赛那么疯狂，那么投入，而且是不大打出手不足以平民愿？拳王阿里为什么如此受到世人的长期追捧？拳击手泰森劣迹累累，为什么又屡次过关重返拳坛？原因很简单，因为他们不仅体现了超乎常人的攻击性力量，而且满足了人类普遍的原始动力中攻击性的释放需要。这种攻击性就是打击，就是搏斗，这种攻击性表现在社会生活中就是竞争，表现在军事战斗中就是征服，表现在政治生活中就是霸权。这并不是赫胥黎的社会达尔文主义。如果一个民族长期缺乏必要的攻击力，那么我们能够相信这个民族会具有强大的竞争能力吗？20 世纪风云变幻的世界历史已经为我们做出了回答，饱经沧桑的中华民族更是有了深切的感悟。攻击要有攻击的对象，攻击力的培养要有培养的途径。体育，提供了相互攻击的对象，提供了理想的培养途径。

攻击并不是孤军奋战，攻击的力量越强大，就越需要有协作。可以这么说，没有真正的攻击，就没有真正的协作。现代动物社会学的研究生动地告诉我们，越是有战斗力的动物群体，越具有协调性和良好的分工。中国人向来讲“和为贵”，不欣赏攻击。但事实上攻击的本性并不会因此而消失，结果这种攻击性就很有可能转变为隐蔽的攻击，背后的冷箭就是其最恶劣的表现。攻击性没有获得正面存在的合理性，攻击中的协作性也就不能得到良好的发展。中国人在个体间非强力攻击性的比赛项目中，比如体操、游泳、乒乓球等，可以屡屡得胜，而到需要强攻击性又需要强协作性比如足球这种项目时，我们的缺陷就充分地暴露出来了。

原始动力的第三个基本特点是情绪性的、非理性的超越。当骏马在草原上驰骋的时候，当雄狮在大漠中咆哮的时候，它们是要干什么呢？当登山探险队拿生命做抵押，征服了一座山峰又去征服另一座山峰，当长江第一漂的壮士将自己扔进惊涛骇浪之中，当蹦极运动员头朝地脚朝天纵身跳下万丈悬崖的时候，当卡尔·刘易斯打破9秒9的百米世界纪录，又向9秒8进军的时候，他们是要干什么？你不觉得他们的行为是那么相像吗？他们没有终极点，他们的目标只有一个，就是更快、更高、更强。运动本身就是目的。现在许多被称为科学探险的活动，当初可是毫无科学性可言的。然而，正是这种盲目的、非理性的冲动，使人们知道，大洋是可以跨越的，南极是可以企及的，高山也是可以征服的。这种非理性的、非功利的运动，把力和美结合起来了。正是这种力和美结合的传统，使得我们可以在缆车上看到成群的人气喘吁吁地在乱石丛林中攀爬。

体育是有力量的运动，温文尔雅的活动代替不了体育。

体育是不规则的运动，规则只是为了使人的力量得到更自由、更奔放的表现才设置的。

体育是为争第一、为超越的运动，谦让也好，友谊也罢，那是表演，不是体育。

体育是一种习惯，不是仪式，体育在体育课中，更在生活中。

第七节　感悟艺术教育

一、艺术教育是一种语言教育

我们所处的大千世界到底是个什么样子？从不同的角度看会有不同的结论。人类生存到底可能有多少种方式？从历史上看，尝试多少种方式就可能有多少种方式。芸芸众生的思想感情有多大的差别，可以交流到什么程度？这取决于我们交流的语言丰富到什么程度。我们对问题的回答乃是我们能够回答的，我们认为可能的回答，只是我们已经认识到的可能。我们常常受我们已有知识的蒙蔽，以为世界的样子就是我们认识到的样子。一位学者有这样一句名言：我们认识世界的障碍不在于我们的无知，而在于我们的已知。我们对世界的表达极大地受制于我们已经掌握的表达方式。我们能把世界表达到什么程度，能把人的思想感情表达到什么程度，我们对世界、对人的认识就能达到什么程度。我们的表达方式越丰富，我们对世界的认识就越深入。所以语言的丰富程度、语言的掌握程度，标志着人类的文明程度，标志着个人的发展程度。从心理学上说，我们把语言的产生看作是人和动物的分水岭，语言对人类进步的重要性无论怎样说都是不会过分的。但是，一提到语言，我们通常会把它局限于以象形文字或字母文字为特征的口头语言或书面语言，忽视了除此以外丰富多样的其他语言，比如数学语言、科学语言、电脑语言，还有旗语、手语等，它们表达的内容和效果与文字语言有共同性，但却是不能等同的，它们的表达内容和效果有许多是普通的文字语言所无法替代的。如此丰富多样的语言的产生和发展不断精细了人类的感知，深化了人类的思维，丰富了人类的情感，提升了人类的文明层次。

在丰富多样的语言中，这里特别要说的是艺术的语言，诸如绘画语言、音乐语言、舞蹈语言、雕塑语言、建筑语言等，它们是我们表现客观世界与主观世界的重要载体，是提升人类的生活质量和生活品位，获得幸福感的美妙途径。艺术语言是一种世界语言，它与数学语言、科学语言一样，可以不分种族、不分肤色、不分年龄、不分文化进行思想和感情的表达与沟通。现在，我们对数学语言、科学语言的重要性已有足够的认识，而把艺术看作是人类语言的一大部分来认识，就显得很不够了。艺术教育在我们的教育系统中只不过是一种技巧和调节生活的雕虫小技而已，这种认识极大地削弱了艺术教育在整个教育内容中的地位，同时也极大地影响了艺术教育的方式。艺术教育的价值远远不仅是一种技巧或装饰，它是人类精神世界的一种特殊的境界。从当下的功利价值说，艺术语言不能帮我们算账，不能帮我们生产流水线，不能帮我们治疗癌症，可是从长远的功利价值看，从人类精神世界的丰富与深化的角度看，与其他我们熟悉的语言相比，谁能说清楚孰轻孰重，哪一种语言更能反映人的本性呢？

二、艺术教育是感悟教育

深感不幸和惭愧的是，我本人可以说是四音不辨、五音不全，简谱也没有学好，更不用说五线谱了。但是当听到贝多芬的命运之声敲击耳鼓的时候，也会产生心灵的震颤，即使在嘈杂的火车或喧闹的工地上，这种震颤也依然会油然而生。当看到五星红旗冉冉上升，听到嘹亮的国歌雄壮地奏响的时候，总是一次又一次热泪盈眶。当柴可夫斯基那幽怨、悲怆、细腻的声音次第传来的时候，常常会发出“此曲只应天上有，人间能得几回闻”的感叹。我并不会跳舞，可是当看到《天鹅湖》中舞蹈家们用她们精美绝伦的肢体语言倾诉爱恋柔情，是那样温馨委婉，不能不被深深地打动。至于绘画，虽然横平竖直也掌握不好，可第一次看到塞尚作品的真迹，心灵还是被深深地震撼了：那涌动的云，那冲破云层层次分明的阳光，那大自然的生命力！还有，不管是北京的颐和园，还是上海的金贸大厦，这些建筑语言所透露出来的人类文明的力量和巧夺天工的奇美构思，无不吸引我向往它，诱使我每次经过它们的时候都要驻足凝视。所有这一切，都是因为我多少能够感受、领悟到其中的一些意义。如果丝毫不能感悟其中的意义，我就无法产生共鸣。任何一个国家的公民不管他的音乐能力多么低下，他对本国国歌的敏感和激情都会大大区别于对其他音乐的感觉，就是因为国歌对本国的公民来说总是赋予了特别的意义。因此，艺术教育的首要任务无疑是要使受教育者理解感悟到某一艺术所蕴含的基本意义。

但是我不得不说，这些感悟就我个人而言很少是在中小学时期获得的。我在中小学时期，上过音乐课、美术课，也上过少量的体操课，上课的老师也不是不认真负责，听说给我们上艺术课的几位老师还都是毕业于名牌大学，有些还有创作成就。但是，他们给我讲了些什么，我已经没有什么具体印象了，我留下的模糊的印象就是，老师在黑板上口干舌燥地讲简谱或者是讲笔画，然后学生一个个地练，然后老师纠正，表扬或者批评……艺术课与学科知识的学习是同一种模式，教学的目的和手法也基本上是一样的。

实际上这里提出了一个深刻的问题：不同语言的教育能够用同一种方法和模式进行吗?

科学语言交流的是知识，艺术语言交流的是感受。由于人类生理结构的一致性，决定了人类对世界的感受方式和感受结果具有很大的一致性。但感受到的不一定能表达出来，艺术家的伟大之处就在于他们以自己的才华，以他们对生活感受的深刻性和对表达感受的细腻，表达了人们的共同感受，引起了人们的共鸣，为人们提供了抒发情感和感受的载体。因此，从本质上说，艺术教育首先是满足人们能够从艺术的语言中获得共鸣、间接抒发自我感情的需要，学会欣赏（听懂或看懂）艺术语言，其次才是运用艺术语言表达自己的感受和情感。

能够运用艺术语言表达自己的思想和感情当然是令人向往的，但学会运用艺术语言表达自己的最有效的办法，首先得听懂或看懂它们，能够感受它们。可以这么说，听懂或看懂了艺术语言，就或多或少地能够运用艺术语言表达自己，而不能听懂或看懂艺术语言，想要运用艺术语言表达自己势必成为一句空话。就和我们的生活语言一样，总是先听懂才会说，才能拿它来交流。而在实际的教学中，我们的教学基本上忽视甚至放弃了听懂或看懂这一感受和欣赏的阶段，试图一步达到运用的水平。结果虽然从小学到中学学习了不少艺术类课程，也会唱几首歌、画几幅画，但并不能感受艺术作品。

这不仅是教学方法的问题，主要的还是对艺术教育的观念问题。学会听懂或看懂艺术语言并不仅仅是为了学会表达，对大多数人来说学会听懂和看懂艺术语言更重要，也更现实。所谓听懂和看懂，就是能够理解、感受到音乐、绘画、舞蹈、雕塑、建筑等艺术语言所表达的感情和意境。比如说《春江花月夜》，读这首诗，我们会想象到文字所表现的诉诸视觉的绘画的美，一种宁静的、悠远的、脱俗的美；而以同样主题为内容的音乐，则会引起诉诸听觉的类似的美，这两种感受之间仍然有无法替代，甚至无法沟通的地方。实际上，你感受到什么程度，你的内心世界就丰富到什么程度。因此一个人能够听懂或看懂多少种语言，以某种语言能听懂或看懂到什么程度，决定了他的精神世界深刻和广泛到什么程度。一个人语言的单调、贫乏是一个人的不幸，一个民族语言的单调、贫乏则是一个民族的不幸。当然，如果我们不仅能够听懂或看懂，而且能够运用，那就不仅好，而且令人羡慕。

生活中经常有所谓无法形容、难以表达的情感，其实说的仅仅是文字语言难以表达。如果他掌握了所有艺术语言，恐怕几乎就没有不能表达的情感。而且艺术语言的表达过程，往往又是美的创造过程。最美的女人是画家画出来的，就如同最美的声音是音乐家弹出来的一样。从这个意义上讲，艺术的美是最高的美。但是，就如同语文教育并不以培养小说家为目标一样，艺术教育并不以培养艺术家为目标，但无论如何，基础教育一定要完成培养学生能够欣赏小说和艺术的任务。不过语文教育与艺术教育还有不同，语文教育同样重视甚至更重视语言文字的运用能力，因为这是一个人在文明世界的基本生活需要，而艺术教育对艺术语言运用能力的培养不可能提出这么高的要求。我们现在的艺术教育之所以难以令人满意，关键就在于把听懂或看懂艺术语言与运用艺术语言的轻重和先后颠倒了。

三、用艺术的语言进行艺术教育

艺术语言是情感的表现手段，它不是摆事实，不是讲道理，不是客观描述，它是感受的叙说，是情感的抒发，是主观的表现。艺术的核心是情，艺术语言的本质是抒情，是情动于中，而形于外。艺术教育的本质是传情，检验传情的目标是否实现的标准就是看有没有打动学生。如果学生在艺术课程中若无其事、无动于衷，鹦鹉学舌、小僧念经，那这样的艺术教育一定不“艺术”了。要使学生动情，关键在于学生自身的参与，学生对艺术创作背景的了解，对艺术内容的理解，对艺术表现对象的关心。艺术教育中同样有以学生发展为本的问题。与学生的关系太遥远、与学生的生活太断层、与学生的生理心理年龄太脱节、与时代的色彩太偏离的教育内容，要引起学生的共鸣，要打动学生自然就比较困难。这就要求我们关心学生，研究学生，了解学生；要求我们关注社会，把握时代脉搏，了解艺术时尚。应该说，在学校课程这个层面上，艺术教育的空间是十分广阔的。

每个富有成就的艺术家对于艺术形象的创造、对于艺术语言的运用都常常达到一往情深、陶醉痴迷的程度。每个大艺术家都有着动人的创作故事。这里我不必重复瞎子阿炳或者贝多芬的故事，艺术创造离不开创造主体，艺术教育离不开主体故事。在论述科学教育时我也提出过希望注意对科学家发现科学奥秘的动人故事和心路历程的教育，那可以激励学生对科学的热爱和探索科学的热情。但感情和科学毕竟是两回事，而感情对于艺术来说却是一回事，艺术与感情分离开来就不再是艺术了。我们现在所进行的许多艺术教育丢失了感情，教师教得枯燥，学生学得乏味，这样的艺术教育实际上准确地说应该称之为艺术中知识与技巧的教育。

如果我们同意艺术教育中听懂或看懂艺术语言的欣赏教育比能够运用艺术语言更基本、更现实、更重要，那么，使学生有机会接触尽可能多的音乐、绘画、舞蹈、雕塑等作品，感受艺术语言的丰富色彩，领略艺术语言的绰约多姿，就是很自然的要求。如果说在印刷文化时代提出这样的要求还比较苛刻的话，在多媒体时代、网络时代的今天，满足这样的要求对于绝大部分的中小学来说，已经是比较现实的了。事实上，现在已经有很多学校运用现代媒体技术将艺术课程教得生动活泼、生机盎然。对于更多的学校来说，并不是技术条件的问题，而是观念的问题，是对艺术教育的目标和任务的理解的问题。有什么样的教育观，就会有什么样的教学手段和教学模式。

艺术形式之间是相通的，沟通艺术语言之间的内在联系，是艺术教育成功的内在保证。艺术评论家们说，诗是流动的音乐，绘画是凝固的诗；舞蹈是流动的建筑，建筑是凝固的音乐，无非都是说明艺术语言之间的互通有无。中国文人崇尚琴棋书画俱通也是同样的道理。我们可以把一首诗画成一幅画，可以把一幅画谱成一首乐曲，可以把一首乐曲编成一个舞蹈；另一方面，不同的人根据同一题材又会创作出不同的诗画乐舞。这就是艺术的相通性与个性的统一性，也是艺术形象最迷人的地方。我在讨论语文教学的时候曾经谈到，同样是在“桨声灯影里的秦淮河”的命题下，朱自清和俞平伯的风格是那样的悬殊，可又都是那样的迷人，都成为佳作典范。如果我们的学生在课堂上面对同一个题材，可以领略到不同艺术形式的风采，可以领略到不同艺术家的不同风格，他们能不如痴如醉、能不流连忘返吗？

◎讨论题：

1. 谈谈“我的科学教育观”。

2. 谈谈“我的数学教育观”。

3. 谈谈“我的语文教育观”。

4. 谈谈“我的美育观”。

5. 谈谈“我的信息技术教育观”。

6. 谈谈“我的体育观”。

7. 谈谈“我的艺术教育观”。

|第三章| 教学方式的变革

教学方式能否反映知识增长方式的变化，

决定着教学效果是事半功倍，还是事倍功半。

——作者自题

第一节　知识增长方式的变革

2021年，我国居民的人均预期寿命是78.2岁。①

小学6年，初中3年，高中3年，大学4年，整整16年。现在研究生教育也很普遍，如果加上研究生学习，那就近20年了。按照这个预期寿命，人生有1/4以上的时间用于集中学习。

在人生的学习过程中，我们是怎样学习的，什么知识最有价值，怎样以较少的时间获得较大的收益？据统计，2020年，全国共有各级各类学校53.71万所，在校生2.89亿人②，他们一天中的大多数时间用来学习，可是却很少有人认真考虑这样的问题。以前我们说，“读书百遍，其义自见”，作为一种学而不厌的精神，这是值得赞许的，但从科学合理、讲求效率的角度看，这就不值得提倡了。

18世纪以后，工业革命加速改变人类的生产方式和生活方式，也加速改变知识增长的方式。在传统的农业社会，知识的概念、知识和生活的关系与现在是不一样的。从孔子算起，我国古代两千多年的

---

① 中华人民共和国国家卫生健康委员会．2021年我国卫生健康事业发展统计公报[EB/OL].（2022-07-12）[2022-11-14].http://www.nhc.gov.cn/guihuaxxs/s3586s/202207/51b55216c2154332a660157abf28b09d.shtml.

② 中华人民共和国教育部．2020年全国教育事业发展统计公报[EB/OL].（2021-08-27）[2022-09-09].http://www.moe.gov.cn/jyb_sjzl/sjzl_fztjgb/202108/t20210827_555004.html.

教育发展，形成了完备的教育制度和完备的科举制度。科举依赖考试，考试主要考的是“四书五经”，特别是《大学》《中庸》《论语》《孟子》四书。西方从古代希腊罗马以后一直到文艺复兴，讲究的是三艺。三艺教育包括文法、修辞学、辩证法。文法不是我们现在语文中讲的语法，而是一种语言的训练；修辞学讲的也不是我们现在的一些修辞手段，而是指辩论术，所以西方人非常崇尚和善于辩论；辩证法则是一种思维方法和思维能力的训练。西方文艺复兴以后，英国的思想家培根提出了一个很重要的命题叫“知识就是力量”。但培根的“知识”已经不是“三艺”了，而是经过实验证明的科学知识。科学知识业已成为学校教育的主要内容，怎样教授这些知识也成为教育学研究的重要内容。

这个问题事实上在之前已经有所涉及，这里要专门谈一谈。因为现在知识增长的方式已经不能单纯用“变化”来表达，而是在变革，或者称为革命性的变化。针对这种变革的特征，教学方式也需要进行变革——革命性的变化。

现代知识增长的方式呈现四个明显的特征：一是知识加速度增长；二是知识综合化趋势成为知识增长的本质特征；三是理论迅速向技术转化；四是知识传播的方式发生重大变革。

一、知识加速度增长

自工业革命，特别是信息革命以来，知识的总量迅速增加，知识的增长呈现出一种“加速度”的态势，以几何级数增长。我们古代的“四书五经”加起来就那么几本书。如果你学儒家经典，最完整的典籍就是《十三经》。它把中国所有的典籍都囊括在内了。后来发展成哲学、史学、文学等。19 世纪以后，有了社会科学，如经济学、法学、管理学、社会学、教育学，等等。更重要的是自然科学知识增长起来了。所以当下知识的概念和古人的知识概念不能同日而语。知识的增长已经不能用增加几个学科来衡量了。我们把现在的知识增长态势叫作信息爆炸。就以最“惰”性的语言来说，在历史的长河中，语言的发展是很缓慢的，语言可以千年不变。但是你看看我们现在生活中语言的变化，特别是流行语的变化速度有多快，你就可以强烈地感受到知识快速增长的情况了。网络语言作为一种新的语言横空出世。现在已经出现了一个非常重要的现象：一部分人说话另外一部分人不懂。这里说的并不是专业术语，而是生活语言，特别是网络语言。这在 20 年以前都是很难想象的。

知识增长的加快不仅表现为知识总量的迅速增加，而且表现为知识更新周期的缩短。过去有用的知识，现在可能无用了；过去是正确的知识，现在可能成为谬误了。所以一个人如果不更新知识，可能比无知更危险。联合国教科文组织通过对全世界 4000 本杂志的研究发现，19 世纪是每隔 50 年知识更新一次；到了第二次世界大战的时候，知识更新的周期缩短到 15 年；20 世纪 90 年代以后知识的更新缩短到三年到四年。知识更新周期只有三年到四年意味着什么呢？就意味着我们进校时学的知识，到毕业的时候，知识已经完成了一个更新的周期，很多知识已经需要更新了。这一点，对从事 IT 行业，从事计算机科学、人工智能的人来说，感受更强烈。在这些领域，知识更新不是三四年、一两年，而是几个月，甚至只要几天，就是一番新的景象。而这些领域是现代科学技术的领先领域，它们走在前沿，代表着发展方向，推动着其他各个领域的知识更新。

二、知识综合化趋势成为知识增长的本质特征

在很长一段时间里，知识不断分化、分支学科不断增加是知识增长的主要形式，而 20 世纪以来，知识的综合化趋势不断增强，而且，知识综合化逐渐成为知识增长的主要形式，成为科学创新的主要形式。上古时期，伟大的思想家通常都是全才，既是哲学家，也是科学家，还是社会学家，他们融天地人的道理于一身。他们的学问被称为无所不能的“智慧之学”，到现在西方很多国家大学的科学博士拿的学位还是 Ph. D.，即哲学博士，还沿袭着古代的传统。我们现在学习知识，也是按照分支学科来学习的，如化学、物理、生物、地理等。但是 20 世纪以后，科学知识的增长呈现出强大的综合化趋势。学科之间重叠、交叉并形成新的学科，这成为知识增长和新知识产生的主要形式。比如诺贝尔奖，近百年获得诺贝尔自然科学奖的成果中，近半数项目涉及多学科交叉融合。据科学网研究数据显示，截至 2010 年，41.2% 的诺贝尔奖获得者来自交叉学科领域，尤其是 20 世纪最后 25 年，95 项自然科学奖中，交叉学科领域有 45 项，占获奖总数的 47.4%。[①] 在纯粹意义上的化学、物理学上的突破基本上很难获得诺贝尔奖。

现在新出现的很多学科，如生命科学、材料科学、航天科学、环境科学、海洋科学、大气科学、计算机科学等，都是综合性学科。用传统的学科分类来分析是行不通的，因为它们都是若干个学科交叉综合而成的结果。这种学科交叉的结果，使我们面临一个新的学习环境，一种新的学习要求。对这种新的学习要求，我们必须予以高度重

① 冯一潇．诺贝尔奖为何青睐交叉学科 [EB/OL].（2010-02-02）[2021-12-29]. https://news.sciencenet.cn/sbhtmlnews/2010/2/228710.html.

视。假如你有机会接触到外国的大学生，你问他们是学什么专业的，他的专业概念会是非常模糊的。因为现在的大学已经不强调分科性，恰恰相反，越来越强调综合性，强调跨学科性。只有这样，才能适应社会生活、生产方式的综合化。

举一个例子来说。20 世纪 80 年代恢复高考后不久，一所著名的工科大学有一个系，叫作锅炉系。锅炉是大型企业不可缺少的重要设备。锅炉有三种制式，一种是美国的，一种是欧洲的，一种是苏联的。这三种制式锅炉的工作原理和操作方式是不一样的，所以学习一种制式的人不一定会操作另外两种制式的锅炉。80 年代我们国家百废待兴，很多大型企业需要这种专业人才，锅炉专业的毕业生成了“抢手货”。锅炉系的学生大学三年级时工作就被预定好了。可结果是毕业生分到所在企业后，那个厂的锅炉他不会使用。因为那个厂的锅炉是欧洲制式的，他学的是美国制式的。当时这个事情被报道出来的时候，很多人觉得不可思议。怎么四年学一个锅炉，最后还不会使用呢？这就是当时的实际情况。

再举一个例子。一所大学的比较教育学研究生，被一所师范院校要去了。当时研究生还相对较少，学校把他当作宝贝，请他去学校开设教育学课程。可是他说他不会上教育学，因为他学的是比较教育。但是这个学校并不开比较教育学啊！来了个研究生不容易，学校“因人设庙”，为他开了一门比较教育选修课。可是他又说比较教育他不会上，他是研究美国教育的。校长说我们学校不开这个课程呀，但是想想人都已经来了，就让他上个讲座吧。但是他还是说不行，他说他是研究美国教育法的。

你是不是觉得这个事情很可笑？但是当事人并不觉得可笑，他还觉得很自豪，因为他觉得自己专业程度很高，是一个很专门化的人才。这就是我们当时的一种学习观念和人才观念：高度分化的专一性的人才观和学习观，所谓专业对口。

我举了一个锅炉专业和教育学专业的例子，实际上当时全国的高校都存在这样的问题。它迫使我们进行学科目录合并，调整课程结构，进行教学改革。大家知道复旦大学的老校长杨福家先生，他是我们国家第一个在国际上担任大学校长的教育家。他是研究高能核物理的，他说：每年带十个左右高能物理的博士生，但他们最后真正从事核物理研究的只有一个人，另外九个从事了不同的职业。有人做保险，有人做金融，有人做公务员……。他说这就是他培养人才成功的标志，因为他们什么都能干。

这是一个很了不起的思想，他的话是在 30 多年前说的。那时我们说的是学有所用，反对的是学非所用，学非所用就是不务正业。当时杨福家先生就提出："我的学生是学高能物理的，但是他并不从事高能核物理的研究，只要能为社会做贡献，他就是人才。"30 多年前很多人听他说这句话的时候都很震撼。

后来有一次我接触到了香港大学的一位副校长，他对我说的一件事情使我很受启发。他的女儿在英国的一所大学里学习人类学，毕业后到了香港的渣打银行工作。她的母亲是会计专业的，搞了一辈子会计。她对女儿到银行工作很担心。她想，女儿是学人类学的，到渣打银行能干什么呢？可是经过了三个月的集中培训后，她女儿完全胜任渣打银行的工作，而且很容易接受现代银行理念，而对于单一从事会计工作的母亲来说，接受这些新理念反而是有困难的。这一年渣打银行在香港招了 13 个员工，这 13 个员工来自 9 个学科，其中学习金融专业的只有 1 个人。他们 13 个人集中起来，经过三个月的集中培训，然后被分配到各个部门，很快就适应了银行的工作。这就是现代的教育方式和现代的就业方式，这是现代人才培养的一个很典型的案例。

现在的职业流动非常快，全世界每天在消失几百种工种，同时每天又在增长更多的工种。太专业化的人，只能适应一个岗位的话，竞争力将大大受到限制。很可能过了几年你的岗位、你的行业都没有了。如果你不能适应这种新的结构性变化，就有“结构性失业”的危险。结构性失业，也就是不能根据就业形势的变化、岗位的需要，而改变自己的就业岗位，出现有岗不能上的情况。结构性失业者往往是再就业最困难的人群。比如说，以前我们的劳模在两个岗位上产生得特别多，一个是电话的接线员，一个是印刷厂的排字工人。但现在已经没有这两个工种了。在 20 世纪 80 年代，你打到城市的任何一个电话，都是通过电话接线员转接的。任何单位的电话号码你都不用知道，你只要告诉他接哪个单位就可以了，因为接线员知道全市所有单位的电话号码。每个接线员都能很准确地将电话接到你要的地方。你可以想象，这需要多么艰巨的记忆任务。这是一个造就劳模的岗位。可是有了程控交换机以后，全国几百万的接线员都失业了。

再说排字工人。中国的汉字是方块字，不是拼音文字。英文字母 26 个，现代汉语有 3500 个常用字。印一本书的话要把这 3500 个汉字无数次地抽出来排到铅字板上去。所以排字工人要熟悉这 3500 个字的位置，迅速地提出来放进去。这是很辛苦的，要靠熟能生巧，靠长时间的练习。然而有了电脑照排以后，那些很优秀的排字工人，短时间内都失业了。

包括有些高级的工种，如报社的版面设计编辑也会因为现代技术的运用而失业。以前，报纸的版面设计编辑在报社是很受尊敬的，也确实需要有丰富的经验。报纸内容确定了，版面设计编辑连夜要将报纸进行排版。这个排版需要有水平、有经验、有技术，还要懂美术。没有丰富的工作经验是不可能做版面设计编辑的。可是有了电子照排以后，版面设计编辑的工作效率再也比不过电脑了。大专毕业生可能只要三天就可以掌握版面设计的基本技术，还能设计得很漂亮。

所以工种的变化、职业的变化与知识的变化是休戚相关的。现在对综合性知识的学习在很多学校已经成为一种时尚。比如，哈佛大学的学生不管文科、理科、工科、医科，他们的学习都分成七个板块。不管是哪个专业都要学这七种核心课程。当然，这七种核心课程里面的选修课是很多的，学什么课程是可以选择的。所以越是好的学校，这种综合性的趋势就越强。

现在北京大学、清华大学、复旦大学都设置各类实验班、试验班。例如，北京大学在招元培生，什么是元培生？2001 年，北大搞了一项改革，招文科元培生、理科元培生，理科的元培生数学、物理、化学、生物都学；文科的元培生文学、史学、哲学都学。没有具体是哪个系哪个专业的学生。试招前，社会反响会怎么样，他们也没有把握。结果，没有想到元培生的招生比例是其他所有招生比例的 10 倍。这说明社会、学校、家长已经普遍地意识到综合性学习的价值，这已是相当一部分家庭的普遍认识。

现在有些高校已经把辅修确立为一种制度，甚至成为明确的要求。比如你是学化学的，假如你只学化学，你就不能拿到学士学位，只能拿到大学的毕业证书。你要拿到学位，必须要有一个辅修专业，学化学的，必须辅修生物学，或者干脆辅修法学、金融学，等等。用一种制度促使你辅修一个专业，在这些学校，综合性的知识学习已经成为具有强制性的导向。

三、理论迅速向技术转化

基础理论—应用理论—技术转化—市场开发，这被看成是科学发展、技术进步的必然道路，并由此分为不同的学习研究和工作领域。从理论发现到技术发明往往要经过几十年甚至几百年。在伽利略、牛顿时代，一项科学发现、发明要转化为技术需要一百到两百年时间。随着人类文明的发展，科学发现、发明转化成技术的时间逐渐缩短到五十年、十年、一两年。科研理论向技术转化的周期越来越短，从电能的发现到第一座发电站的建立，用了 282 年；从电话的发明到第一个自动拨号电话机诞生，用了 16 年；从 1958 年出现第一块集成电路到世界建成第一条集成电路生产线，只用了 2 年。跟信息技术联系在一起的产品，如手机、电脑、智能家电等，这种转化的时间更快，这是因为理论和实践的时间间隔几乎被消融了。只要你有好的想法，构思一出来马上就能与技术迅速结合，进入市场。在今天，理论和实践脱节的学习方式已经明显不符合时代的要求。

四、知识传播的方式发生重大变革

人类文明的历史是很悠久的，但是有文字可考的历史，只有五千多年。当人类有了文字以后，文明的发展才越来越快。在文字出现以前是口耳相传的口头文明，因为它是现场的，不能进行间接的交流，也不能进行历史的交流，局限性很大，所以这时文明的发展速度非常缓慢。有了文字以后，就可以进行间接的、历史的交流，这时候也就开始有了学校，文明发展也就开始加速了。文字的产生是创立学校的前提。

我国学校的历史非常悠久。在夏朝的时候，中国就有了学校。那时候的文字是记载在贝壳、钟鼎、竹片上的，后来记载在丝帛上，文字阅读当时是很昂贵、奢侈的，所以文化只是少数贵族的享用品。大家知道西晋的时候有个文学家叫左思，赋写得很好，他写的《三都赋》，构思了十年，写成以后，抢着抄写的人很多，洛阳“为之纸贵”，因为传抄就要买纸。那时候的纸不是现在的纸，是丝帛，属于昂贵的奢侈品，存货不会很多，因此洛阳为之纸贵。这样的文化对广大百姓来说，是无法问津的。

宋代的时候，发明了活字印刷术，这是我国的四大发明之一。为什么把它看得那么伟大呢？因为它使文化大众化。在宋代以前，文化是贵族的文化，跟普通老百姓、劳苦大众没有关系。民间文化仍然依靠口耳相传。活字印刷发明以后，与东汉纸张技术的升级相辉映，阅读成本极大地降低，文化走向了普通老百姓。所以活字印刷术对文化的传播，具有划时代的意义。如果文字的诞生是信息传播第一次革命的话，活字印刷术的发明就是第二次革命。

20 世纪 40 年代以后，电子通信开始发展起来，有了广播、电视。从印刷文化向电子文化转变，文化出现了新的空间突破。文字突破了时间的限制，可以历史地间接地传授，但是它还是被限制在一定的空间范围内。而有了电视以后，就超越了空间，信息的传播使你在世界的任何位置都可以同步收看。由此，人类文明的发展又一次大大提速了。

大家知道巴黎是世界时装之都，过去巴黎的时装流传到东京要一年时间，东京的时装要过一年才能到香港，香港再过一年到上海，从上海再辐射到全国各个地方。所以说在电子化之前巴黎的时装流传到中国的各个地方，要五年以上。可是有了电视以后，晚上直播巴黎的时装秀，第二天早上农村里的裁缝店就做出来了——最新巴黎时装。

创造很困难，模仿是容易的。

20 世纪 90 年代以后，人类的文化传播发生了第四次革命——信息化、网络化。它给人类带来多么大的影响呢？用一句话说就是：你怎样想象都是不过分的。信息传播方式的变革使人类的生活方式发生了很深的变革，其速度之快，超出了任何一个人的想象。

举一个例子。我记得非常清楚的是移动通信的变化。我们现在叫手机的东西，最早叫“大哥大”。它最初登陆上海时，我在大学读研究生，对这个东西很新奇，怎么没有线就能打电话呢？上海外滩有大哥大的展窗，我特地骑着自行车去看。当时的宣传资料上说，到 2000 年，中国的手机用户将会扩展到 300 万户。可是实际上到了 2000 年中国的手机用户达到了 2.5 亿，现在中国的手机用户超过了 10 亿。中国已成为最大的手机用户地。当时的手机入网费是 2 万元，当时大学毕业生的工资每月只有五十几块钱。现在的手机，几百块就可以买到。当时申请入网要一个月，手续很复杂，现在钱一付立马开通。现在手机更新换代得特别快，手机还可以听音乐，看电视节目，可以进行各种各样的音乐会的实况转播。手机的功能变得越来越多，发展空间也越来越广，而价格却越来越便宜。

2006 年，胡锦涛主席访问美国，比尔·盖茨邀请胡锦涛参观他的未来家庭。比尔·盖茨家里的电子化、现代化已经展示了一个未来家庭的雏形。主人还没有到家，主人需要的一切已经准备就绪：合适的灯光，合适的温度，个性化的音乐……

电脑技术借助于网络更是如虎添翼。现在什么东西在网上不能查到？网络无所不能，给人提供了无所不包的信息。以前，我们在固定的时间固定的地点学习固定的知识，有了网络以后，可以在任何时间任何地点学习任何知识。

世界发生了如此的变化，我们的学习方式能不发生变化吗？这是摆在所有人面前的一个大问题，更是摆在大、中、小学校和大、中、小学师生面前的一个大问题。

第二节 教学方式的变革

在传统的学习中有几个观念是根深蒂固的：

第一，循序渐进；

第二，读书百遍，其义自见；

第三，专业对口；

第四，读书是获得知识的主要来源。

拿知识增长的方式变化来对照传统学习的这些基本信条，不能不引起我们的深刻反思。如果不根据社会发展的需要来调整、变革我们的学习方式和教学方式，我们就会落后于时代。它不仅关系到学习的效率，而且关系到我们的人才质量，关系到国家竞争力。

一、从循序渐进向构建个性化的知识结构转变

面对知识的快速增长，如果我们恪守循序渐进的原则，那么学到老、学到死也学不到人间知识之万一，更谈不上拿学习的知识去服务社会。

相对于这种循序渐进的学习方法，我们需要主动地创造性地去学

习知识。

追逐学科前沿。知识的前沿性和知识的难度并不成正比。我们以前主张打基础，以为基础打好了才能盖楼，现在拿这个来比喻学习知识是不恰当的。先进的知识，并不是要把历史的知识学全了才能掌握，这里面没有必然联系。

北京有所中学，高中一年级新生进校后，学校请北京大学的一位化学博士给他们上了第一节课。上课内容跟现有教材毫无关系，他讲的是化学研究最前沿的六大领域。比如，他讲到，我们现在水资源很紧张，但是在海底下有足够的淡水资源。可这些淡水不是以液态的形式存在，而是以固态的形式出现，这些海冰可以被拿出来用，但先要将其融化，在液化的过程中会产生大量的二氧化碳。现在谁也不敢做这件事，因为如果把这些海冰融化成液体的话，整个地球就将充满了二氧化碳。所以谁能成功解决这个矛盾，也就是说在将这些海冰液化的过程中不产生二氧化碳，或者用其他化学反应将二氧化碳转化为其他物质，那淡水紧缺的问题就彻底解决了，这对全世界的贡献就大了。

他就讲了六个类似这样的问题。那天我去旁听了，说实话，我从来没有感受过这种课堂气氛。所有的学生完全处在一种亢奋的情绪状态下，脸都是红扑扑的，眼睛雪亮雪亮的。我不知道他们到底听懂了多少，但是我感觉到了那种对科学知识的渴望，对真理的追求，这是我在任何其他课上都没有看到过的。追求学科前沿知识，不仅是必须的，而且是完全可能的。这种渴求，将孕育大科学家。

建立个性化的知识结构。知识是无限的，个人能掌握的知识是有限的，使自己有限的知识具有比较优势，具有发展特点，是一个现实的选择。事实上，每个人都有自己感兴趣、擅长的领域，也正是容易形成比较优势的领域。但长期以来我们片面理解全面发展，总想面面俱到，结果是平庸发展，成为读书机器。这里，我要提出一个重要概念，即个性化的知识结构。根据课程专家和心理学家的研究，知识是具有内在结构的，知识在整个知识体系中并不是等值的。掌握了知识的要素，就能掌握知识结构，就能融会贯通。这是从学科的角度说的。具体到每一个人，又因人而异，要根据自己的特点，形成自己的学科群和知识要素，构成自己独特的知识结构。所以，所谓个性化的知识结构，是知识结构的优化、个性化。通过对成功人士的分析发现，不管是哪类人才，即使是科学家或学问家，也都不是百科全书，而是学有专长、术有专攻、能有专属的。教和学都应该致力于构建个性化的知识结构，这样才能形成自己的比较优势，才能学有所用。

二、从消极被动的接受式学习向积极主动的探索性学习转变

老师讲学生听，这是我们的基本教学模式和基本学习方式。这对于保持知识的系统性有好处，事实上也正因为这个传统，普遍反映我国学生的基础知识掌握得比较扎实。在知识增长比较缓慢的时代，也许这样的学习方法是合适的，所谓“一朝学习，终身受用”。但现在终身受用的知识越来越少了，在社会生活中有用的知识越来越需要不断的补充，而这种补充来自自我学习的意识、态度和取向。

激发学习的积极性，最重要的是把学习知识变成探索问题。学习知识与探索问题在现代学习中要实现一次翻转。在传统教学中，学习知识是目的，问题引导是手段；可是在现代学习中，学习知识是手段，能够将知识运用于解决问题是目的。在学习中能不能学会寻找问题、发现问题、分析问题、解决问题，是衡量学习成败的根本标准。在工作生涯中，我们会不断遇到各种新情况、新问题，能不能有效地

发现这些问题并解决这些问题，是一个人职业生涯是否顺利的关键。而在今后的工作中将会遇到什么问题，在学校学习的时候是无法预料的。以问题为导向的教学，就把知识学习和今后的能力需要结合起来了，就把被动的知识灌输变成了能力培养。以知识为导向的学习，学生处于被动接受状态，处于等待正确答案的状态，缺乏积极性；而以问题为导向的学习，没有标准答案，得到答案本身并不重要，重要的是探索问题的过程。在这个过程中，学生才能成为真正的主体，成为主动的探索者。

三、从线性学习向“T”型学习转变

到目前为止，我们的思想方法基本是线性的，即擅长什么学什么，将来希望干什么学什么，所以高中就实行分科，分文理科，大学填报专业总是填报自己喜欢的专业。这当然很容易理解，在知识分化明显、分支学科主导的情况下，这也是很自然的选择。但是在知识综合化趋势不断加剧，处理综合问题成为最重要能力的今天，要把自己培养成为“T”型人才，复合型人才、交叉性人才，对传统的学习方式就要来一个反其道而行之。

将来想干什么，大学就不要学什么。经常有家长向我咨询：“你跟我谈谈，我的孩子报什么专业、上哪个大学好？”我说：“这个问题可不容易回答。”因为现在就业好、工资高的热门专业，过几年可能会变化。这个专业好，对你的孩子不一定好，因为个人的兴趣和擅长不一样，强扭的瓜不甜。所以我是很少给予别人具体建议的。但是我跟所有人都说：“有一条不变：你将来想干什么，你就不要学什么。”很多人听这话后都不理解，怎么能这样指导呢？这不是胡说八道吗？我说：“你别急，你想一想，你想干的事情就是你的兴趣，你

的兴趣就是你的优势，就是你的知识结构。一个人，当他能够有兴趣、有志向从事这项事业的时候，他会自觉地学习那个东西。所以你就要学一个与你兴趣不一样的东西，这就是最好的自然生态的交叉。你喜欢这个东西，又学这个东西，就排斥其他东西了，你的发展水平就高不上去。你喜欢的加上你不十分喜欢的，你熟悉的加上你不太熟悉的，这难道不是如虎添翼吗？”

在变化中学习。专门人才能否在世界不断变化的潮流中，适应这种变化，成为“T”型人才，成为复合型人才，成为能不断调整自己的知识结构和技术结构的人才，这就决定了该人在社会上发展的可能性。

美国的现代化水平是很高的，有统计表明：美国人在一生中平均流动 17 次，当然这个流动变化包括跳槽。但主要是因为社会在变化，个人不得不变。如果你到了 40 岁，去应聘工作，老板问你：“你是第几次择业了？”如果你回答说：“我这是第二次择业，以前我就在一个地方干活。”老板就会非常吃惊地问：“你 20 多年就没有换过工作？”在美国，那是不可想象，不可思议的。

社会的变化使个人不断地了解自己的才能，寻找适合自己的工作，这是一个长期变化磨合的过程。在这个变化中，你不知道自己的潜力有多大，能力优势在哪，怎样才能为国家、为社会作贡献。没有一种心理学测验可以准确测出这些内容，只有在社会实践过程中，才能逐渐找到自己的位置，这就是一个不断发展磨合的过程，一个在变化中学习、同时也是在变化中改变和丰富自己的过程。

四、从学会知识到学会学习

中国有句古话：读书百遍，其义自见。我们普遍的学习观念是，读书是最重要的学习，而且书要反复读，要烂熟于心，倒背如流。能这样当然很好，要想得心应手，信手拈来，就要有这样的功夫。问题是，知识数量的膨胀不允许我们这么做了，时间不允许我们这么做了。我们不能把太多的时间花在知识的重复上。我们要学会利用知识，准确地说，是要学会利用现代信息平台和现代信息技术手段获取和掌握知识。知识仅储存在书本中的时代已经过去了，现在是网络时代。知识无处不在，网络技术越来越发达，在任何时间、任何地点都可以通过网络获取你所需要的知识，下载你需要的资料。因此学会用现代信息手段寻找知识，已经成为一个现代人的基本素养。在网络上有大量的知识，曾经有个著名的信息学家说，一个大学教授和一个幼儿园孩子在知识上的差别，在信息网络面前，已经没有意义。一个人知识再多，比起网络来，就像大海里的一滴水，一滴水与一滴水之间的差异可以忽略不计。问题是怎样从网络上寻找、分析、判断自己所需要的知识，更重要的是怎样去使用网络上的知识。我们现在是以书本学习为主的，还感觉不到这个问题的迫切，但等你走上职场，走向社会以后，你就会发现，是否善于从网络上寻找知识解决现实问题就决定了你在工作岗位上的地位、收入、发展前景。

现在可以没有电脑，但不能没有网络。电脑随处可见，我们的重要文件一般会存在网络上，而不是电脑上，没电脑没关系，但是一定要有网络。现在虚拟世界正在替代现实世界，准确地说，虚拟世界的功能正在逐步超过现实世界的功能。现实世界中的道路、医院、银行、邮局、商店、影院等的重要性正在逐步下降，而虚拟世界、数字世界、网络世界的作用正在逐渐上升。从一定意义上说，有了网络就有了一切，你若不能学会运用网络获取知识和信息，行吗？

理论与实践紧密结合。学习的目的全在于应用，懂得的东西再多，不会应用也白搭。如果学到的知识都能够被很好地运用，即使学的知识不多，也比学富五车而不会运用的两脚书橱好。基础和应用，理论和技术在以前是分解的，可现在不是这样了。理论要联系实际，理论要结合技术，理论要运用方法。因为现在社会发展的一个重要特征是理论向技术转化的速度在加快。理论和技术的转化几乎是同步的，尤其是在新兴科技领域。学技术的人不掌握理论，学理论的人不掌握技术，这不仅对个人不利，对国家也是不利的。这种人才的分化观已不适应现代社会的需要。

我们学习中的一个普遍缺陷是不重视动手能力的培养，所以学生的动手能力不强。有人做了一个简单的实验发现，外国学生爱动手，中国学生爱动脑。同样一个问题，在中国学校和美国学校里引起的反映完全不同："现在是八点，到明天八点，我们的分针、时针分别走几圈？"你会发现，中国的学生所有人都在动脑筋计算，美国的学生所有人都是把手表拿下来转，一圈一圈地数。小事件中有大道理。

外国的学生在实验室花的时间是很长的，我们的学生在实验室花的时间是很短的。很多课程上都有规定：实验课 50 分钟或 100 分钟，可事实上我们学校的实验不到时间人都走光了。为什么呢？都做完了，包括步骤都写出来了。因为在做实验前已明确要做什么实验，用什么药品，怎么使用。到了实验室，验证一下实验结果就行了，做好就走人。

可是在美国的学校里，做什么实验，老师不管，只是给学生一个指南，根据所学知识可以做哪些实验，但要做哪个实验让学生自己选择。学生告诉老师想做什么实验，想怎么做，对需要的器材开张单子。老师同意后就让学生自己去找。学生就到专门的药品教室找药品，设计实验步骤。没有一个实验是一次做成功的，都会遭遇失败。

不成功没关系，先去上课，上完课有时间再来做，把每次做的内容记下来，包括对不成功原因的分析，下次再来验证。三次不成功，四次不成功，最后成功了。怎样成功的，一二三四五记下来，这就是实验报告。这才是理论联系实际，才是推动理论向技术转化的学习方式。“读书是学习，使用也是学习，而且是更重要的学习。”毛泽东同志说得何等好啊！

五、积极组织和参与社会活动

参加社会活动与学习有关系吗？太有关系了！在社会活动中学习知识，学习交往，学习人性，也学习思维方法。只有在社会交往过程中，在面对不同利益、不同观点、不同兴趣爱好，面对冲突和妥协的过程中，才能真正学到“顾全大局”“团结协作”“积极进取”“运筹帷幄”这些品质和能力，才能建立责任感，才能真正锻炼领导才能，才能在公众活动中不陌生，不怯场，不退缩。没有活动，没有活动中的矛盾冲突、得失成败，光靠从书本上学习这些条目、概念、环节，是没有意义的。对于这一点，学校很少强调，家长很少重视，社会也很少提供机会。

参加社会活动需要时间，与书本知识学习有冲突，但与提高学习成绩并不冲突。社会活动只要不过度，不仅不影响学习，而且有益于提高学习成绩。因为，第一，有许多社会品质与学习品质是一致的，比如用心、自律、坚韧，比如整体性、分类、抽象、概括，在本质上都是相通的；第二，在社会活动中可以提高自信心和增强责任感，可以学习对事情结果的预料和判断，可以增加对自己个性特点包括优点、缺点和弱点的了解，增加自知之明，从而提高自我规划的能力。

参加社会活动不仅要参加有组织的集体活动，而且要参加个体的、松散的、自利的交往活动。在这种交往活动中，最能体现社会的竞争本质。如果一个人只具有正面的社会品质，而不懂得怎样“保全自己”“拉帮结派”“丢卒保车”等，也是一个不完全的人，是一个难以适应社会生活的人。而这些品质和能力在有组织的集体活动中是很难学到的。知识本身是多棱的，所以知识可以用在不同的地方；科学知识是知识，社会知识也是知识。列宁同志曾经说，一个人在社会运动中一个星期学到的东西，比他在学校里两年学到的东西还要多。这至今依然令我们深思。

◎讨论题：

1. 知识增长方式的变革与社会发展有什么关系?

2. 你怎样理解知识增长方式的变革对传统学习方式和教学方式的挑战?

3. 谈谈你对知识增长方式变革呼唤教育制度创新的看法。

|第四章|　创新人才的培养

教育的过程是知识交流的过程，

是心灵沟通的过程，

更是生命对话的过程。

——作者自题

第一节　全面推进中华民族伟大复兴

自1993年2月《中国教育改革和发展纲要》提出“中小学要由‘应试教育’转向全面提高国民素质的轨道，面向全体学生，全面提高学生的思想道德、文化科学、劳动技能和身体心理素质，促进学生生动活泼地发展，办出各自的特色”的号召以来，从“应试教育”转向“素质教育”，已多次写进了教育的政策文件，并成为广大教育工作者的自觉语言。特别是1999年6月颁布的《中共中央国务院关于深化教育改革全面推进素质教育的决定》（以下简称《决定》），“素质教育”进一步被确定为我国教育改革和发展的长远方针，成为我国各级各类教育追求的共同理想。《决定》指出：“新中国成立50年来特别是改革开放以来，教育事业的改革与发展取得了令人瞩目的巨大成就。但面对新的形势，由于主观和客观等方面的原因，我们的教育观念、教育体制、教育结构、人才培养模式、教育内容和教育方法相对滞后，影响了青少年的全面发展，不能适应提高国民素质的需要。”《决定》开篇指出我国教育面临的形势是相当严峻的。我国教育虽然取得了巨大的历史成就，但历史的发展太快，相对于历史的要求，我们的教育滞后了。我们知道，教育最基本的职能就是促进青少年的发展。但我们现在的教育未能很好地履行这一职能，“影响”了青少年的发展。这种“影响”，来自教育体制、培养模式、教育内容和方法等多方面，但首先是因为教育观念的滞后。《决定》号召全党、全社会从社会主义兴旺发达、从中华民族的伟大复兴的高度来认识素质教育的意义；同时强调，“全面推进素质教育，是我国教育事业的一场深刻变革，是一项事关全局、影响深远和涉及社会各方面的系统工程”。

素质教育绝不是一种权宜之计，更不是换一种提法而已。我们要避免只注意到了素质教育的具体的、操作性的意义和内容，而忽视了素质教育的本质意义。素质教育的本质在于它的思想性和时代性，在于它是引导我国教育在向 21 世纪迈进的过程中，提出的一种新的教育理想，它期望形成一种新的教育价值观，达到一种新的教育境界。

一、素质教育是一种理想

任何教育都是功用性与理想性的结合。教育事业本来就是一项具有理想性的事业，没有理想的教育是不存在的。从孔夫子到陶行知，我国的杰出教育家们，无不充溢着教育的理想情怀。孔子是一位伟大的教育家，他以及儒家的许多杰出代表人物都寄予教育以很高的热情和期望，希望通过教育活动培养君子贤人，治国安邦；陶行知向虚伪的传统教育宣战，致力于培养手脑并用的“真人”。他们的教育理想不仅是其教育行动的指南，是他们颠沛流离、奋斗不息的精神动力，也是感召人心、使人敬佩仰止的力量源泉。古希腊的柏拉图寄希望于通过教育养成理性国家的“智者”，法国的思想家卢梭希望通过自然主义的教育培养“自由发展”的人，美国的杜威希望通过“无目的”的教育培养有民主意识的公民和建立民主的国家……没有一位有影响的教育家不富有教育的理想，没有一种有影响的教育理论不是一种富有理想的教育主张。教育理想是教育活动的指南，是教育行为的向导，也是动员人们为之努力的精神力量。

中华人民共和国成立以后，经过几十年的艰苦努力，我国的教育取得了巨大的成就：我们以全世界1%多一点的教育经费支撑了超过20%的教育人口，我们的教育水平和教育质量从总体上说，处于发展中国家的前列，中小学的教育质量堪与发达国家媲美。但我们的教育也存在着一些比较明显的弱点，有些是有世界普遍性的，有些是我国比较突出的，比如学生升学的压力太大，学生学得太苦、太累，普遍有厌学情绪；学生的学习过于被动，自主性、创造性、发展性较低；书本知识与实际动手能力脱节比较严重，学校教育与社会生活脱节比较严重；学生的实际社会生活能力较弱。如何从教育的管理体制、评价体系、课程设置、教学内容、学校中的人际关系、学校与社会的关系等有机联系的各方面，对教育进行深入有效的改革，使我们的学生学得有兴趣、有活力、有实效、有创造性，迎接21世纪的挑战，需要有一种既能融合以往教育经验又能体现现代时代精神的新教育理想的引导，形成一种对新的教育价值的追求。素质教育虽不敢说是反映这种理想追求的最好的表达，但却是一个易于接受的，简洁、明了，能承前启后的理想表达。理想是一种追求，是一个不断变化发展的过程，因而具有开放性。如果它有不周全之处、有可挑战之处，恰恰表现了它的可发展性，表现了它的成熟性，而不是它的弊端。

素质教育是这样的一种理想：

第一，它涵盖了教育的所有方面。《决定》明确指出："实施素质教育应当贯穿于幼儿教育、中小学教育、职业教育、成人教育、高等教育等各级各类教育，应当贯穿于学校教育、家庭教育和社会教育等各个方面"，"实施素质教育，必须把德育、智育、体育、美育等有机地统一在教育活动的各个环节中"。从这个意义上说，素质教育不仅是教育的理想，而且是社会的理想。教育各个方面的协调发展，绝不仅仅是教育自身的事。素质教育的发展、推进过程是整个社会文明水平的提高过程。同时，素质教育的不断深化，又成为促进全社会文明发展的动力和榜样。

第二，它倡导在教育中每个人都得到发展，而不是只注重一部分人，更不是只注重少数人的发展。每个人、每一位学生都能得到发展，不仅是民主的基本理念，而且是我们每个学生的基本权利，我们应该尊重这种权利，保护这种权利，创造条件实现这种权利。而应试教育却只能照顾到一部分人甚至是很少一部分人的发展，在很多情况下，多数人成了陪衬者。即使得到照顾的少数人的发展也是不全面的。这不仅违背教育平等的基本理念，而且从教育的效益来说，多数人的潜力未能得到较好的开发，也是极大的损失。

第三，素质教育倡导的是在教育中使每个学生都得到比较充分的全面的发展。全面发展一直是我们的教育方针，这是因为人这一生命体本身蕴涵了多方面发展的潜能，全面发展是人发展自身的要求；社会生活的丰富多样性也要求人的全面发展，社会发展的程度越高，对人的全面发展的要求也就越高，马克思主义关于人的全面发展学说和当代社会日新月异、高速发展的事实都充分证明了这一点。人的全面发展当然是一个不断接近的没有终点的目标，素质教育就是要求尽可能充分地实现这一目标。而应试教育虽然不是排斥全面发展，但确是把能否升学看得第一重要，把指定课程的得分看得第一重要。若与升学分数关系不大，即使是指定的有限的课程和活动也经常被取消。同时，在应试教育的过程中，教师、学生的心理都不同程度地处于被动、消极、紧张甚至厌恶的状态，不能得到舒展自如的发展，这样，不用说全面发展，就连基本的心理健康水平也难以达到。

第四，素质教育倡导的是每个学生富有个性地发展。尽可能充分地全面发展是共性，是对所有学生的共同要求。但每个学生都有其个别性，不同的认知特征、不同的兴趣爱好、不同的欲望要求、不同的价值指向、不同的创造潜能，铸成了千差万别的每一个独特的学生。素质教育就是要求全面发展与个人特性发展的较好结合，既充分重视学生共性的发展，不但有统一标准，重视基础性，又有不同的评价方案，重视多样性。而应试教育强调统一性，不强调个别性，抹杀甚至扼杀个别性，学生的个性发展自然也就难以实现。缺乏个性对学生来说，是个人的不幸；对民族、对国家来说，缺乏丰富多样性，是民族、是国家的不幸。

可见，从 20 世纪末到 21 世纪初，把素质教育作为一种目标，作为一种方针，作为一种理想，引导教育的改革和发展，有着明显的时代意义和历史意义；同时，我们看到，素质教育超出了教育自身的范围，它需要广大教育工作者和全社会的共同支持和努力。

二、素质教育是一种价值

教育是什么？教育为什么？这是教育的基本问题，或者说是教育的本质问题。但在实际中，这类问题经常被转换成这样一个问题，或者说人们更关心的是这样一个问题：什么样的教育是好的教育？也就是说，人们更关心的是教育的价值问题，或者说它被落实在教育的价值上。

什么样的教育才是好的教育？对教育的理解不同，对教育的理想不同，对这个问题的回答也就不同。比如在教育满足社会的需要与促进人自身发展的关系上，长远地说，这两者是统一的，但在每个具体历史阶段，却难免有矛盾。在这两者之间作何种选择，不同的教育思想就有了不同的价值倾向。强调前者的极端观点就是“社会本位”说，强调后者的极端观点就是“个人本位”说。

教育的价值观影响着教育的全过程和教育活动的各个方面，影响着教育目标的制定、课程的设置、内容的确定、方法的选择，影响着管理的风格、师生关系的类型，影响着学校与整个社会的关系。教育价值观可能被提升为一种理论，明确地支配一种教育的实施；也可能潜移默化地作用于教育工作者，有意无意地影响着教育的行为。

素质教育无疑是对应试教育价值观的否定和更新，是根据时代变化、社会发展的形势，提出的一种新的教育价值观。

首先，素质教育是强调以人为对象，以人自身的发展为目的的教育。在很长时间的古代教育和旧式教育中，受教育者被看成是一个接受现成观念和知识的容器，教师所采取的教育方式主要是恫吓与灌输，要求学生学习的方式主要是死记硬背。学生是不是学得主动、学得愉快，教育者并不很关心。这种教育方式与当时专制的政治制度和思想统治是相辅相成的。中国明代以后，科举制度演变成八股取士，思想的钳制与形式的僵化发展到极致。新中国成立以后，我们的政治制度和教育制度虽然发生了深刻的变化，但八股教育对我们教育的影响是深远的，应试教育中隐藏了许多八股教育的弊端。应试教育把分数和升学率看作是衡量教育成败的最重要的标准，实际上也是把学生看成是被动接受的容器，采用的教学方法基本上还是灌输；素质教育则是把学生看作能动的主体，根据学生的特点和需要，以学生的发展为本位。

其次，素质教育强调学生有个性地发展。学生的个性发展是学生自身发展的落脚点和最终体现。现在人们经常把共性与个性作为一对矛盾相提并论，担心太强调个性的发展会妨碍基本知识、基本道德的形成。其实这里面有一种误解。如果一个学生只是有一些个人的特点，在某一两个方面比较突出，而在其他很多方面都比较欠缺，那是说不上个性发展的。在教育学中，人的个性是共性与个别性的结合。所谓学生的个性发展，其中已经包含了学生一般水平的发展和共同标准的达成。但素质教育不满足于每个人的一般的、共同的发展，而是根据人的千差万别的自然本性，鼓励并极力创造条件促进个性的发展。学校应该成为促进每个学生的特点、优势更加明显的场所，而不是把不同的人变成相同的人的场所。应试教育因为过于强调统一的标准和筛选淘汰，没有可能认真地去关心不同学生的个别性的发展，长此以往，逐渐形成了肯定共同性而否定个别性的价值倾向和人际态度。对于在共同性的竞争中处于不利地位的学生则不得不放松甚至放弃教育。而在素质教育中每位学生都受到同样的重视，学生不同的特点都受到尊重，并且主张在课程设置、教学形式、评价方式等各个方面为学生的个性发展创造条件。

再次，素质教育注重可接受性，更注重可发展性。20世纪60年代后期出现了终身教育的概念，到20世纪70年代终身教育便成为一种被普遍接受的教育观念。其根本的原因在于它反映了一种新的社会趋势和新的价值追求，即社会节奏加快，知识更新周期缩短，一次教育终身受益观念被打破的趋势和通过教育、并在教育中提高自己的生活质量和实现人生意义的价值追求。受教育既是手段又是目的，既是接受更是发展，教育不再是一个被动的、短暂的消极接受过程，而是一个主动的、终身的积极发展过程，素质教育正是顺应了这样一种潮流，是面向未来的教育。它重视书本知识的积累，更重视现实生活能力的发展；重视接受式学习，更重视独立的、创造性性格的养成。素质教育关心学生学什么和想什么，更关心他们怎样学和怎样想；关心他们当下的学习成绩和发展水平，更关心他们未来的学习能力和发展可能性。而应试教育基本上是一种以获得高分、升入高一级学校为目的的手段教育。学生的实际生活能力怎么样，独立性、创造性的程度怎么样，在应试教育下，这些都没那么重要。事实上，统一性、标准性与独立性、创造性在应试教育中几乎是一个无法调和的矛盾。

最后，素质教育是指向大众主义的教育。近代以来，是英才教育还是大众教育一直是不同的教育理想和政策的根本分歧之一。第二次世界大战以前，教育的主导价值观基本上是英才主义的。英才主义的教育观虽然并不反对大众教育，但教育的评价体系、管理体系、财政体系基本上是有利于英才教育的，是以英才教育为中心的。受大众教育的人虽然是大多数，但从总体上说，却是英才教育的配角，甚至是英才教育的牺牲品。但第二次世界大战以后，大众主义的教育观逐渐成为教育尤其是公立教育的主导价值观，大众教育成为教育的中心。大众主义教育虽然并不排斥英才教育，并且为英才的成长提供渠道，但在制定教育政策，安排教育财政时，不再将英才教育作为优先考虑的方向，而是以多数人的利益为考虑问题的出发点。

以学生为本位、以学生的个性发展为本位、以学生的可发展性为本位和以大众教育为本位的素质教育，是一种价值观的转变，也是一种思维方式的转变，是从单一价值观向多元价值观的转变。学生是千差万别的，社会的生活和社会的需要是千差万别的，而应试教育却恪守一种评判标准和选拔标准，这怎么能够引领中国教育面向现代化、面向世界、面向未来呢?

三、素质教育是一种境界

1964 年毛泽东曾在对一位中学校长反映当时学生负担过重的信

的批示中，对彼时的教育提出过非常尖锐的批评：现在学校课程太多，学生压力太大。讲授又不甚得法。考试方法以学生为敌人，举行突然袭击。这三项都不利于培养青年们在德、智、体诸方面生动活泼地主动地得到发展。其实毛泽东在这里不仅是对课程多、讲授不甚得法和考试搞突然袭击的批评，而且也是对教育整个精神状态的不满。而课程多、负担重的状态，填鸭式的讲授方法，以及师生对立的关系，在应试教育的情况下是无法消除的，甚至可以说它们是应试教育的必然产物。

素质教育是要创造这样一种境界，学生好学、爱学、乐学，教师喜教、爱教、乐教。学生学习的压力主要是学习内部的压力，而不是分数的压力、升学的压力；教师教学的压力主要是学生挑战的压力，而不是集体总分的压力、升学指标的压力。师生关系是平等的、朋友式的关系，是互通有无的关系，而不是“警察与小偷”式的紧张对立的关系。科学家们认为，在国际互联网的时代，个人与个人在知识上的差距几乎可以忽略不计，人们在互联网面前永远是无知者。当互联网走进教室、走进家庭后，师生关系必将发生深刻的变革，师生关系的本质将发生变化，将变知识、经验、道德等的授受关系为朋友式的讨论关系，为社会角色间的交往关系。毫无疑问，能否适应这种趋势，能否达到这样一种境界，教师将首先受到严峻的挑战。

我们说素质教育是一种境界，是指素质教育是一种整体风貌，是一种完整人格的养成，而不是无数单个元素的相加。整体不等于部分之和。我们说的素质，其实就是日常生活中为人们所称道的素质，是一种心胸宽广、自强不息、乐观向上的气质；是一种自尊、自信、自谦、自持的精神；是一种关心人、关心社会、关心自然的情怀；是一种求实致远、质朴高雅的品位；是一种“富贵不能淫、贫贱不能移、威武不能屈”的人格。这样一种气质，这样一种精神，这样一种情怀，这样一种品位，这样一种人格，需要相应的教育境界的濡化，需要一种真诚、公正、平等、友爱的教育氛围才能养成。

四、素质教育的现实性与操作性

我们说素质教育是一种理想，是一种价值，是一种境界，并不是说素质教育只是一个空洞的口号，一个虚无缥缈的海市蜃楼。素质教育是根植在现实教育的泥土之中的，现实教育中早已经蕴藏了素质教育的先进思想和成功经验。从陶行知的“生活教育”、陈鹤琴的“活教育”，到当代的“爱的教育”“成功教育”“愉快教育”“自主教育”等，都是对素质教育的成功探索。素质教育正是对这些思想和实践的概括与提升。

与把素质教育看作一种空想相反，寄希望“毕其功于一役”，像搞一场运动一样，在短时间内就“完成”素质教育，也是不对的，这本身就是对素质教育的误解。素质教育既是一个目标，又是一个过程，是一个不断实践、不断探索、不断丰富的过程。

向素质教育转轨的改革是全方位的，但又是靠点点滴滴积累起来的。素质教育作为一种指向，它具有方向性和导向性，但它并没有、不应该，也不可能有一个全国统一的模式。素质教育本身就是开放的、多元取向的，它需要并且依赖于各地区、各学校根据本地、本校的历史和实际，发挥广大教育工作者的聪明才智和奉献精神，创造出丰富多彩的成功经验来。

五、消除对素质教育的几种误解

误解之一，把素质教育误解为非知识教育。在教育的各项工作中，由于知识的掌握情况是最容易测量的，所以在评定学生成绩时，往往最终是以知识甚至是以书本上的知识为主要测量内容，并以知识的掌握程度作为评判标准。这是传统教育以教材为纽带、以知识传授为核心的主要原因之一。在升学竞争的情况下更是如此。这样容易导致两种结果，一是放松了学生发展的其他重要任务，二是形成了教与学的被动的死板的关系。素质教育倡导促进学生的全面发展，倡导主动的、生动活泼的教学风格。但是，素质教育绝不是不要或忽视知识教育，在科学急速发展、科技竞争愈演愈烈的形势下，知识教育、理性教育始终应是教育的基础。国外的“科学主义”“技术主义”教育思潮把知识和理性教育放在首位自不必说，人文主义的教育思想家，从古希腊的苏格拉底，到在教育中“发现了人”的卢梭，再到当代人本主义教育家罗杰斯、存在主义哲学家萨特，无不把知识和理性作为现代教育和完整人格的基础。素质教育不可能不重视知识和理性教育。当然，素质教育的知识观并不等同于以往的知识教育，它把在知识和理性教育过程中教和学的革命作为自己的深层任务。如果学校教育在知识和理性教育中不能贯彻素质教育思想，不重新确立师生关系和授受方式，素质教育也是不能真正贯彻的。

误解之二，把素质教育误认为非考试教育。考试是教育评价的基本手段，有两个基本功能，一个是在学习结束时检查学习者的学习情况，对学习者进行区分或筛选，这种考试被称为终结性评价；另一个是在学习过程中了解学习者的学习情况，了解各人的学习优点和缺点，以便反馈，同时可以帮助教师诊断自己教学的成败得失，以利改进，这种考试被称为形成性评价。无论是考试的筛选功能还是诊断功能，在现阶段都是必要的。通过考试进行筛选虽然不是完美的方法，但到目前为止依然是较好的和较为公平的方法。把素质教育误认为非考试教育，甚至把素质教育与考试对立起来，非此即彼，是把素质教育大大窄化了。当然，素质教育有对现有的考试制度、考试内容、考试目的、考试形式等进行深刻变革的要求。在考试制度上，最迫切需要的是改革高考制度，改革全国统一的考试，实现考试制度的多元化和多次化；在考试内容上，在注重知识考查的同时，特别需要加强综合能力的考查；在考试目的上，需要将考试的重点从终结性评价转向形成性评价，使考试主要服务于改善教育过程；在考试形式上，需要注意将标准性考试与开放性考试结合起来，使考试成为学生发挥主观能动性的舞台，而不是消磨创造性的活动。

误解之三，把素质教育误认为非升学教育。片面追求升学率是我国以及亚洲许多国家的痼疾之一。素质教育提出的一个直接针对对象就是片面追求升学率。应试教育主要指的就是片面追求升学率的教育。但是升学教育与片面追求升学率绝不是一回事。基础教育有两大基本任务，一是为升入高一级学校做准备，一是为就业做准备，二者不可偏废。作为普通基础教育，特别是普通高中教育，以升学为主要任务是毫无疑义的。由于有些人将素质教育误认为非升学教育，所以产生了“小学搞素质教育，中学搞应试教育”的怪现象。殊不知，年龄越大，年级越高，素质教育的内容越丰富，任务越繁重，意义也越重大。

误解之四，把素质教育局限于课外活动。把素质教育局限于课外活动，以为搞点琴棋书画就是素质教育，“课堂外搞素质教育，课堂内搞应试教育”是这种错误观点的典型表现。如果我们明确了素质教育不仅不忽视而且非常强调知识与理性教育，不仅不反对考试而且非常重视考试的运用和改革，不仅不反对升学教育而且非常重视升学的准备，那么，就自然会得出这样的结论：课堂内不仅要搞素质教育，而且课堂是素质教育的主阵地和主渠道。课堂教学是学校教育活动和学生学习、发展的基本途径，是学校工作的核心场所，提高课堂教学水平是提高教育质量的主要保证。我国目前的课堂教学既有巨大的开发潜力又是最迫切需要改革的环节。课堂教学能否充满活力、充满生机，能否充分调动学生学习的主动性和创造性，是教学改革是否成功的根本标志。许多教育改革的口号喊得很响，可是要真正落实到课堂中去却是不容易的。正因为如此，素质教育的思想能否落实，能否促进学生的全面发展，促进学生个性的发展，最终依赖课堂教学的改革。

误解之五，素质教育有一种统一的标准模式。素质教育并不是什么人心血来潮的产物，它是全国教育改革许许多多成功经验的概括与提升；它又是一个发展的概念，不断从各地、各种类型的教育改革经验中得到丰富和扩展。因此素质教育从来没有一个标准模式，将来也不会有一个标准模式。它依赖教育者根据具体的教育对象、环境、内容采取相应的教育措施。素质教育是一种思想，是一种价值追求，是以学生的可持续发展为本位，以学生的个性发展为本位，以学生的创造性发展为本位，面向全体学生的教育。素质教育是一种理想，是一种无尽的追求，而不是一种模式，它是开放的、多元的，是每位教育工作者的智慧和热情激发出的一浪高过一浪的澎湃长河。

第二节 培养创新人才是素质教育的最高目标

一、知识经济呼唤创新人才

习近平总书记指出，培养创新型人才是国家、民族长远发展的大计。当今世界的竞争说到底是人才竞争、教育竞争。科学技术的迅猛发展，对人才素质提出了新的要求。

第一，知识在数量上迅速膨胀对人的学习能力的要求。据联合国教科文组织所属的“世界科学技术情报系统”统计，20 世纪 80 年代以来，科学知识每年的增长率已达到 12.5%。另一方面，科研成果向技术转化的周期越来越短，新技术的老化周期不断加速，是知识膨胀的另一表现。19 世纪末新技术的老化周期为 40 年，20 世纪 50 年代为 15 年，90 年代只有 3～4 年，21 世纪更短。知识的迅速增长和知识更新周期的不断缩短，要求我们把接受性的、积累性的学习转变为探索性的、发展性的学习。未来的学生具备自我学习、自我更新的能力，学会学习，比掌握知识本身更重要。

第二，知识在结构上的综合化对人才的综合能力的要求。知识、学科的发展，一方面在不断分化，一方面在不断综合。但从总体上说，是一种结构性的综合化趋势。像信息科学、生命科学、能源科学、地球科学、环境科学、材料科学、航空宇航科学、认知科学及脑科学已成为一批新的主流学科。此外是数学方法和电脑技术在所有学科的普遍运用。因此，注重学科的交叉，注重学科思维方法的培养，远比具体学科详尽知识的学习更重要。

第三，知识在传播方式上的数字化对人才掌握信息技术的要求。数字化技术的发展，使得人类知识、信息的传播发生了深刻的变革，以前不敢想象的事变得非常容易。多媒体通信技术的数字化不仅可以传送文字，而且可以传送声音、图像、色彩，甚至动态画面，集音、形、色、态于一体；数字化与电脑技术的结合，使得知识信息传播的容量、距离和速度同时获得惊人提高，今天把全套 33 卷《大英百科全书》的内容通过信息网络从一地传送到另一地只需要短短几秒钟。数字化技术与信息高速公路的结合，使得人类相互间的交流不再受时间与空间的阻隔，不再受人数的限制。现代信息技术的革命，必将引起人类教育方式和学习方式的深刻革命。这就要求我们必须掌握现代信息技术，具备处理信息的能力。

第四，经济全球化对人才国际性的要求。信息传播技术的高速发展和信息对人的生活影响的扩大，使得经济全球化的趋势越来越明显。它不仅缩小着人类在科学、经济、金融方面的差异，而且缩小着人类在政治、文化语言、思想观念，甚至生活情趣和审美情趣上的差异，缩小着教育目标、教育内容、教育对象、教育手段等的差异。以往的对立关系、竞争关系变成了合作关系，以往的分歧转化为了共识；而以前没有或不重要的矛盾成为新的紧张热点。一个人如果不能融入新的国际关系，就将游离在国际社会之外。这就提出了培养国际化人才的要求，即要有现代国际沟通的基本技能，比如外语、计算机，以及法律、金融等规范性的知识；要有现代国际观念，比如国际文化的认同观念、共同发展的观念、民主与和平的观念、国际权利与国际义务的观念等。

从学会知识到学会学习，从学会记忆到学会选择，从口传耳受到媒体革命，从国家观念到国际观念，这一切都形成了一个时代最强音：创新能力是现代人才素质的核心。在教育的制度化进程中，现代教育变相地成了文凭教育、应试教育。文凭教育注重的是系统化的知识、单一化的培养目标、标准化的学习内容以及规范化的筛选过程等。这与人才创造性的发挥、与创造性人才的培养在价值倾向上是背离的；这与知识经济时代创造性地把握方向、选择方向的能力要求是背离的。时代向我们提出了这样的要求：教育需要以创新能力的培养为根本目的，以能否有效地培养创新能力为衡量教育成败的最高标准。

二、知识经济呼唤教育创新体系

知识经济正深刻地改变着世界，美国经济的发展生动地说明了这一点。20 世纪七八十年代，美国经济曾进入过一个衰落期，世界综合竞争力的桂冠被日本摘走，世界第一出口大国的地位被德国夺得。80 年代后期以后，美国利用信息技术进行了深刻的结构性调整，以“星球大战”计划、信息高速公路等为纽带，引领美国进入了知识经济时代。用 10 年左右的时间，美国夺回了所有失落的经济头衔，占世界 GDP 的比重从 1988 年的 25% 上升到 1998 年的 27%。更重要的是，知识经济已经成为经济发展的主流，谁保持了知识经济的领先地位，就将无可争辩地处于全球经济的支配地位。

知识经济的本质在于知识的创造、传播和技术性转化，知识成为经济发展的主要动力，成为生产力的核心要素。知识与经济相结合，首先是知识，而且是不断创新的知识，其次是将知识有效地转化为技术和经济效益的创新能力，即具有创新能力的人才。从这个意义上说，知识经济的成败取决于教育的成败，取决于教育能否有效地培养全民族的创新意识和创新能力。

我国的教育要适应知识经济时代的要求，为我国综合国力的不断增强提供保障，不更新陈旧的人才观念，不改革传统的办学目标和评价体系，不打破单一的教育体制，不革新落后的课堂与教学系统，不培养新型的师资队伍，是不行的。时代向我国教育的发展提出了整体的创造性转换的要求，需要形成一个教育发展的创新体系。习近平同志指出：发展是第一要务，人才是第一资源，创新是第一动力。中国如果不走创新驱动道路，新旧动能不能顺利转换，是不可能真正强大起来的，只能是大而不强。教育的创新体系是国家创新体系的一个基础组成部分。

三、以创新能力为本位的社会人才观

未来社会综合国力的竞争，归根结底是知识创新的竞争，是创新人才的竞争，是教育能否有效地培养创新人才的竞争。为此，我们必须以新的人才观念审视我们的教育，确立新的教育培养目标。

杰出人才的创造性智慧对人类发展的重要性从来没有也不可能像今天这样显示得如此淋漓尽致，它可能影响一个产业，影响一个国家，甚至开辟人类的未来。比尔·盖茨在信息革命方面的贡献，不仅使他个人的财富不断增值，连续 4 年蝉联世界首富，同时使建立仅 20 年的微软公司的市场价值超过了美国三大汽车公司的总和，而且更重要的是，他在信息、电脑技术方面的贡献，改变了人们对自然世界与人类世界关系的认识，改变了世界经济、产业的发展观念和就业结构，改变了并将继续改变着世界不同地区的人们在政治、经济、文化生活中的地位和关系。在知识经济时代，个人杰出创造性的发挥可能超过一个政府、一支军队、一场战争的作用。

之所以能够发生这样的奇迹，是因为知识的创新和创造性运用，使得生产力的发展进入了一个新的时代，进入了一种新的形态。它可以不依赖于原料、资金，使得经济的发展具有低成本性、迅速扩展性、跨国性和广泛的影响力。杰出人才创造能量的超常释放在知识经济时代的表现，颇有些像原子能之于传统能源的表现。这是一个需要杰出创造性人才，也产生了杰出创造性人才的历史时代。社会应以这样的人才为骄傲，为这样的人才脱颖而出创造条件。

四、以创造性应变能力为本位的个体人才观

杰出创造性人才的出现是我们所希望的，但我们又不能仅仅将希望寄托于出现这样的人才。更现实的则是对全民族创新意识和创新能力的培养，是促进所有个体创造性能量的充分释放。

是以接受式教育为本位，还是以创造性教育为本位？这基于我们对世界特征和世界变化的看法。传统社会对世界特征的看法是单一的，认为世界变化是缓慢的。人们相信，任何问题都有唯一的答案，任何事情都有一个最好的处理方法，因此教育的功能就在于使人们习得和模仿被经验证明为唯一正确的答案与最好的处理方式，这主要对应的是一种接受式教育；由于经验积累、知识增长的缓慢性，人们相信教育的作用是持久的，“一次教育，终身受用”曾是大多数人的普遍信念。与这种信念相对应，教育主要是道德规范和“确定的知识”的教育。而现代科技的发展、现代信息革命的发生，从根本上动摇了以往人们对世界特征和世界变化的看法，单一性被多元化所取代，缓慢的变化被急剧的变化所取代，教授和学生、长者和年轻人、雇主和雇员经常面对着同样的新问题，同样是没有“最好答案”的情境，没

有最好的处理事情的方式或即使有也不值得寻找。大家共同面对着不断变化的、时刻向我们提出新的挑战的环境。能否富有创造性地予以应对，决定了他是处于社会的有利地位还是不利地位。所以对个体来说，在知识经济时代，最重要的素质是创造性地应对多元的、不断变化着的环境的能力。

高质量是所有学校追求的目标。可是，什么是教育质量？这个似乎很明白的概念越追问，越觉不明白。事实上不同的质量观、不同的人才观，对这个问题有不同的回答。

教育质量 = 学业成绩 = 考试分数

这是很多人心目中的定义和很多学校追求的目标。但是，这一观点正越来越受到理论的和社会实践的严峻挑战。从理论上说，教育质量、学业成绩、考试分数是一个外延逐渐缩小的同心圆，拿这样的质量观来指导教育，势必会忽视甚至放弃受教育对象的全面发展。从社会的实践看，高分与人才成长并不是简单的正相关。社会实践的事实告诉我们，考分最高的学生在中学或大学毕业的若干年后，大部分并没有获得人们所期望的成就，而活跃在政界、军界、商界、企业界、艺术界的领袖绝大部分并不是考试分数最高的学生，相反，他们往往是徘徊在第 10 名上下的学生。有人把这种情况称为“第 10 名现象”。美国的一项大规模调查也表明，学生时代的考试成绩与未来的成就除了与“学术研究成就”呈正相关以外，与其他各类人才的成长均无明显相关。

那么，与人才成长相关性最高的因素是什么呢？通过对取得卓越成就的人的相关调查，这些人中有高学历者，也有文盲，不同的人对这个问题的回答差不多是一致的：创造性的社会适应能力。

现在，社会的开放程度和多元化程度越来越高，变化的速度和全球化的进程越来越快。在社会生活中，在国际竞争的舞台上，个人也好，民族也好，能不能适应这个世界的变化，能不能积极地、创造性地适应这个世界的变化，决定着一个人和一个民族的未来。

知识经济（或网络经济、新经济）把经济推向了一个新形态，把人类推进了一个新时代。知识经济是高科技的经济，也是道德经济，是创新经济，是全球化的经济。在这样的经济面前，需要知识，更需要灵活地综合运用知识的能力；需要个人奋斗的勇气，更需要集体协作的精神；需要精确的数字，更需要创新的意识。这些，构成了创造性的社会适应能力的核心要素。培养创造性的社会适应能力正成为知识经济时代崇尚的新教育质量观。

五、重新审视教育的培养目标

古代社会，统治阶级总是假借天道之名施行统治之道，并总是希望教育能够起到传播这种道统的作用或功能，古代中国尤其如此。“天命之谓性，率性之谓道，修道之谓教”，希望教育起到“建国君民”“化民成俗”的作用。中古以后，中国的教化教育与政治选士制度结合起来，形成了中国的科举制度。从内容上说，科举制度以“四书”“五经”作为教育的蓝本；从形式上说，科举制度强调被动接受；从要求上说则是死记硬背。明代以后的“八股文”更是将思想活动和表达方式格式化，很难有根本性的创新。事实上，当时的社会不需要甚至痛恨创新。

近代以来，社会改变了因袭的传统，走上了专家治国、能人治国的道路，教育也纳入了培养能人的轨道。反过来，教育的文凭则成了能人的标志。随着教育的制度化进程，能人教育变相地成了文凭教育。而文凭教育注重的是系统化的知识、单一化的培养目标、标准化的学习内容以及规范化的筛选过程等。这与人才的创造性的发挥、与创造性人才的培养在价值倾向上是背离的，这与知识经济时代创造性地把握方向、选择方向的能力要求是背离的。

从个体的角度说，传统教育注重的是对知识的摄入，强调的是掌握知识的数量，而现在知识的急剧增长，知识传播手段的现代化，特别是信息互联网络的日益普及化，使得对知识的掌握从以摄入为主转向了以对知识的分析、判断、选择和创造性运用为主，否则，人可能成为信息和知识的奴隶。

时代向我们提出了这样的要求：教育需要以创新能力的培养为目的，以能否有效地培养创新能力为衡量教育成败的最高标准。

第三节　教育制度的创新

2022 年 10 月 16 日上午，中国共产党第二十次全国代表大会在人民大会堂开幕。习近平代表第十九届中央委员会向党的二十大作报告。在“实施科教兴国战略，强化现代化建设人才支撑”部分，习近平总书记这样强调——教育、科技、人才是全面建设社会主义现代化国家的基础性、战略性支撑。必须坚持科技是第一生产力、人才是第一资源、创新是第一动力，深入实施科教兴国战略、人才强国战略、创新驱动发展战略，开辟发展新领域新赛道，不断塑造发展新动能新优势。

一、为创新人才的脱颖而出开辟道路

第一，实现多元化的高考制度。

我国的教育始终被片面追求升学率的问题所困扰。学生和教师都被有限的书本知识耗尽了精力，学生发展畸形，厌学情绪蔓延，独立性、创造性无法得到发展。长期以来，我们一直希望通过统一的、行政的办法来解决这一问题，但始终收效甚微。究其原因，根子依然是单一的高考形式、单一的考试标准。不改变目前的单一高考模式，纵然使出浑身解数，也是治标不治本。建立多元化的高考制度，即多种标准、多种形式、多种时间、多种机会的高考模式，才能从根本上摆脱应试教育的状况。从组织考试的主体说，考试录取的主体不再是一个，不是仅有教育部，而是多元结合的。具备相应资格的高校，某一高校或某一类型的高校也可直接接受考生的报名，根据自身的培养目标、专业要求、学术风格组织单独的或联合的考试。从考生说，可以从自己的特长和爱好出发，选考能够发挥自己所长的学校和专业，可以同时报考多所学校，改变“一次考试定终身”的状况；从考试的准备说，不必再去猜题、押题，而是注重综合素质的培养，以不变应万变。教育行政部门的职能不再是直接命题和组织考试，而是转向对基本标准的确定、考试质量的评价、考试过程的监督等。

第二，建立弹性教育制度。

教育的制度化是教育发展到成熟水平的标志，但教育制度化的程度越高，它的负面影响也就越明显，因为教育的制度化与教育的标准化是相辅相成的，包括教育的筛选标准、内容标准、评价标准都是一致的。这对于促进教育的大众化和提高教育效率起到了重要的历史作用。但是，标准化往往等同于平均化，甚至平庸化。人的才能和潜力并不是各种因素的简单相加，我们现在还没有一套能够突破平均化的人才标准和选拔标准。为此，我们就特别需要增加教育制度的弹性，让具有各种特别才能的人有充分的发展机会。比如跳级制、“三明治”学制（即工作一段时间再回到学校来）、真正的学分制、超常成绩的加权学分折算制（即超常成绩可以折算更多的学分）、校际协作交流制等。

第三，形式不拘一格的人才标准。

创造性，特别是具有突破性的创造性往往具有非常规的特点，带有与众不同的个性。对于这种特别性的意义我们往往认识不清，我们已经习惯于用经验中熟悉的眼光看待所有人的行为方式，大凡超出我们经验范畴的行为方式，常常被视为“怪异”，我们很容易对其忽视甚至加以扼杀。更为矛盾的是，这种与众不同的个性往往与既成的制度相冲突，在我们现有的教育制度中个性化教育内容存在一定程度的缺失。所以我们需要建立一种特别制度，给予被认为有超常发展潜力的学生一种特别的权利和机会，也就是在经过一种认证的程序后，被认为具有超常发展潜力的学生可以不受现有制度的束缚，走出一条特殊发展的道路。

第四，建立以人为本的教育管理目标。

管理的目的本来是为了把事情做得更好，为了减少混乱，提高工作效率，为管理对象提供更好的服务。但是事实经常相反，一旦管理规章建立以后，管理者就会要求事情服从管理规章，要求管理对象服务于管理者。管理者为了避免麻烦，而把超出常规的需要拒之门外。

这样，本来是为了人的管理变成了人为了管理。其中，最受伤害的就是人的创新能力。所以怎样建立一种以人为本的管理制度，使管理能够根据人的发展的需要、根据事情发展的需要做出灵活的调整，是急需探索的。

二、为创新能力的培养营造氛围

第一，营造为个性发展提供广阔空间的校园文化。

如同平庸蕴涵于标准化之中一样，创造性蕴涵于个性之中。个性的发展离不开个体所生活的环境，个性是在与个体的生活环境相互刺激的过程中形成的。环境如果不断刺激一个人做出主动的、独特的反应，为他提供个性发展的机会，他的个性自然会得到较为充分的发展。反之，如果环境总是对个体富有个性的、独创性的表现做出否定的反应，一个人的个性自然被迫收敛，甚至被完全磨灭。想要整洁的校园环境、标准的行为规范、一致的体操动作、统一的穿着服装并不难，难的是整洁当中有变化，标准当中有自由，一致当中有特色，统一当中有个性。一个好的校园环境应该是鼓励人们标新立异、有利于人们自由表现的宽松的文化氛围。

第二，建立民主的师生关系。

师生关系是影响学生成长非常重要的因素，也是与创新能力的培养息息相关的问题。传统教育的师生关系是一种不平等的人格关系，教师不仅是教学过程的控制者、教学活动的组织者、教学内容的制定者和学生成绩的评判者，而且是真理的化身和绝对的权威。在教学中，教师是主动者，是支配者，而学生是被动者，是服从者。教师、学生、家长以至全社会都有一种潜意识：学生应该服从教师，听话的学生才是好学生；教师应该管住学生，不能管住学生的教师不是好教师。师生不能在平等的水平上交流意见，甚至不能在平等的水平上探讨科学知识。在这样的师生关系下，不要说学生的创新能力不可能得到良好的发展，甚至正常的人格也难以得到健康发展。

这种传统的师生关系在中国有很长的历史。自古以来我们把天、地、君、亲、师并列。我们知道，君臣关系、父子关系是中国历史上的基本伦理关系，是中国等级制度的基本框架。把教师与君、亲并列，学生自然也就处在臣、子的位置上。师生关系也就成了君臣、父子关系在学校中的推演。为了维护这种等级关系，必然要强调教师的绝对权威和威严。所以早在两千多年前的《学记》中就强调："师严然后道尊。"这种定位进一步强化了教师的正确性和支配性，强化了学生的接受性和服从性。在这样的师生关系下，创新能力是不可能有重要地位的。

要有效地培养学生的创新能力，就必须极大地改善师生关系，充分尊重学生的思想（意见）、情感（体验）、意志（欲望）和行为方式，使学生能在轻松愉快的气氛下表现自己，表达自己的思想和情感。一个优秀的教师应该是这样的教师：能够营造一种生动活泼的教学气氛，使学生形成探求创新的心理愿望和性格特征，形成一种以创新的精神吸取知识、运用知识的性格，且帮助学生能够创造性地应对环境的变化。

第四节 知识教学的革命

是否重视创新能力的培养，是传统教育与现代教育的根本区别之一。传统教育是以教学内容的稳定性和单一性为基本出发点，以知识的记忆和复现为基本目标的。它强调的是掌握知识的数量和掌握的精确性，强调的是对已有知识的记忆。传统的知识观把知识看成是一成不变的真理，相信它不仅能够解释过去，而且能够支配未来。对于知识性质的这种理解，决定了传统的教育把掌握知识本身作为教学的目的，把教学过程理解为主要是知识的积累过程，以知识掌握的数量和精确性作为评价的标准，并形成了教师讲、学生听的教学模式，形成了学生的学习以模仿、操练和背诵为主要特征的学习方式。在这样的教学过程中，教师只是对教材和教案负责，学生只是满足于完成考卷和获得标准答案。创新能力的培养没有也不可能得到足够的重视。

几乎所有的词典、百科全书中，知识都被解释为是经验的积累，是对事实、规则等的认识，简单地说，就是对确定事实的描述。并且人们形成了对知识的一系列基本信念，相信知识是确定的、唯一的、静止的。因此，人们把掌握知识理解为对大量经验、定义、事实的记忆，并且根据过去的经验判断我们今天的选择是否正确，拿统一的标准判断我们的答案是否正确。加上中国的传统教育是伦理型教育，强调知与行的统一性，当现代科学被引进中国的时候，只注重了科学的功用价值，只强调了科学的概念系统，忽视了科学发展的思维特征，忽视了科学进步的批判精神，导致了知识学习与思维发展的分离，导致了用伦理道德的习得方式和教学方式替代科学知识的习得方式和教学方式，在教学中强调的是记忆、模仿和大量的操练；教师的教学方法是以讲授、灌输为主，形成了教师对学生的权威性，学生对教师的依赖性。学生与生俱来的独立性、怀疑性和创造性，在教学中不但得不到尊重和发展，而且被销蚀得越来越少。

然而，知识是怎么产生的呢？知识不是天上掉下来的，也不是人的头脑里固有的。知识作为人们社会实践的经验总结，作为若干事实、概念、准则的系统，总之作为人们认识活动的结果，确实反映了知识的某些本质特征，或者说，反映了从一个维度对知识的认识，即从静态的维度对知识的看法。但从动态的维度看待知识，知识是认识的结果，更是认识的过程，是探索知识形成的过程；知识是事实、概念的系统描述，更是获得知识的方法。如果忽视了这一点，人为地把事实、规则与获得这些事实和规则的方法分开，则是舍本逐末、弃重取轻。在知识增长日新月异，试图拥有所有知识已经完全没有可能的今天，怎样获取知识，包括怎样选择知识，无疑比拥有具体知识更为重要。根据这样的知识观，教学便不再强调把确定的事实、系统的概念当作是目的，而是更强调它们的手段意义，即把事实、概念、规则的教学作为认识事物的本质、训练思维能力、掌握学习方法的手段。在教学中强调的是发现知识的过程，强调的是独立解决问题的能力和主动探究的精神。在这样的教学过程中，学生经常面对的是不知道结果的情形，是没有统一答案的问题，教师的教学方法是以提问和启发为主，师生关系是探究真理的伙伴关系、解决难题的合作关系。

从静态的维度看，知识是认识的结果，是经验的系统；从动态的维度看，知识是认识的过程，是求知的方法；而从人类对知识探索的心路历程看，从主客观相统一的维度看，知识则是一种态度，是人对不断变化着的万事万物的态度。知识增长和变化的加速使人们越来越认识到，知识是事实、经验的系统，更是对这种知识的分析、判断、选择和运用，知识在本质上并不是不变的真理，而是不断更新或扩展的过程。科学等于真理、知识等于可靠的观念不但是陈旧的，而且是危险的。现代科学哲学告诉我们，知识的进步是积累的过程，更是革命性变革的结果。在前面的内容中已经提供了很多这方面的例子。以这样的观点看问题，掌握知识是为了更新知识，掌握规则是为了突破规则，教学的根本目的在于促进学生获得对知识的深刻认识，形成面向未来的态度，在于培养学生的创新能力。

要实现适应培养创新能力需要的知识教学的革命，首先要有具备创新意识和创新精神的教师。所以，迅速提高我国教师队伍的素质，特别是提高教师自我更新和积极创新的品质，是非常现实的任务。

◎讨论题：

1. 在新课程改革的当下，你怎样理解素质教育的内涵与价值？
2. 怎样理解素质教育的最高目标是培养创新人才？
3. 你怎样理解教育制度的创新？

|第五章| 对理想教育的追求

一切教育都是理想的教育，

都是为了理想、追求理想的教育。

——作者自题

第一节　教育的理想和理想的教育

教育是什么？教育为了什么？对这两个问题从不同的角度可以有不同的回答。

从教育的指向性来说，教育是一项充满期望的活动，教育是一项理想的事业。任何民族、任何文化的上一代人向下一代人传授的知识、技能、思想、观念、信念，都是上一代人认为值得和应该传递给下一代人的，都是确信对下一代人是好的、有用的。并且或多或少包含着他们对世界发展的理解和预测，也就是说，上一代人认为这些不仅当下对下一代人是有用的，而且对他们将来也是有用的。不管是智者，还是文盲；不管是远古的祖先，还是文明的今人，都是如此。哪怕最急功近利的教育主张，都不可能完全没有理想的成分。从这个意义上说，任何关于教育的谈论，都或多或少地是在谈论教育的理想。当这种谈论成为一种观念、成为一个系统的时候，就成为教育思想、教育理论；当这种谈论成为一种官方意志的时候，就成为教育方针、教育政策或法令。因此，我们常常把教育思想和教育政策看成是不相干的两件事，其实是不符合事实的。教育理想的变化过程，其实就是教育思想、教育政策、教育舆论相互影响、相互拉扯、相互支持或相互抵消的过程。

教育的理想是任何一个实际上从事着教育工作的人所必然具有

的，不过有些人比较自觉地意识到这一点，有些人不能自觉地意识到这一点。当一位家长对自己的孩子说“你不要跟隔壁的孩子玩，不要跟他学坏了”的时候，其实已经包含了这位家长对隔壁孩子行为的评价，甚至表达了他（她）对隔壁孩子家长教育态度的评价。而这种评价显然是以他（她）认为好的教育做标准的。当一位高三的学生问物理老师宇宙大爆炸是怎么回事时，这位老师回答说：“你抓紧复习功课，知道宇宙大爆炸能给你高考加分吗？”这可能是老师避免窘困的语言策略，但更可能隐含了这位老师对他的教育使命、教育任务的看法。正如德国哲学家雅斯贝尔斯所说：

> 教育须有信仰，没有信仰就不成其为教育，而只是教学的技术而已。教育的目的在于让自己清楚当下的教育本质和自己的意志，除此以外，是找不到教育的宗旨的。因此我们常听到的一些教育口号并没能把握到教育的真正本质，诸如学习一技之长、增强能力、增广见闻、培养气质和爱国意识、独立的能力、表达能力、塑造个性、创造一个共同的文化意识等等。[①]

根据这样的观点，看“教育是什么”这样一个教育理论最基本问题的时候，就成了“教育的理想是什么”的问题。[②] 我们不想让自己纠缠于烦琐的概念讨论，也隐含着我们对教育理论研究的理想：立足现实，面向未来。我们相信，任何关于教育历史、教育思想的客观叙

---

① 雅斯贝尔斯. 什么是教育 [M]. 邹进，译. 北京：生活•读书•新知三联书店，1991：44.

② 据统计，关于教育这一概念的表述，从英国思想家培根到联合国教科文组织的重要文献《学会生存：教育世界的今天和明天》，在所能接触到的文献范围内，就有 65 种之多。见陈桂生. 教育原理：第 2 版 [M]. 上海：华东师范大学出版社，1999：177. 关于教育是什么的概念辨析，请参看有关教育学史的著作。

述，都不可能是真正客观的，它无法摆脱叙述者的知识背景和思想感情，无法回避作者的价值追求。[①] 所以可以说，当人们讨论教育是什么的时候，往往是在谈论他们希望教育是什么样的。

教育应该是什么样的，什么样的教育才是好教育，自古以来，这就是一个仁者见仁、智者见智的问题——传授知识，传播思想？训练思维，启迪智慧？陶冶性情，发展个性？……由于对社会、对人性理解的不同，由于所处的社会地位和生活经历的不同，由于价值观和看问题方式的不同，不同的人对这个问题就可能有不同的回答。纵观历史，我们把关于教育理想的种种思想、思潮归纳为社会理想主义、科学主义和人文主义三种教育观，分别阐明它们的性质、特点和论点，以期引起我们的思考，提高我们的思想水平和分析问题的水平，得出我们自己的结论。

第二节　社会理想主义的教育观

社会理想主义的教育观肯定社会既成的思想、制度、道德的合理性和优越性，认为教育的使命主要就是继承社会的传统，使人在思想、道德、品行等方面尽快地社会化。

① 当然，我们不希望产生这样的误解，以为对历史的回顾和叙述是可以随心所欲的，历史是任人打扮的少女。我们想要说明的是，纯粹客观的叙述是不可能的，也不是我们所要做的。我们叙述历史并不回避寄予某种期望，倡导某种主张。

一、修道之为教——以孔子为代表的东方社会理想主义教育观

“天命之谓性，率性之谓道，修道之谓教。”（《中庸》）

《中庸》开宗明义，指明了教育的特性，阐明了儒家对教育的理解，也是规定了教育的任务：天赋予人以自然特性，遵循这种特性才是正确的道路，克制自己、遵循正确的道路就是教。在这方面圣人已为我们树立了榜样，按圣人之行行之，凡人也可以走向仁人君子的境界。

“四书”的另一重要作品《大学》开篇说道：“大学之道，在明明德，在新民，在止于至善。”所谓至善，就是格物、致知、诚意、正心、修身、齐家、治国、平天下。这与《中庸》是形神具通的呼应。

朱熹在《大学章句序》中说：“《大学》之书，古之大学所以教人之法也。盖自天降生民，则既莫不与之以仁义礼智之性矣。然其气质之禀或不能齐，是以不能皆有以知其性之所有而全之也。”是因为出了伏羲、神农、黄帝、尧舜这些圣人，出现了学校，才教小孩子洒扫应对进退之节，礼、乐、射、御、书、数之文，对于成人，则教之以穷理正心修己治人之道。但周朝以后，学校之政不修，教化陵夷，风俗颓败。出了圣人孔子，才取先王之法，重修教义。“若吾夫子，则虽不得其位，而所以继往圣、开来学，其功反有贤于尧舜者。”（《中庸章句集注》序言）

“四书”在中国历史上有着极其重要的影响，“四书”揭示了教育的目的、途径和方法，同时“四书”本身又是教育的基本内容、基本教材。

中国儒家文化是一个社会本位、伦理本位和教育本位三位一体的文化。

社会本位讲的是，人的本性在于人的群体性，离开了群体的个人在儒家文化中便没有意义。儒家文化的核心是仁，据统计这个词在《论语》中是出现频率最高的一个词。对“仁”这个词，《中庸》中说：“仁者，人也。”《说文解字》里说，从二从人，即是说，只有两个人以上才有仁。这里的二人当然不是确数，而是说人只有在群体中才有仁的问题。仁是社会的一种理想境界，也是一个人的最高境界。它既是一种规范、一种关系、一种舆论、也是一种观念、一种品行、一种行为。离开了人群再谈仁便没有意义。

伦理本位讲的是，仁是通过对人在群体中的伦理要求实现的，也是通过个人在群体中的伦理品性来体现的。由《中庸》中的“天下之达道五，所以行之者三：曰君臣也，父子也，夫妇也，昆弟也，朋友之交也。五者天下之达道也。知、仁、勇三者，天下之达德也，所以行之者一也。”也可看出，社会与个人、政治权威与个体服从是通过伦理道德联结起来的。孔子讲克己复礼为仁，朱熹讲存天理、灭人欲，都是一种政治的道德化。君君、臣臣、父父、子子，君仁、臣忠、父慈、子孝，对上讲的是“德政”，对下讲的是“忠顺”。政治的等级、规范是渗透于日常伦理之中的，每个人在伦理网络系统中确定了自己的位置和言行，从而达到和谐和安宁。国家的政治伦理化，家庭的伦理也政治化。

教育本位讲的是，教育既是达成这一目标的手段，也是这一过程本身。教育的首要目的和中心任务就是实现这一目标。儒家对伦理观念和社会关系的形成，不主张通过强行的法制，也不主张通过外在利益的驱使，而是主张通过内心的认知、感悟和内化认同这一目标，变成自己的自觉行为。如此，教育自然是最好的途径了。

> “化民成俗，其必由学”，“建国君民，教学为先”。(《礼记·学记》)
>
> (夏商周)“三代学则共之，皆所以明人伦也”。(《孟子·滕文公章句》)

在中国，社会、伦理、教育，是高度同构的。

当代，我们强调“学校的一切工作都是为了转变学生的思想”，这显然也是一种希望、一种指向。可以说它是社会理想主义教育观的历史传承。

教育的活动首先是教师和学生的双边活动，三位一体的教化观必然生动地反映在师生关系中。社会的群体与个体的关系在学校的师生关系中必然有同样的体现。在儒家传统中，教师绝不仅仅是知识的传授者，还是精神的引导者，教师不仅要授业，更要传道；教师的责任不仅是教书，而且要育人。教师的自我约束和自我反省有些类似于西方的牧师。而学生对教师的尊重，不仅有尊重知识传授者的含义，更有尊重道统的含义。在某种程度上，教师就是道的化身，所以“师严然后道尊”。学生对教师的顺从，具有大臣之于君王、儿子之于父亲的性质。或者说，师生关系是君臣关系、父子关系在学校的延伸，是整个道德网络中的一种组合。当然，我们也有“师不必贤于弟子”“弟子不必不如师”的传统，但总体上教师与学生的关系是伦理上的关系，而不是知识授受上的关系。

教育目的需要有相配合的教育内容。适应于这种教育目的，逐渐形成了不分年龄、不分水平层次的教育内容——“四书”“五经”，并且千年不变。这些内容不仅是学习的对象、考试的标准，而且是人生的指南。学习这些内容，不仅要熟读、熟记，而且要接受其中的思想，遵守产生这些思想的思维方法，形成相应的道德规范和行为方式。

根据这种教育目的和教育内容的要求，“做”——实践，要比对内容的理解更重要。知行结合、强调力行是中国教育方法的最大特点。孔子最早就提出了“行有余力，则以学文”的程序，把“行”看得比“学文”更重要。“子曰：好学近乎知，力行近乎仁，知耻近乎勇。”（《中庸》）你只要努力去做，仁就在其中了。知行关系是中国哲学中特别重要、也是探讨得特别生动的一个哲学领域。朱熹在知行关系问题上是比较重知的，强调“知先行后”。但尽管如此，教育和学习的落脚点也是在行上：“博学之，审问之，慎思之，明辨之，笃行之”被称为朱熹五步学习法，学得怎么样，最后还是看你是否能坚定不移地去做。

明代的王阳明发展了知行学说，提出了知行合一的主张，将知行关系做了简洁的中国式的表述，并对我国的教育传统产生了深刻的影响：“知是行的主意，行是知的工夫，知是行之始，行是知之成。”（《传习录》）

世界上公认的中国教育家首推孔子，他构建了社会、伦理、教育三位一体的思想体系和操作体系，建立了以伦理道德治国的政治理想，建立了道德至上的教育理念，也建立了力行近乎仁的行动策略。中国第二位受到世界公认的教育家也许可推陶行知了，他提出了“通过四通八达的教育，建立四通八达的民主社会”的理想，揭示了道德至上的教育真谛：“千教万教教人求真，千做万做学做真人。”显然这里“求真”的“真”与“真人”的“真”不是科学上的真，而是道德意义上的概念。虽然陶行知的“真”与孔子的“仁”在内容上大相径庭，但在道德目标的追求上，在教育的理念上则是一脉相承的。同样，陶行知强调“在做上教，在做上学，教学做合一”，甚至他比王阳明更强调行的重要性。在青年时期陶行知非常崇尚王阳明的知行学说，把“知是行之始，行是知之成”这一名言写成对联挂在中堂上，把自己的名字改成了陶知行。可是他后来越来越觉得很多事情等知道了、理解了再做，太消极了，很多事情你做了才会知道。于是他把王阳明的名言做了一个颠倒——行是知之始，知是行之成，并且把自己的名字改成了陶行知，把知行关系又推进了一步。

社会理想主义的教育观从目的到内容到方法，具有内在的逻辑联系。因为伦理观念、伦理原则是否成为个人的道德行为，仅仅知道、理解是不够的，必须成为思想感情和自觉行为。我们可以把这种知行合一、以知促行、以行观知、重在于行的教育模式称为“践行模式”。

1905 年废科举，兴学堂，开始引进和学习现代科学知识，社会理想主义教育观受到了现代科学教育的挑战。有识之士强烈呼吁革故鼎新，以科学教育取代伦理教育。可是由于对科学进步长期存在隔膜，也由于救亡图存的迫切历史要求，我们在一开始接受科学概念的时候，就过于注重了科学的功利性、技术性方面，而对科学的精神性、理性方面注意不够。科学知识并不是孤立的成果，它是科学文化的产物。孤立地引进科学知识，是不可能建立真正的科学教育的。由于早先我们对此缺乏足够的认识，所以还是沿用了道德教育的方法来进行科学教育，用道德知识的性质替代了科学知识的性质，强调了知识的正确性、标准性，重视的是知识学习的结果，忽视了科学知识内在的方法、态度、精神，忽视了科学知识学习的过程。所以，中国的知识教育具有一些自身的特点：第一，知识是预设的，而非主体发现的，也就是认为知识都是学习的对象，都是天然已有的，而不是自己参与发现的过程；第二，所传授的知识被认为都是正确的，学习者只是消极接受；第三，人格化的，即把知识和人品联系在一起。这些特点决定了知识教育具有相应的特征：第一，重结果甚于重过程。其实，所有后续的知识都是在前有知识的基础上发展起来的，所有知识都是不断推陈出新的，因此知识学习过程的教育在现代教育中有着重要的地位。第二，重标准答案甚于重智慧开发，所有习题都有标准答案。其实，所有问题都有可能有多种答案和多种解决方法，因此开放性的思维在变化越来越快的社会中的意义越显重要。第三，教育者对知识重要性的看法在教育过程中的作用，超过了市场、社会的需要。教学知识的选择应遵循什么原则？它本来是学科需要、社会需要、个体选择在现代社会中互动的结果，而我们却过于学科化、学科专家化，忽视了知识选择、编排的个体（心理）需要和敏锐反映社会差异与社会变化的需要。

二、培养哲学王——以柏拉图为代表的西方社会理想主义教育观

社会理想主义不只在东方具有重要的影响和表现，在西方，从柏拉图的理想国开始，到法国涂尔干的社会化说、美国帕森斯的社会角色说，同样具有社会理想主义的明显倾向。

柏拉图是西方教育史上首先指出教育具有重大政治意义的古希腊哲学家，柏拉图最著名的作品是《理想国》（又译《国家篇》）。在这部作品中，柏拉图阐明了他的政治理想。他认为，迄今存在过的政治制度有权力政治、寡头政治、民主政治和僭主政治，它们都不够理想，这些政体由于各自的缺点，它们经常相互过渡。他试图建立一种理想的政体，企图退回到古代贤王治国的原始状态。柏拉图认为，公

民应该分为三个阶级：普通人、士兵和卫国者。他认为，普通人是受情欲驱使的，士兵是受意志支配的，只有卫国者是以理性、智慧行事的。这些人是哲学家，他们虽然是少数，但他们应该成为国家的统治者：

> 除非哲学家就是王，或者这个世界上的王和君主都具有哲学的精神和力量，使政治的伟大和智慧合而为一，并把那些只追求两者之一而不顾另一的平庸的人们驱逐到一旁去；否则城邦就绝不会免于灾难而得到安宁。①

要培养哲学王，必须有整套的教育制度，从体育、音乐到数学的学习，最后进入哲学的思辨。柏拉图提出，哲学家的最高任务是要认识“善的理念”。在太阳光照耀下，人的视觉才能认识对象，同样，只有在善的理念光照下，人的理性才能认识真正的存在理念。柏拉图把苏格拉底的“知识即道德”的思想推向极端，认为善的理念是一切善行的目的和唯一真实的、永恒的价值基础，是道德的唯一根源。道德就是理念在人们灵魂中的体现和追求。柏拉图把人的灵魂分为理性、意志和情欲三个方面，其中理性是最高的，人只有通过理性才能认识理念世界，达到至善；意志和情欲是在理性的支配下进行活动的，其圆满的活动就是善的理念在现世的表现，由此就产生出各种德行活动，形成智慧、勇敢、节制、正义四种主要德性。②

柏拉图的这种先验的理念观和哲学王思想产生了相应的教育内

---

① 罗素．西方哲学史［M］．何兆武，李约瑟，译．北京：商务印书馆，1997：160-161.

② 中国大百科全书总编辑委员会．中国大百科全书·哲学Ⅱ［Z］．北京：中国大百科全书出版社，1987：842.

容和教育方法。柏拉图所关心的实在不是普通人的教育，而是卫国者哲学王的教育。首先，卫国者是根据理智品质和道德品质的结合而被挑选出来：他必须正直、儒雅而好学，有着很好的记忆力与和谐的心灵。20岁以后，从事思辨性学问的学习：数学、几何学、天文学与和声学。这些学问绝不能以功利主义的精神去追求，而只是为了使他的心灵能够洞见永恒的事物。[①] 这种思想又成为我们后面要讨论的科学主义教育观中形式论的源头。

两千多年后，生活在17世纪中叶以后的法国社会学家和教育学家涂尔干大大发扬了教育继承社会传统与通过道德教育改良社会的思想。他强调教育的社会功能，提出教育首先是满足社会需要，教育的目的主要在于使年青一代系统地社会化。涂尔干由此成为西方功能主义教育学的先驱。

涂尔干的教育思想集中体现在他的《教育思想的演进》《道德教育》和《教育社会学》中。涂尔干及其功能主义的教育思想主要是：

第一，强调教育的社会功能，认为社会类似于生物有机体，各个组成部分既相互依赖又相互独立，形成社会的稳定系统。稳定的社会结构是合理的。认为教育是社会结构中的重要组成部分，是社会赖以存在的基础，因为学校是形成儿童社会价值观的重要场所，是传递和灌输维持社会稳定所必需的知识和行为规范的主要途径。

> 如果撇开时间、地点和条件不谈，先考虑理想的教育应该是怎么样的，这实际上是在默认教育制度本身丝毫没有实体的特征。于是，在教育制度中，就看不到整个教育实践与教育机构随

① 罗素．西方哲学史［M］．何兆武，李约瑟，译．北京：商务印书馆，1997：174.

着实践的推移而在缓慢地得到组织，也看不到它们与其他所有社会机构有相互联系，更看不到它们反映了其他所有社会机构，因而它们不能像社会结构本身那样随意地变化。……在社会的每一个阶段都有一种教育调节器，我们如果不遇到强大的阻力（其中包括脱离这一调节器的愿望），那就不能背离这一调节器。

然而，决定着这一调节器的习俗和思想，却并不是由我们个别地形成的。它们是共同生活的产物，表明了共同生活的必要性。在很大程度上，它们甚至是前人的业绩。人类的全部历程，都有助于形成这一切正在指导着今日之教育的行为准则；我国的全部历史，甚至在形成我国之前的民族史，都在教育中留下了自己的痕迹。所有高一级的组织，就这样既反映了一切生物的进化过程，又是生物的进化结果。①

第二，强调教育的目的主要是使年轻一代系统地社会化。认为教育的目的是使儿童的身心得到发展，以便适应整个社会对他们的要求。这是社会和个体的共同需要。涂尔干在《教育社会学》中指出：

教育是年长的几代人对社会生活方面尚未成熟的几代人所施加的影响。其目的在于，使儿童的身体、智力和道德状况都得到某些激励和发展，以适应整个社会在总体上对儿童的要求，并适应儿童将来所处的特定环境的要求。

从上述定义可以得出这样的推论：教育在于使年轻一代系统地社会化。在我们每个人身上，可以说都存在着双重人格，这

① 张人杰．国外教育社会学基本文选［M］．上海：华东师范大学出版社，1991：4-5.

种双重人格尽管不可分离（除非抽象地加以分开），但确有区别。一种人格仅仅由整个与我们自身、我们个人生活中的事件有关的精神状态所组成，可以把这种人格称为个体我。另一种人格是这样一种思想、情感和习惯的体系，即在我们身上表现的不是我们个人，而是我们作为其中一个组成部分的社群或不同的社群。宗教信仰、道德信仰与习俗、民族传统或职业传统以及各种集体信仰，就是这样的体系。这种体系的总和便是社会我。塑造社会我，这就是教育的目的。①

第三，强调德育的重要性。涂尔干认为，社会变革时代的教育学者首先应注意的莫过于道德教育问题。只要把公民的道德问题解决好，社会危机就能消除，社会也就能稳定。涂尔干在《道德教育》中说：

我现在以道德教育问题作为讲课的题目，其原因不仅因为道德教育历来被教育学者看成是一个最重要的问题，还因为道德教育问题在今天特别迫切需要予以解决。我在上一课讲到的危机，正是在我们传统教育学体系中的这一部分表现得最为尖锐。正是在这一部分发生的崩溃，可能最为彻底，同时也最为严重。因为，凡是能减少道德教育的效能，或者使它变得更加不确定的东西，无不同时在破坏公共道德。所以，现在要求教育学者予以注意的莫过于道德教育。②

---

① 张人杰．国外教育社会学基本文选［M］．上海：华东师范大学出版社，1991：9.

② 同①：389.

当然，涂尔干所强调的道德教育是一种所谓“纯粹的唯理的教育”，即不是盲从的或训诫的教育，而是主张理解现代社会的道德要求。

20世纪50年代以后，功能主义的主要代表，美国教育社会学家帕森斯，花了大量精力从社会学的角度研究教育。他也是强调教育与社会之间的和谐关系，强调既成的价值观和社会规范对制约教育的合理性和必然性，强调教育的社会化功能，认为通过学校教育，儿童将具备为在未来社会生活中承担一定的角色所必需的义务感和能力。在教育对社会的作用方面，他强调教育的社会选拔功能，认为通过学校教育，社会将根据学生的受教育程度赋予相应的学历，决定其相应去向，为维持社会的生存和稳定作贡献。

教育的社会理想主义并不是一个很周延的概念，具有社会理想主义倾向的教育观点和主张也不尽相同，但它们的共同特征或基本信仰是：维护社会的既成价值和既成规范，认为教育是传承社会价值和规范的理想手段，强调教育的社会化功能和选拔功能，强调道德教育；同时，也强调知识的教育，重视教师在教育过程中的作用，认为教师是教育活动的控制者。

在东方，智者强调人的群体性，构建以仁为核心、以礼为规范的时候，西方人则开始谈论个体的独立性和对自然的抗争能力，并逐渐形成了个人本位的功利主义传统和制约个人欲望扩张的法制文化，形成了对人在与自然抗争过程中的本性追求。笛福的《鲁滨孙漂流记》和海明威的《老人与海》虽然跨越了时空，但所表现出的人（而且是个人）在自然力量面前的不屈精神和生存智慧，表现出的超越人的极限的可能，都是对人性很具深度的表现。

第三节　科学主义的教育观

我们把以下的主要观点归纳为科学主义的教育观：教育的目的是使人了解自然的规律和提高人的工作效率，重视对自然知识的掌握和对自然现象的研究，强调人在征服自然的过程中自身力量的实现；它把传授科学知识当作教育的中心任务，把提高人的思维能力和智慧水平，使人获得职业技能当作教育的基本目标。但在对知识的理解上，存在着“形式”性知识与“实质”性知识的分歧。

一、启智——形式主义教育观

在分析这个问题之前，我们首先需要分析一下这种教育观念背后的人性观。社会理想主义背后的人性观是人性本善和人（仁）在群体之中。人区别于动物的最大特征是“人能群，彼不能群也”（“彼”指“动物”，《荀子》）。因此，教育的使命就是调动人的本性中固有的善端，在群体中“别名份、等贵贱”，确定自己的位置，明白自己的行为规范，在集体中和谐相处。而西方文化对人性的理解并不那么强调人与动物的区别，相反，认为人就是野兽与天使的混合物，认为人一半是野兽，一半是天使，也就是说，人身上具有动物性和神性两种特性，把人与动物看成是一个连续体。教育的任务就是怎样提高人的神性、减少兽性的问题。正是这种人性观才能孕育出达尔文和他的进化论，才能孕育出弗洛伊德和他的精神分析学说。

所谓动物性，简单地说就是行为受欲望、本能和情绪支配的特性；所谓神性就是行为受理性、智慧和意志控制的特性。教育的使命就是增加人的理性，启发人的智慧，使人的行为在理性的控制下向有理、有利的方向进化。根据这样的教育理念，教育内容本身就显得不那么重要了，重要的是教育过程，在教育过程中学生的智慧得到发展，对事物的判断力得到增强，这才是教育的目的。

早在公元前 400 多年，古希腊的智者派就建立了启智教育的传统。他们以提高受教育者的政治智慧和辩论术为目的，以传授辩证法（思辨之术）、修辞学（辩论之术）和文法为主要内容，奠定了西方“三艺”教育的基础，开辟了形式教育的先河。从智者派教育的内容和方法来看，内容本身并不重要，更不需要学习者死记硬背，内容对于教授者和学习者来说，只是训练思维和辩论、演说的工具。在智者派的教育中，学会辩论和演讲比辩论什么和演讲什么重要得多。

苏格拉底则把启智教育发挥到了极致。一方面，他把知识教育看得很重要；另一方面他又说，“我”所知道的就是“我”的无知。可见，他把求知的意识和能力看得比知识本身重要得多。在教育上，苏格拉底留给人们最宝贵的财富也许就是他的诘难法（又称“产婆术”）。他对获得问题的过程和方法，以及在获得问题答案过程中的判断力的关心，远远超过对问题答案本身的关心。苏格拉底与士兵关于“什么是勇敢”有过这样的对话：

> “什么是勇敢？”苏格拉底随便地问一个士兵。
>
> “勇敢是在情况变得很艰难时能坚守阵地。”士兵回答。
>
> “但是，战略要求撤退呢？”苏格拉底问。

“假如这样的话，就不要使事情变得愚蠢。”

“那么，你同意勇敢既不是坚守阵地也不是撤退？”

“我猜想是这样。但是，我不知道。”

“我也不知道。或许它正好可以开动你的脑筋。对此你还有什么要说的？”

“是的，可以开动我的脑筋。这就是我要说的。”

“那么，我们也许可以尝试地说，勇敢是在艰难困苦的时候的镇定——正确的判断。”苏格拉底说。

“对。”士兵回答。

可见，苏格拉底注重的是启发受教育者根据自己已有的知识进行独立思考，不断发展自己的思考，得出自己的结论。

柏拉图作为苏格拉底的学生，对于知识和智慧的关系有更深刻的认识。

一方面，柏拉图建立了理想的王国，强调国家的权威，产生了深远的政治学影响；另一方面，他的理念说促进了人们对事物本质的研究。柏拉图认为，有一个暂时的“现实世界”和一个永恒的“理念世界”。现实世界是理念世界的摹本或影子，凡是若干个体有着一个共同的名字，它们就有一个共同的“理念”或“形式”。例如，虽然有着许多张床，但只有一张床的“理念”或“形式”。正如镜子里所反映的床仅仅是现象而非实在，所以各张不同的床也不是实在的，而只是“理念”的摹本，“理念”才是一张实在的床。教育就是要帮助人们“洞见”“理念”。柏拉图主张学习算术、几何学、天文学、和声学，这是因为，算术能唤起思考力，引导心思向上；几何学是关于永恒存在的知识，可以引导心灵面向本质实在；天文学不仅是观察天象，而且可以促使心灵向上，洞见宇宙的千变万化，有助于解决一般的问题；和声学用以研究声调与和音。柏拉图的知识并不是关于客观事物的知识，即不是关于“影像”的知识，他关心的是通过具体事物的知识，达到对事物本质即理念或形式的认识。在他那里，知识与智慧差不多是同一概念。

而且，柏拉图认为，哲学不仅是智慧，而且是爱智。柏拉图用了一个比喻来说明他的观点：想象一些囚徒住在一个地穴里，这个地穴有一个通光线的长甬道。这些囚徒从小手脚都被绑住，只能向前看。有一道光从他们背后高处照下，在这些囚徒面前，有一道矮墙，好像一个屏幕，在它上面映现出各种人形以及各种材料做成的各种动物形状。其中有些人在说话，有些人则沉默着。这些囚徒把他们在屏幕上看到的影像当作真实的东西，被影像所欺骗。囚徒要认识理念世界，就必须打碎锁链，跑到地穴外面去。能在光天化日之下看到真实世界的人就是掌握了知识的人，就是哲学家。要打碎锁链，获得真知，就必须接受适当的教育。可见，教育的过程，不是接受知识的过程，而是启智的过程。① 知识在柏拉图那里是手段，而非目的。

亚里士多德被称为古希腊最博学的人，他认为，人的身体和灵魂如同物质和形式一样，不可分离地存在着。灵魂有三种：植物灵魂，表现为营养和繁殖；动物灵魂，表现为感觉和欲望；理性灵魂，表现为理智和沉思。教育的目的就在于发展这三个方面，使之达到最高的程度，使德、智、体得到和谐的发展。当然在这中间理性的教育是最重要的。

亚里士多德不仅对哲学、政治学、伦理学等社会科学有重大贡

① 柏拉图. 理想国［M］. 郭斌和，张竹明，译. 北京：商务印书馆，1997：272-279.

献，而且对思维的科学——形式逻辑的创建作出了惊人的贡献。至今逻辑学的基本框架和基本命题基本来源于亚里士多德。英国哲学家罗素说："亚里士多德的影响在许多不同的领域里都非常之大，但以在逻辑学方面为最大。"[①] 尽管罗素本人对亚里士多德的逻辑学评价不高。

逻辑学并不是知识本身，但它却是获得知识不可缺少的工具和手段。你学习形式逻辑的过程，就是思维训练的过程。形式逻辑学习很长时间以后，关于范畴、定义、命题、公理等具体的知识可能都遗忘了，但遵循形式逻辑的思维却会使你终身受益。亚里士多德总结和发现了这样一种学问，对人类智慧的发展可谓功德无量。在很长时间里，逻辑学是西方教育的最主要内容之一。

逻辑学同时又是语法学。因为逻辑学是以语言研究为工具的，它注意的是语言的形式而非内容。学习语言学的过程实际上是一个很好的清思过程。不学语言绝不会影响人学习说话，但学习语言学却使人规范和严格。而辩证法、文法、修辞学是西方教育史上始终受到重视的内容。文法、修辞学、辩证法与柏拉图提倡的算术、几何、天文、音乐一起，称为"七艺"教育，即七种基本的教学内容。其中，文法、辩证法、修辞学又被当作"三艺"，即最核心的三种。当然，这里的修辞学并不是我们在语言学中涉及的修辞手段，而是从古希腊智者派就开始注重的辩论术。同样，辩论术并不是一种确定的知识，相反，它是训练思维的敏捷性、综合运用知识的能力和能言善辩技巧的手段，也可以说是强词夺理的艺术。它是一种辩证思维的早期表现。西方的律师文化就和古老的辩论术有着深厚的渊源关系。这可以使我

① 罗素．西方哲学史［M］．何兆武，李约瑟，译．北京：商务印书馆，1997：252.

们发现一个很有趣的现象，西方文化一方面注重理性、注重事实、注重实证和确定性；另一方面，又崇尚智慧，承认摇唇鼓舌以蛊惑人心、歪曲事实的合法性。古希腊的这种影响在今天依然清晰可见。

中世纪以后，这种传统演变为形式教育。

英国教育家洛克往往被看作是形式教育的倡导者。他说："要使所有的人都成为深奥的数学家，并无必要，我只认为研究数学一定会使人心获得推理的方法，当他们有机会时，就会把推理的方法移用到知识的其他部分去。"[①②]

形式教育的主要观念是：

第一，教育的任务在于训练心灵的功能。身体上的各种器官，只有操练才能使它们发展起来；心智的能力，也只有练习才能使它们发展起来。人的一切能力都是从练习中发展起来的，记忆力因记忆而增强，想象力因想象而长进，推理力因推理而提高。这些能力，如果得不到练习，就会减退、变弱。因此，教育重要的是发现能够最有效地训练学生心智能力的方法。

第二，教育以形式为目的。在教育中，灌输知识远不如训练功能来得重要。学生受教育的时间是有限的，不可能将所有的知识都灌输给他们。如果他们的心智因训练而发展了，就可以随时吸收任何知识。所以掌握知识在教育中是次要的，重要的是能力的发展。知识的价值在于为心智训练提供材料，具体的知识可能被遗忘，但由训练而形成的能力却是永久的。

---

① 瞿葆奎，施良方."形式教育"与"实质教育"(上)[J]. 华东师范大学学报(教育科学版)，1988(1)：9-24.

② 瞿葆奎，施良方."形式教育"与"实质教育"(下)[J]. 华东师范大学学报(教育科学版)，1988(2)：27-41.

第三，心灵功能的训练会自动产生学习的迁移能力。形式教育理论认为，若某种训练使心灵功能或某种功能得到发展，那么这种发展就会在其他学习中也表现出来。学生学习拉丁文、希腊文和数学，会对学习其他的课程和教材产生很大的好处。这是由于在拉丁文、希腊文、数学的学习中提高的比较能力、分析能力、综合能力和推理能力，能够使学生有效地适应别的情境，并将这种能力迁移运用到其他内容的学习上去。从这个意义上说，学习的内容，也就是训练的材料，越具有一般性，迁移的面就越广，迁移的效果就越好。而越是具体的知识，迁移的面就越窄。

二、知识就是力量——实质主义教育观

启智教育、形式主义在理论上的缺陷是明显的，生活、学习、战斗、管理等能力的发展，光有理性智慧而没有具体实用的知识是无法想象的。但是在漫长的农业社会，生活节奏缓慢，劳动阶级所需要的生活和工作技能在生活过程中可以自然获得，而不需要经过学校，社会统治者在学校里学习的东西可以与社会生活实用的知识毫无关系。但是，随着工业革命的兴起，生产的竞争成为社会变化和人的变化的强大动力，效率成为竞争的成败关键。如何提升社会竞争力，提高生产水平和个体水平，成为社会的主旋律。掌握切实有用的知识的要求就成为教育的新使命。为什么需要这些知识和需要哪些实用知识，以及怎样传授这些知识，就成为科学主义教育的新起点，在历史上也就出现了与形式主义相对的实质教育论。

实质教育论首先要上溯到英国思想家培根（1561—1626）。培根以知识论作为自己哲学的中心问题，把改造人类的知识、实现科学的“伟大的复兴”、建立一个能促进科学发展和技术进步的新哲学，当

作自己理论活动的目的。培根尖锐地批判经院哲学脱离实际、玩弄概念、崇尚空谈的恶劣风气，抨击经院哲学隔绝人与自然的关系，堵塞认识自然的道路，禁锢人们的思想，号召人们从盲从权威中解放出来。

培根在“混乱”的标题下把经院主义教育的学习分成三类：一是“空想的学习”，例如，炼金术和魔术等；二是“争辩的学习”，例如，学习不是建立在观察基础上的经院哲学；三是“精致的学习”，例如，学习不真实的和对人类不重要的知识。他认为，获取科学知识比获取世界上任何东西都要珍贵，发明创造将会给人类带来巨大的和永久的好处。人类的知识和力量是结合在一起的，知识就是力量。只有获得了科学知识，认识了自然，人才能够支配自然，人才有力量。为此，他对科学进行了重新分类，以便重新改造和研究人类的知识。他把科学知识分成三个部分、130 个学目。第一部分 40 个学目，是关于人以外的自然界的，包括天文学、气象学、地理学，水、火、土、空气（即古代认为构成世界的四种元素），以及矿物、植物、动物等。第二部分 18 个学目，是关于人自身的，包括解剖学、生理学等。第三部分 72 个学目，是关于人对自然界的行动、人的学术和技艺等，包括医学、化学、绘画与雕刻、音乐、印刷、航海、军事等。[①] 这样的一个学科分类系统虽然缺乏理论基础，但强调实用的价值和对人实际生活的指导是非常明显的，对进一步完善科学系统有重大的意义。埃德蒙·金在所著《西方教育史》中称赞道：“培根在新的时代取代了亚里士多德的地位，成为那些试图认识事物和从事教学的人的大师。‘知识的进展’成为许多渴望改革生活和思想的人的口号，并通过那

① 单中惠．西方教育思想史［M］．太原：山西人民出版社，1996：138.

些人逐渐成为近代教育思想的一个组成部分。”①

蒸汽机革命的完成和电器革命曙光的出现，为科学教育不断注入新的内容，同时也为科学教育思想的发展提供了新的土壤。斯宾塞就是这样一位对科学教育提出新的见解和原则的人物之一。

斯宾塞（1820—1903）生活于19世纪中期的英国，当时正是传统的古典主义教育主张与科学教育主张激烈论战的时期。传统的古典主义教育坚信：拉丁文、希腊文等古典文化知识具有最重要的价值，对一个有文化教养的人来说，这也是最要紧的。尽管自培根以来重视科学教育的呼声不绝于耳，古典主义教育的传统在欧洲各国特别是在英国依然占据统治地位，“各校的共同特征是拉丁文和希腊文的教学（比较其他学科）占统治地位。消耗在拉丁文和希腊文教学的时间达全部教学时间的三分之二”②。学校课程与科学知识很少有关系。在这样的背景下，斯宾塞从功利主义的原则出发，抨击了旧教育的虚浮与不切实际，指责英国的学校教育是“装饰主义”的，提出了教育为生活做准备的“教育预备说”。他说：

> 怎样生活？这是我们的主要问题。不只是单纯从物质意义上，而是从最广泛的意义上，来看待怎样生活。……怎样看待身体，怎样培养心智，怎样处理我们的事务，怎样带好儿女，怎样做一个公民，怎样利用自然所供给的资源增进人类幸福，总之，怎样运用我们的一切能力使之对人最为有益，怎样去完满地生活？这个既是我们需要学的大事，当然也是教育中需要教的大事。为我们的完满生活作准备是教育应尽的职责，而批判一门教

① 单中惠．西方教育思想史［M］．太原：山西人民出版社，1996：144-145.
② 曹孚．外国教育史［M］．北京：人民教育出版社，1979：221.

学科目的唯一合理办法就是看它对这个职责尽到什么程度。[①]

那么，怎样的准备才是最可取的呢？斯宾塞提出了一个在教育学层面上具有永恒价值的问题：什么知识最有价值？并对这个问题做出了时代的回答：

> 什么知识最有价值？一致的答案就是科学。这是从所有各方面得来的结论。为了直接保全自己或维持生命的健康，最重要的知识是科学。为了那个叫作谋生的间接保全自己，有最大价值的知识是科学。为了正当地完成父母的职责，正确指导的是科学。为了解释过去和现在的国家生活，使每个公民都合理地调节他的行为所必需的不可缺的钥匙是科学。同样，为了各种艺术的完美创作和最高欣赏所需要的准备也是科学。而为了智慧、道德、宗教训练的目的，最有效的学习还是科学。[②]

科学既然有着如此美妙和完美的巨大作用，毫无疑问，科学知识在学校教育中自然应该占据中心位置。而且，斯宾塞根据为生活准备的程序，把科学知识分成五类，构建了以科学知识为核心的学校课程体系。

第一类：生理学、解剖学——这是阐述生命和健康规律，维护个人生命和健康的知识。

第二类：读、写、算，以及逻辑学、几何学、生物学、物理学、天文学、地质学、化学等——这是与从事生产活动直接有关系

---

① 斯宾塞. 教育论［M］. 胡毅，译. 北京：人民教育出版社，1962：7.

② 同①：43.

的知识。

第三类：心理学、教育学——这是教养子女所需要的知识。

第四类：历史学、社会学——这是了解过去和现在的生活，合理调节自己行为的知识。

第五类：文学、艺术等——这是充实闲暇时间、进行娱乐活动所需要的知识。

斯宾塞对科学知识在人类生活中作用的新认识，极大地提高了科学知识在现代教育中的地位，使得科学逐渐成为现代教育的主要内容；同时，他关于科学知识的分类方法，也极大地影响了现代课程设置。可以这么说，尽管20世纪以后不同的课程理论异彩纷呈，但迄今为止，大多数国家的课程格局基本上还是斯宾塞课程分类的延续。

如果说斯宾塞在课程构建、内容选择上，极大地推进了科学教育的发展，那么，德国的赫尔巴特的教学思想，则建立了科学教育的教学规范，使得欧美国家的教育全面走向科学教育时期。

赫尔巴特（1776—1841）第一个明确提出，应该把教育学建成一门科学，教育学在教育目的上必须以伦理学、道德哲学为基础，在教学过程、教学方法和手段上则必须以心理学为基础，教学是教育的最基本的手段。这样，对教育的研究就落实到对教学过程的研究。赫尔巴特是一位主知主义者，他相信人的灵魂是一种不变的实在，它与肉体相结合，形成许多感觉，并构成观念。观念是人的全部心理活动的基础。他把人的心理活动归结为认识过程。他认为，人类的观念、经验的增长过程，是一个积累的过程，人类经验中一切新的东西，都是根据过去的经验而得到补充和了解的。科学主要是一些既成的事实、规则、定理，教育的任务就是使学生掌握这些知识和形成运用这些知识解析题目的能力。人们的观念、知识和经验在人的头脑中形成了“统觉团”，统觉作用就是利用已有的观念吸收新的观念。所以他认为，一个好的教育过程，应该分为四个教学步骤：

明了——给学生明确地讲授新知识；

联想——使新知识与旧知识联系起来；

系统——做概括和下结论；

方法——把所学知识运用于实际（习题解答、书面作业等）。

> 教育学是教育者自身需要的一门科学，但他还应该掌握传授知识的科学。……他的思想范围如何形成的，这对于教育者来说就是一切，因为从思维中将产生感受，而从感受中又会产生行动的原则与方式。利用这种连锁反应联想出可以授予学生什么样的一切，在他的心灵中播下什么样的一切，以及考察如何使它们相互补充，即如何使它们一个接着一个地相互衔接起来，如何使它们能够各成为其未来出现的部分的支柱，而这一切就为教育者提出了如何处理各种事物的无穷无尽的任务，并给教育者提供了取之不竭的材料。①

赫尔巴特生活的年代虽然比斯宾塞早些，但赫尔巴特的教育理想和教学思想是在斯宾塞的科学教育思想广泛传播之后更加盛行的。可以说，斯宾塞的教育思想为赫尔巴特的教育思想提供了内容上的保证，赫尔巴特的教育思想为斯宾塞的教育思想提供了形式上的支撑。两者相得益彰，构成了所谓的“传统教育”，即教师中心、教材中心、课堂中心的教育体系。

---

① 赫尔巴特．普通教育学［M］．李其龙，译．北京：人民教育出版社，1989：12.

赫尔巴特的教育思想在20世纪初对我国教育思想发生过一些影响，但对我国真正产生的影响是新中国成立以后通过苏联教育理论家凯洛夫间接产生的。20世纪30年代以后，凯洛夫主编马克思主义的教育学，试图用人的全面发展思想指导学校教育工作。其实凯洛夫教育学对教育的任务和教育的途径等基本问题的理解与赫尔巴特是一致的，认为全面发展就是用全人类的知识武装学生的头脑，强调"智育第一"，认为教学是学校教育工作的基本的和最重要的途径，强调教学应遵循学生的心理特点。在对学生认识过程和对教学阶段的划分上，凯洛夫与赫尔巴特也有高度的相似性，只是把教学过程的阶段划分规定得更具体。他把每一节课都分解为准备上课、复习旧知、讲授新知、巩固新知、运用新知（作业）五个阶段。凯洛夫的教育学对中国的课堂教学产生了非常深刻的影响，这种教学模式至今仍被广泛采用。

我们知道，自牛顿力学取得了科学上的决定性胜利之后，就使人们逐渐建立了对科学的信仰。17、18世纪，经过了霍布斯、笛卡儿，特别是拉美特利等人的努力，科学主义的大旗高举起来。科学主义的基本要点是：第一，科学是人类文明最重要、最优秀的成果，它在人类文化中应占据最重要的位置，在教育中应处于核心地位；第二，在对自然、社会和对人自身的研究中，自然科学的方法是唯一可靠的方法，自然科学的方法运用的程度是某一学科是否成熟的标志；第三，科学的方法能够解决一切问题，包括人文学科和人生中的一切问题。科学主义促进了世界标准化、划一化的进程。

科学主义在教育上的典型模式是：教育以科学知识的学习为中心，这一学习是在学校中进行的，教育的所有活动都意味着与学校的联系。对绝大多数人来说，受教育就意味着上学。学校的核心是班级，辅之以阅览室和实验室。学习即意味着获得知识，而获得知识主要是读书。

为了教学活动的有效进行，知识被按照不同年级的水平组织起来，构成系统的课程和连贯的教材。从低年级进入高年级是通过考试、测验来决定的。为了保证教学质量，为了优秀人才的成功选拔，竞争和淘汰是必不可少的。所以教育的水平越高，淘汰也越多，竞争也越激烈。这样，分数和年级，证书和学位，就成为学生追逐的目标和国家、学校管理的手段。

科学主义教育观在美国的代表是要素主义。20 世纪 30 年代以后，针对“进步主义”教育引起的教育质量的普遍下降，巴格莱、莫里森等人喊出了“回到基础”的口号，强调学校教育必须依赖“人类文化遗产中的共同要素”，学习者应该系统地学习、透彻地理解和熟练地掌握这些共同要素。20 世纪 60 年代以后，针对美苏军备竞赛和人才竞争的愈演愈烈，科南特、贝斯特等人把要素主义发展成了一种运动，对美国的教育改革产生了巨大影响。

要素主义赞赏传统教育中形式性智力训练的主张，强调思维能力的训练，主张严格按照系统性、学术性的要求设置学校课程和制订教学计划；在师生关系上，强调教师的指导作用，主张坚持学业标准和严格考核制度。认为普及教育和推行教育机会均等的原则不能以牺牲高标准的教学和精英人才的培养为代价。

教育上的科学主义思潮尽管不断受到猛烈抨击，但它依然大行其势，造成了现代社会的“学历主义”现象。所谓学历主义，即在决定一个人的社会地位时，学历比其他因素具有更重要的作用。学历主义适应了现代社会工业技术发展和近代科学管理制度的需要。马克斯·韦伯分析学历主义的兴盛是因为它符合了工业社会“合理”和

“效率”的原则。同以家庭、阶级出身来衡量一个人的才能、确定一个人的社会地位的阶级制度和血统主义相比，学历主义无疑是历史的进步。然而，它的畸形发展，导致了越发不合理的结果——教育背离了教育本身的价值，也违背了教育为自己制定的目标。学校从智慧、知识、道德的传导与熏陶的场所变成了等级化的机构和发放学历证书的场所；普遍存在于教育过程中的考试，远远超出了它的评价和改进教育的功能，形成了它自身无法胜任的主宰和导向作用；同时，激烈的竞争导致了普遍的厌学情绪，学生寄托于学校的梦想破灭了，面对的是无边的考试、无聊的重复和无情的筛选。

科学在加速地向前发展着，国际力量的竞争也主要成了科学技术的竞争，成了人才培养的竞争。在这样的形势下，教育面临对科学控制的担忧和创新人才需要的双重压力。

关于对科学控制的担忧来自这样两方面的质疑：

第一，科学知识对人的异化。这从20世纪60年代起就不断受到思想家们的关注。英国教育社会学家迈克·扬、法国教育社会学家皮尔·布迪厄以及后现代主义哲学家福柯对此都有深刻的见解。他们指出，人类发明的知识，特别是科学知识，已经越来越凌驾于人主体之上，知识反过来控制人们的思想。知识不仅成为认识世界的工具，而且成为意识形态的价值观，出现了知识霸权现象。①②

第二，科学教育加剧了社会的不平等，学校教育越来越背离了它的初衷。这以伊里奇的“学校消亡论”最为典型。伊里奇认为，现

① BOURDIEU P, PASSMERSON J. Reproduction in Education, Society and Culture[M]. London: Sage Publications Ltd., 1977.

② YOUNG M R. Knowledge and Control, New Directions for the Sociology of Education[M]. London: Collier-Macmillan Publishers, 1971.

代社会一切邪恶与痛苦的根源，都是由于价值的机构化。所谓价值的机构化，是指人与自己创造出来的机构之间存在的某种异化关系。人创造了机构，赋予机构以价值，结果机构成了价值的化身，而人反而丧失了价值。学校就是这样的机构。人创造了学校，学校成了与教育直接同一的价值。人把自己的学习托付给学校，从而丧失了自学的能力。进学校成了进入社会的入门仪式。学校成为由监护、社会角色选择、价值与信仰的灌输、教育（主要指知识和技能的教学）等社会职能构成的有机机构。进入这样的学校、获得学校的证书的公民，才是被承认的公民。

学习价值的机构化，使学习从一种活动变成了一种商品，文凭则是商品的标志。"隐蔽课程在社会上重新划分了等级机构。在这个机构中，消费知识多的人——即那些获得大量知识储备的人——享受特权，高收入，并拥有获得强大的生产工具的权力。"[①] 而没有进过学校或只有低学历的人则在社会的底层。

关于创新人才需要的压力来自新经济时代的到来。

工业化时期的核心概念是效率，竞争力来自规范和熟练。标准化则成为工业化的产物和提高竞争力的手段。适应于社会的这种要求，制度化的教育逐渐建立起来。但是，进入信息社会，特别是进入以计算机和互联网为特征的新经济时代以后，创新能力成为推动经济和社会发展的原动力。创新恰恰就是要打破标准化，实现个性化。制度化教育与标准化的工业进程是相配备的，如何构建与网络时代、新经济时代相配备的"超制度化教育"，就成了教育理论和教育改革实践的迫切课题。

① ILLICH I. The Alternative to School[J]. Study Reivew, 1971(6): 46.

第四节 人文主义的教育观

教育的人文主义以人的和谐发展为目标，希望人的本性、人的尊严、人的潜能在教育过程中得到最大程度的实现和发展。教育的人文主义常常是以批判主流教育的姿态出现，它反对教育以预设的、人为的、外在的教育目的支配教育，主张以学生自身的发展为目的，强调发展人的天性，发展人的个性，发展人的潜能。

一、顺性达情

现在我们讲人文主义总是联想到古希腊、欧洲文艺复兴。其实，中国的文化传统中同样蕴涵着深厚的人文精神——以人、以个体自由发展为目的、为价值追求的精神。其代表者当首推老庄。

儒家是从人际关系来确定个体的价值，老庄则是从摆脱人际关系来寻求个体的价值；儒家强调积极的教育以影响个体，老庄则主张放弃教育以肯定自己；儒家强调以社会伦理规范人心，老庄则主张顺性达情、任性发挥。无论本体论或认识论，老庄都要求人应该模仿自然物，既无知识又无欲望，任凭那些无意识、无目的、无欲望又合规律的客观过程运行，这才符合“道”。

“道”是老庄哲学的核心概念，虽然道的含义丰富博大，也非常庞杂，但其基本思想就是遵循自然法则。

> 人法地，地法天，天法道，道法自然。(《道德经》)

而人世的问题就是违反自然，弄出很多功名利禄的东西来奴役自己。

> 故尝试论之，自三代以下者，天下莫不以物易其性矣。小人则以身殉利，士则以身殉名，大夫则以身殉家，圣人则以身殉天下。(《庄子·外篇·骈拇》)

不同的人尽管为不同的外物所役使，有些人为名，有些人为利，有些人为义，但都是对人为之物的追求，都是对个体生命、对个体自然本性的戕害。从这个意义上说，老庄哲学是个体哲学，是个体的解放之学。在老庄哲学看来，个体发展的最高境界不是圣人、贤人，而是“真人”。这样的真人对世间的功名利禄无动于衷，对身外的荣辱毁誉等闲视之。

> 古之真人，不知说生，不知恶死；其出不䜣，其入不距；翛然而往，翛然而来而已矣。不忘其所始，不求其所终。受而喜之，忘而复之。是之谓不以心捐道，不以人助天，是之谓真人。(《庄子·内篇·大宗师》)

所谓真人，不以生悦，不以死厌，即不因出生而高兴，不因死亡而抵抗，自由自在地面对生死。不可把人的主观能动作用加在天道上，甚至连人的生命形体都任随天道的变化就行了，无须计较生死祸福。

著名的庄周蝴蝶寓言和同样著名的庄子妻死鼓盆而歌的故事[①]，都在点明，所谓梦、醒和生、死，是可以从精神上予以超越的。把梦、醒、生、死加以确定、区别和规范，是执着于不真实现象的片面，被不真实的外在的有限事物所束缚住了。只有从心理上完全忘怀，视同一体，“恶识所以然，恶识所以不然”，“不知周之梦为蝴蝶欤？蝴蝶之梦为周欤？”（《庄子·齐物论》）。这才与整个自然、整个宇宙合而为一，这才是“安时而处顺，哀乐不能入”，这才是能“登高不栗，入水不濡，入火不热”的“真人”。摆脱了“物役”，才能够“物物而不为物所物”，获得绝对自由，作逍遥游。

庄子以这种精神状态作为理想人格的本质特征，目的在于强调把一切为仁、为义、为善、为美、为名、为利等所奴役、所支配、所束缚的“假我”“非我”统统舍弃掉，达到人与自然融为一体。所以，庄子所追求的最高理想并不是某种人格神；他所描述和追求的只是具有这种心理——精神的理想人格。

老庄哲学顺性达情的自由理想对现实是持批判和否定态度的，其否定的程度既是极度夸张的，又是振聋发聩的。

> 大道废，有仁义；慧智出，有大伪；六亲不和，有孝慈；国家昏乱，有忠臣。（《老子道德经注校释》十八章）
>
> 绝圣弃智，民利百倍；绝仁弃义，民复孝慈；绝巧弃利，盗贼无有。（《老子》十九章）

---

① 庄子妻死，惠子吊之，庄子则方箕踞鼓盆而歌。惠子曰：“与人居，长子老身，死不哭亦足矣，又鼓盆而歌，不亦甚乎！”庄子曰：“不然。是其始死也，我独何能无概然！……人且安然寝于巨室，而我嗷嗷然随而哭之，自以为不通乎命，故止也。”（《庄子·至乐》）。

那么，对现实社会持如此激烈的批判态度，还要不要教育呢？教育者还能不能有所作为呢？老庄的回答是不但要，而且提出了自己的教育理想和理想的师生关系。

> 不言之教，无为之益，天下希及之。(《老子》四十三章)
>
> 大音希声，大象无形。(《老子》四十一章)
>
> 信言不美，美言不信；善者不辩，辩者不善；知者不博，博者不知。圣人不积，既以为人，己愈有；既以为人，己愈多。(《老子》八十一章)
>
> 大人之教，若形之于影，声之于响，有问而应之，尽其所怀，为天下配。(《庄子·外篇·在宥》)

“不言”的好处，“无为”的好处，什么也赶不上它。

最大的声音，听起来反而稀声，最大的形象，看起来反而无形。

真话不漂亮，漂亮的不是真话。善人不巧说，巧说的不是善人。真懂的不卖弄，卖弄的不是真懂。“圣人”没有什么保留，尽全力帮助人，他自己反而更充足，把一切给予人，自己反而更丰富。

得天道的人对别人的教育、感化，像形体对于影子、声音对于回声一样，凡有问道的都和盘托出，与天下人都合得来。

老庄把教育者与受教育者之间的关系比作形和影的自然亲和，将二者的对话比作心灵的交流。教育者的非凡之处，就在于采取灵活多样的方式，去顺应受教育者的自由发展，因此，“顺性达情”可以说是“无方之传”——教有法而无定法。

二、和谐发展

恩格斯在对古代希腊哲学进行评价时曾说："在希腊哲学的多种多样的形式中，差不多可以找到以后各种观点的胚胎、萌芽。"[①] 在古代希腊哲学家的思想中，我们可以找到社会理想主义教育观和科学主义教育观的源头，同样，他们也是人文主义教育观的滥觞。而亚里士多德则是集大成者。亚里士多德的"和谐教育"思想，是文艺复兴以后人文主义教育观最重要的来源。

前面曾经提到，亚里士多德认为人的身体和灵魂，如同物质和形式一样，不可分离地存在着。灵魂有三种，而要使这三种灵魂得到发展，就需要有相应的教育，分别为体育、德育和智育。教育的目的在于发展这三个方面，使之达到最高的程度，使体、德、智得到和谐的发展。

理性的和非理性的两种灵魂，有相应的两方面的美德，即理智的和道德的。理智方面的美德的产生和发展大体上归功于教育，因此它需要经验和时间；而道德方面的美德乃是习惯的结果。他认为，道德方面的美德没有一种是由于自然而产生的，立法者的职责就在于通过塑造善良的习惯，而使公民的道德达于完善。亚里士多德认为，理性灵魂的生活在于沉思，也就是在于纯理论的、思辨的活动，这种活动是一切美德中最美好的。因此，理性灵魂的生活既是善的行为，也是善的本质。它构成了最高的美德，也是最大的幸福。这是人生的最高目的，也是教育的最高目的。

14 世纪以后，欧洲产生了资本主义萌芽并很快发展起来，新兴

---

① 恩格斯．自然辩证法［M］// 马克思，恩格斯．马克思恩格斯选集：第 3 卷．北京：人民出版社，1972：468.

的资产阶级为了谋取他们的经济利益和政治地位，以复兴古希腊的文化为借口，掀起了反对封建文化、创造资本主义文化的文艺复兴运动。这场运动以人性反对神性，以科学理性反对蒙蔽主义，以个性解放反对封建专制，以平等友爱反对等级观念，重视现实生活，肯定现实生活的幸福和享乐，反对禁欲主义。它的口号是："我是人，人的一切特性我无所不有。"在当时和后世产生了巨大而深远的影响。

人文主义思潮对教育的思想和实践也产生了巨大影响，并造就了一批人文主义教育家。如意大利教育家维多里诺（1378—1446）与他的"快乐之家"、尼德兰神学家伊拉斯谟（1466—1536）与他的《愚人颂》、法国作家拉伯雷（1494—1553）与他的《巨人传》、法国思想家蒙田（1533—1592）与他的《散文集》等。他们反对封建教会对儿童本性的压抑，强调教师要尊重儿童的个性。他们或发表言论，或兴办学校，从事教育革新。主张通过教育使人类天赋的身心能力得到和谐的发展。当然，这里的和谐发展无疑已经灌注进资产阶级的人格理想，包括热情、思维和性格的发展。其中，维多里诺创办的孟都亚学校，亦称"快乐之家"，不仅在思想上而且在实践上体现了新兴资产阶级的人文教育主张。

首先，他把校址选择在孟都亚湖滨的一所宫殿里，环境优美，学生有足够的活动空间。他将学校取名为"快乐之家"，寓意着学校应当是接近自然和充满快乐的地方。

其次，维多里诺以学生的人格发展为办学宗旨，注重学生的身体、道德和精神的协调发展，又注重学生个人实际能力的培养。在体育方面，学校经常让学生练习骑马、角力、击剑、射箭、游泳、舞蹈和从事各种游戏活动，经常从事各种野营训练和军事训练。在德育方面，强调实际示范，不辱骂和惩罚学生，十分重视音乐教材和教师的选择。在智育方面，课程设置富有吸引力，既有初步的读写算和传统的“七艺”，也有新兴的文化教养、古典文学、基督教和骑士教育理想三者的协调。

维多里诺还发展了一种新的教学方法体系。他反对机械背诵，注重理解和练习。尊重每个人的兴趣和特长，经常根据学生的实际需要调整学习科目和学习方法。他把对话和游戏带进了学校教学中。

文艺复兴以后，人文主义教育观最重要的代表当数夸美纽斯和卢梭。

夸美纽斯（1592—1670）是人文主义教育观的现实派代表。夸美纽斯不仅是文艺复兴以来西方教育理论的集大成者，而且是近代西方教育思想的开拓者，斯皮尔曼这样称赞夸美纽斯和他的《大教学论》：“倘若各时代的关于教育学的著作全给丢了，只要留得《大教学论》，后代的人便仍可以把它作个基础，重新建立教育的科学。”① 夸美纽斯不仅是教育学科学体系的奠基人，而且是教育革新的实践家。皮亚杰称：“夸美纽斯不仅是第一个想象出一种全面完整的教育科学的人，而且，让我们重复一句，他还以这一科学作为他的‘泛智论’的核心，在他的思想中，还以此作为他的总的哲学体系的一个组成部分。”②

《大教学论》的主导思想，是热切希望所有的人都受到完善的教育，使之得到多方面的发展，成为和谐发展的人。这就是他的著名的“人人受教育”“人人学习一切”的泛智论。夸美纽斯认为，人的本身就是一种和谐，人在身心各方面都存在着和谐发展的因子，教育就是要使这种因子真正得以发展。教育的目的，就是要从知识、道德、宗

① 单中惠．西方教育思想史［M］．太原：山西人民出版社，1996：173.

② 张焕庭．西方资产阶级教育论著选［M］．北京：人民教育出版社，1979：199.

教信仰、身体和艺术各个方面去发展人。为此，夸美纽斯要求把“一切事物”的知识教给“一切人”。

夸美纽斯为了贯彻他的教育理想，探讨了教学过程的性质和特点，提出了具有广泛影响的教学原则、教学形式，建立了提高教学效率的班级授课制；拟订了各级学校的课程设置，制定了教材编写的原则和要求，使得泛智教育的理想成为切实可行的操作性程序。

与泛智教育的理想相呼应，夸美纽斯深化了教育适应自然的思想。夸美纽斯认为，教育在各方面都应与自然相适应。这里的自然一是指自然界及其普遍法则，二是指人与生俱来的自然天性。在人的自然天性方面，他首先指出了人在性格上的差异：“有些人是伶俐的，有些人是迟钝的；有些人是温柔和顺从的，有些人是强硬不屈的；有些人渴于求取知识，有些人较爱获得技巧机械。”[①] 并由此提出教育要根据各人的要求和特点进行。其次，他又指出了人在不同发展阶段中的特点，把人的发展分为婴儿期、儿童期、少年期、青年期四个明显的发展阶段，并提出了建立相应的母语学校、国语学校、拉丁语学校和大学的四级学校系统。

夸美纽斯不仅是一位人文主义教育的理论家，而且是一位身体力行自己理想的教育实践家。年轻时就主持兄弟会学校，1628 年，他 36 岁的时候，因逃避宗教迫害，夸美纽斯被迫流亡波兰黎撒。在长期流亡国外的日子里，他进行了广泛的教育活动，主办过各种类型的学校。他的著作大部分是在这段时间里完成的。所以，他的这些著作不仅是思想的结果，也是实践的结晶。

在教育思想史上夸美纽斯是第一个建立了比较彻底的民主教育思

① 夸美纽斯．大教学论［M］．傅任敢，译．北京：人民教育出版社，1984：70.

想，主张所有人不分等级接受同样教育的教育思想家，正因为他的这种彻底性，使他的教育思想具有历史的穿透性，放射出跨越时空的光辉。

三、以天性为师

卢梭（1712—1778）是人文主义教育观的浪漫派代表。

卢梭在教育思想史上是一位无法回避的人物。他构建了完整的自然教育理想，把儿童中心的思想推到了极致，成为后代一大批人文思想家的精神导师，这些人当中包括康德、裴斯泰洛齐、杜威。

与卢梭同时代的启蒙思想家们坚持以理性作为衡量万物的尺度，相信理性的进步会自然而然地导致人和社会的完善，歌颂科学和艺术、理性和规律、知识和逻辑、文明和进步。卢梭一开始就表现出他的独立不羁、与众不同。他把文明与自然尖锐地对立起来，并为回归大自然大声疾呼。在顺应自然的思想指导下，他先后在《新爱洛伊丝》一书中阐发了他的家庭理想，在《社会契约论》一书中阐发了他的社会理想，在《爱弥尔》一书中阐发了他的教育理想。

卢梭自然主义理想的建立，首先是从对现存社会反自然的批判开始的。卢梭的第一篇论文《论科学与艺术的复兴是否有助于使风俗日趋纯朴》，就提出了一个惊人的观点：科学与艺术的进步将越来越违反自然，造成道德的堕落。他的《社会契约论》的第一句话就是："人生来是自由的，但却无处不身戴枷锁。"[①]《爱弥尔》同样开宗明义："出自造物主之手的东西，都是好的，而一到了人的手里，就全变坏了。"[②] 由于《爱弥尔》一书对当时教育拔苗助长、戕害人性的批判言

① 卢梭. 社会契约论 [M]. 李平沤，译. 北京：商务印书馆，2017：3.
② 卢梭. 卢梭全集 第6卷 爱弥儿 [M]. 李平沤，译. 北京：商务印书馆，2012：19.

辞锋利、十分尖锐，极大地触怒了贵族和僧侣阶级，书一出版后即被宣布为禁书，在巴黎遭焚毁，卢梭本人也被迫逃往国外。

卢梭主张“要以天性为师，不要以人为师”，甚至认为如果顺应天性发展，罪恶就可消灭，社会就可得救，那么，这自然的天性是什么呢?

自由。卢梭认为，自由是人的天然本性，人天然具有自由活动的能力。人在遵循自然的自由活动中才能得到幸福。而“人为”却是与天性作对，是对自由的剥夺。他尖锐地质问当时的教育：“你们为什么不让天真烂漫的儿童享受那稍纵即逝的时光，为什么要剥夺他们绝不会糟蹋的极其珍贵的财富……你们为什么要使那转眼即逝的岁月充满悲伤和痛苦呢？”[①] 可以看出，自由，包括儿童的自由在卢梭的心目中具有本体论的意义，是人的生命价值所在。他的自由观是从个体出发的，他也知道，个人的自由欲望是会无限扩张的，所以对人的自由必须有所限制，这就是他的社会契约的政治思想了。

理性。卢梭认为，人能够在感觉的基础上，通过理性活动，形成复杂的观念和知识，并用来指导自己的行动，这是上帝赋予的理性本能。顺应自然的教育才能发展人的理性。在 15 岁之前由于人的理性尚未觉醒，所以这时候要让儿童接触大自然，通过自己的感觉去感受、认识世界；当理性觉醒以后，则应进行信仰教育，引导儿童认识“推动宇宙和安排万物的存在”[②] 的自然神。

善良。卢梭认为，性善是人人相同的，并不因人的贵贱而异。但是现在人是坏的，那是因为人后天受到了坏的教育。人必须造就新的、适合人性健康发展的社会、环境和教育，培养出身心发达、体脑

① 卢梭．爱弥尔：上卷［M］．李平沤，译．北京：商务印书馆，1978：73.
② 卢梭．爱弥尔：下卷［M］．李平沤，译．北京：商务印书馆，1978：394-395.

两健、不受传统束缚、天性发展的“新自然人”，这样人类就能够在更高阶段回归自然。卢梭笔下的爱弥尔就是这样一种在理想自然环境下成长起来的“自然人”的典型。

> 他现在已经年过二十，长得体态匀称，身心两健，肌肉结实，手脚灵巧；他富于感情，富于理智，心地是十分的仁慈和善良；他有很好的品德，有很好的审美能力，既爱美又乐于为善；他摆脱了种种酷烈的欲念的支配和偏见的束缚，他一切都服从于理智的法则，他一切都倾听友谊的声音；他具有许多有用的本领，而且还通晓几种艺术；他把金钱不看在眼里，他谋生的手段就是他的一双胳臂，不管他到什么地方去，都不愁没有面包。①

这是一个多么完美的形象，这是一首多么美妙的颂歌，这是一个多么令人憧憬的理想！历史上，人文主义的思想家、教育家往往以他们对现实社会锐利的批判而振聋发聩，又以他们的美好理想激励人们的追求。他们是建设者，更是警醒者。

卢梭“以天性为师”的教育思想与老庄“顺性达情”的教育思想确实有异曲同工之妙。但是，他们之间的区别也是不可忽视的。

首先，老庄是避世的，卢梭是入世的。老庄的“顺性达情”是任其发展，毫无指向，社会理想是小国寡民，互不往来；卢梭的“以天性为师”是有选择的，是他所认为的纯洁美好的自然环境，而且最终是要能够进入浑浊的人世的。

其次，老庄是无可无不可，卢梭是是非分明的。老庄依靠的是主

① 卢梭．爱弥尔：下卷［M］．李平沤，译．北京：商务印书馆，1978：634.

观心灵超越，随遇而安，它的负面表现就是精神胜利法；卢梭有自己明确的自由、民主主张，而且他自己就在为自我的实现、为他所追求的理想政治不懈奋斗。

再者，老庄是彻底打破规范反对任何规范的，具有自然原始倾向；而卢梭是追求合理规范的，并且有他的社会契约理想。同时卢梭还主张个人部分地让渡权利，由社会管理者集中使用，具有专制主义的潜在倾向。后来法国的雅各宾党人专政的很多理论依据就是从卢梭的思想中获得的。

四、人格至上

人文主义教育的第三个高潮是第二次世界大战特别是 20 世纪 60 年代以后。这是由“二战”对人权、对人性的践踏引起的反思和民主运动的日益高涨触发产生的。其中，存在主义的哲学和人本主义的心理学最具有代表性。

存在主义哲学形成于 20 世纪 20 年代的德国，盛行于 20 世纪五六十年代的法国并普及于欧美，其代表人物有海德格尔（1889—1976）、萨特（1905—1980）等。存在主义哲学试图超越主观与客观、物质与精神的争论，视存在为第一性，为人的本质。只有人才能领悟到自己的“在”，领悟到自己“在”的人才能叫作“存在”；人不能领悟到自己的“在”，人不能领悟自己的思想、感情、生活方式，就不能理解自己存在的意义和价值，就不能叫作“存在”。所以存在是存在主义的出发点和归宿。存在主义最大的特点：一是以个人为中心，以个人的感受为中心，特别是恐惧、孤独、荒谬的感受，才是人最能够领悟到自己存在的感受；二是强调人的个性和自由。存在主义的代表人物萨特认为，自由不是人的某种特殊属性，而是人的本质。

自由等于人的真正存在，它既不服从于上帝或任何绝对权威，也不受任何自然或社会规律的约束。所谓自由，主要是选择的自由，它在任何境况下都存在，甚至不选择也是一种选择。同时，自由就是责任，自己选择，自己就要对自己的选择负责。所以自由和责任在存在主义哲学中是紧密联系的。这样，在现代社会中，个人的道德责任不是减轻而是加重了。

存在主义哲学是以社会批判的姿态出现的，但它在教育上的推广还是有很多建设性的内容。比如，奥地利哲学家马丁·布伯在《我与你》一书中指出，教育的目的不在于传授知识，而在于精神生活的养成。① 现在的教育是一种训练专业性技能的工具，知识成了统治者，人变成了手段和产品，教育考虑的是学生个别的功能。而教育应该关心的是学生整个人，整个人的品格。要培养这样一种品格，最要紧的是建立一种新型的师生关系，一种相互信任的师生关系。教学过程应该是师生之间的对话，对话的双方都是平等的、独立的主体。而现在教师是第二个统治者，学生是接受的对象，是教师的“个人专制”和“非人格化的知识专制”的对象。

存在主义哲学在教育上的另一个重要推广人是美国的哲学家尼勒。他同样指出，知识的教学应该有助于学生的人格发展，知识的教学应该与学生的情感相联系。要求把课程的重点从事物世界转移到人格世界。他反对学校的专业分得过细，同时希望学校教育中应多增加文学、艺术、历史、哲学的内容，以便更好地“发现自己”。他同样倡导建立新型的师生关系，主张教师帮助学生走向自我实现，而不是灌输知识或帮助学生解决特定情境中的问题。他特别赞赏苏格拉底的

---

① 布伯．我与你［M］．陈维纲，译．北京：生活·读书·新知三联书店，1986：60.

启发式教学，认为那是最理想的、最能帮助学生实现自我的方式，“苏格拉底的方法是理想的教育方式，因为学生用这种方法学到的是他自己肯定为真实的东西”[①]。

20 世纪 60 年代以后兴起的人本主义心理学思潮，与存在主义哲学有着密切的联系。存在主义追求的“人的存在”也是人本主义心理学的核心观念，而且，它以动态的观念发展了“存在”的概念，把“人的存在”看成人的潜能得到实现的一种能动的过程。同时，人本主义也极其赞赏存在主义整体地看待人的观念，重视对人的智慧、情感、意志、人格的整合。

人本主义心理学最重要、影响最大的观点是关于人的“自我实现”，“人的潜能的充分发展”，教育应该为培养“自我实现的人”而努力。美国心理学家马斯洛是其代表。马斯洛批判现行的教育不了解人的需要，用社会的观点、学科的观点规定和限制人的发展，用科学限制人的人文发展，用智慧限制人的精神品质的发展；拿人和人做比较，判定和优先满足一部分人的发展，限制和忽视一部分人的发展。他从心理学的角度强调，一个人的发展潜能是无限的，人的发展需要是多方面的，强调学术潜能与非学术潜能的全域的发展，强调“自我实现的人格”的发展，这种人格是情绪、情感、态度、价值观等“情意发展”与理智、知识、理解等“认知发展”的统一。主张开设广泛的课程内容，比如学术性课程、人际关系课程、自我意识和自我实现课程等。

马斯洛认为，自我实现的教育最重要的是创造人格的教育。他认

① 白恩斯，白劳纳．当代资产阶级教育哲学［M］．瞿菊农，译．北京：人民教育出版社，1964：117.

为，“自我实现的创造性首先强调的是人格，而不是其成就”①，并且强调，创造性并非只为少数天才所固有，而是每个人生来就有的特质，是所有人或大多数人的固有潜能。所以保持让孩子生活在一种欢乐、冲动的氛围中，保持孩子健康的开放心态，是保持孩子旺盛创造力的心理条件。

人本主义心理学的另外一位代表人物罗杰斯在教育上的影响更直接。他提出了“以人为中心”的教育主张，反对任何把人放在次要地位的教育，比如以知识为中心、以管理为中心、以教师为中心、以意识形态为中心等。所谓以人为中心就是以学生的自由发展为中心，他倡导“非指导性教学”，要求教师在教育过程中，完全不干预学生的思想，只起一个组织者的作用，学生自己表达、自己指导、自己评价、自己创造、自己选择，成功的教育就在于学生学会了自我表现和自我选择。

存在主义教育思想和人本主义心理学曾一度在教育领域引起极大的震动，引起了人们很多的反思。但由于它们的极端性在教育实践中难以具体体现，20 世纪 80 年代以后影响逐渐减弱。然而，它们揭露的问题和提出的一些思想，仍然值得人们深思。

五、终身教育

20 世纪 60 年代以后人文主义思潮在教育上勃兴的另一条脉络，是“终身教育”的流行。它不像人本主义的主张那么激烈，是一种温和地改造现存教育的主张，但影响更大、更持久、更深远。

1970 年，法国的保尔·朗格朗根据他以前任联合国教科文组织

---

① 马斯洛．存在心理学探索［M］．李文湉，译．昆明：云南人民出版社，1987：131.

终身教育科科长时给联合国的报告，写成了《终身教育引论》一书，提出了“终身教育”（针对学校教育）和“学习社会”（针对学历社会）的概念。1972 年，联合国教科文组织国际教育发展委员会在主席埃德加·富尔的领导下，完成了题为“学会生存——教育世界的今天和明天”的报告，“建议把终身教育作为发达国家和发展中国家在今后若干年内制订教育政策的主导思想”①。报告认为：“唯有全面的终身教育才能够培养完善的人，而这种需要正随着使个人分裂的日益严重的紧张状态而逐渐增加。”②

人们常常狭隘地将终身教育等同于成人教育、社会教育或职后教育。为此，朗格朗专门作说明：“终身教育显然不是传统教育的简单延伸，它包含着每个人生活的基本问题，新的态度、新的观点和新的方法。首先表现在对人的生存意义问题上。终身教育使我们理解和认识个人在其中显示出的新的意义的整整一系列基本情况；它为影响着个人和社会命运的某些重大问题带来了新的答案。”③

终身教育首先是对学校和一般制度化教育提出的批评。传统的学校体制很难适应作为我们时代特征的日益迅速的变化，无力应付不断提出的新需求。这些正在导致世界各国社会真正变革的原因很多。最主要的可能是科学发现、技术进步、通信手段的迅速发展、人口激增以及政治和经济的动荡。这导致了人的需求的增加，职业种类的迅速增加和更新，这些都会导致社会问题。不断变化的世界要求实施灵活的教育制度。教育必须保持不断的变动和不停顿的革新。终身教育正

① 联合国教科文组织国际教育发展委员会. 学会生存：教育世界的今天和明天［M］. 华东师范大学比较教育研究所，译. 北京：教育科学出版社，1996：223.

② 同①：2.

③ 朗格朗. 终身教育引论［M］. 周南照，陈树清，译. 北京：中国对外翻译出版公司，1985：53.

是要建立这样一种灵活多变的教育体制。

> 终身教育是一项真正的教育计划。象任何同类计划一样，它面向的是未来；它设想培养一种新型的人；它是一种价值体系的传播者；它涉及一个社会的计划。它形成一种新的教育哲学……
>
> 终身教育是唯一能够适应现代人、适应生活在转变中的世界上和变动的社会中的人的教育。这样的人必须使自己能够不断地适应新情况。因此，他必须是能动的、具有想象力和创造性。此外，他必须能在各种集团中工作，并能从多科性的观点出发解决问题。
>
> 终身教育应保证每个人都充分表现自己的人格。因而，它是实现民主化的有力因素。①

所以，与其说终身教育是一种制度，不如说是一种理想，它的基本目的，就是要使人人成为主动适应未来变化的人。事实上，自从终身教育的思想形成以来，已经对世界的教育从理念到制度产生了事实影响。现在世界上近两百个国家在根据时代的要求重建本国的国民教育制度时，很少不考虑终身教育的理念。终身教育将人的终生发展的观念、民主教育的观念有机地联系起来，而且将与网络教育的未来情景有机地联系起来。

人文主义教育也有难以摆脱的困境。第一，如何处理自我探究与系统学科知识学习的矛盾。系统的学科知识毕竟是人类智慧和文明的结晶，但系统知识的学习确实又可能成为个人发展的阻力，特别是面

① 赫梅尔．今日的教育为了明日的世界：为国际教育局写的研究报告［M］．王静，赵穗生，译．北京：中国对外翻译出版公司，1983：27.

对知识经济新时代突现的创新能力的要求，传统的知识传授显得无能为力。系统的知识总是与制度化的教育具有天然的联系，是结构主义的；而知识经济时代是个性化的，是解构主义的。第二，如何处理自由发展与规章制度、道德纪律的矛盾。从本质上说，规章制度、道德规范就是为了限制人的自由而制定的。教育如何在这种紧张的关系中调解、缓冲这一矛盾，而不是挑拨和激化这一矛盾，是一件极其值得努力的理论探索和令人动心的实践尝试。

第五节　钟摆与融合

大凡具有一些教育学知识的人都会发现，在我们回溯和阐述三种教育理念、三种教育思潮的过程中，遗漏了一个不可遗忘的人物——杜威。杜威对世界教育的影响用“前无古人，后无来者”也许并不过分。说他前无古人，是因为他的影响不仅遍及美国，而且遍及欧洲大陆，继而又极大地影响了社会主义苏联，并波及了中国、日本和土耳其。其影响的时间少则十多年，多则几十年，可以说超越了时空，这在历史上还没有过。说他后无来者，是因为杜威以后，再也没有一个人对世界教育产生过如此广泛而深刻的影响。随着社会多元化程度的提高，恐怕也很难有哪一个人再产生如此巨大而普遍的影响了。可是要对杜威的教育思想做一个简单的概括，把他归入哪家哪派，却不是一件容易的事。杜威的教育思想、价值倾向是什么呢？

有人说杜威是社会本位的教育主张者；

有人说杜威是典型的儿童中心的人文主义者；

也有人说杜威其实是科学主义进化论者。

确实，杜威很重视学校、教育对儿童的社会化作用，强调社会作用的先导性；又非常重视道德教育，认为“道德过程和教育过程是同一的”，甚至说“广义地说，道德就是教育”①。另一方面，杜威又以对传统教育忽视儿童的批判著称于世，竭力主张以儿童为中心，实现哥白尼式的革命。这两种观点在他的思想、在他的作品中始终贯穿着。他最早的重要作品《我的教育信条》就已经将这两种思想包容在一起。

> 第一条，什么是教育？我相信一切教育都是通过个人参与人类的社会意识而进行的。这个过程几乎是在出生时就在无意识中开始了。它不断地发展个人的能力，薰染他的意识，形成他的习惯，锻炼他的思想，并激发他的感情和情绪。由于这种不知不觉的教育，个人便渐渐分享人类曾经积累下来的智慧和道德的财富。他就成为一个固有文化资本的继承者。世界上最形式的、最专门的教育确是不能离开这个普遍的过程。教育只能按照某种特定的方向，把这个过程组织起来或者区分出来。②

这显然是典型的社会理想主义的教育观。

---

① 滕大春．杜威和他的《民主主义与教育》［M］// 杜威．民主主义与教育．王承绪，译．北京：人民教育出版社，1990：33.

② 杜威．我的教育信条［M］// 赵祥麟，王承绪．杜威教育论著选．上海：华东师范大学出版社，1981：1.

教育过程有两个方面，一个是心理学的，一个是社会学的。它们是并列并重的，哪一个也不能偏废；否则，不良的后果将随之而来。这两者，心理学方面是基础的。①

教育是生活的过程，而不是将来生活的预备。

学校必须呈现现在的生活——即对于儿童说来是真实而生气勃勃的生活。②

学校科目相互联系的真正中心，不是科学，不是文学，不是历史，不是地理，而是儿童本身的社会活动。③

这显然又是以儿童为中心、以儿童的发展为中心来论述问题的。

基于这样的价值倾向和他对儿童学习思维过程的研究，杜威提出了与赫尔巴特完全不同的教学方法和步骤：

暗示——设置真实的情境；

问题——在情境中要有刺激思维的问题；

假设——做出解决问题的假设；

推理——根据假设推导结论；

验证——验证结果并得出结论。

在这种以问题为中心的教学中，儿童是学习的主动者，是活动者，是实践者，所以杜威倡导“在做中学”。

关于科学的教育，杜威提出了学科逻辑与心理逻辑的概念。所谓学科逻辑，就是从学科自身的特点和发展过程来组织课程和教学内

---

① 杜威．我的教育信条［M］//赵祥麟，王承绪．杜威教育论著选．上海：华东师范大学出版社，1981：2.

② 同①：4.

③ 同①：6.

容，斯宾塞、赫尔巴特的课程观和教学观就是学科逻辑的典型。所谓心理逻辑，就是针对学生学习的兴趣和能力，按照儿童心理的特点组织课程和教学内容。在这两者之间，杜威显然关注的是心理逻辑。

> 斯宾塞研究了什么知识最有价值，结论说，从一切观点来看，科学知识是最有价值的。但是，他的论点无意识地假定科学知识可以用现成的形式传授给别人。他的论据不注意我们日常活动的材料转变成科学的形式的种种方法，也就忽略了科学唯一赖以成为科学的方法。[①]

杜威在这三种教育观念之间的态度，首先表明了教育本身的复杂性。其次表现出杜威对三者复杂关系的严肃冷静态度。我们既可以从他的身上看到柏拉图、亚里士多德的影子，更可以看到卢梭、达尔文的精神；而在他以后的认知心理学如皮亚杰，结构主义如布鲁纳，人本主义如马斯洛，又都从他的思想中获得学术资源，所以有人把杜威称为教育思想的蓄水池。意思是说，前人的教育思想都汇集到杜威的教育思想中，后人的教育思想又无不与他有关。也有人把科学主义和人文主义轮流成为社会主潮的现象称为“钟摆现象”。当国家竞争加剧、人才需求成为突出矛盾的时候，科学主义就甚嚣尘上；当社会矛盾激化、人性得不到舒张的时候，人文主义就会高扬头颅；而当信仰危机蔓延、国家威信受到挑战的时候，社会理想主义则会抖擞精神。随着社会发展程度的不断提高，全球化、创新精神和创新能力成为新主题的时候，三种教育观点无论在思想上还是在实践中都明显呈现出

① 杜威．民主主义与教育［M］．王承绪，译．北京：人民教育出版社，1990：234.

融合的趋势。这种融合过程是一个历史实践的过滤过程，也是人们心灵碰撞、认识深化的过程。

理论总是灰色的，而生命之树常绿。不论是教育理论的研究者还是正在教育的第一线辛勤工作的工作者，从这种对教育的理想的回溯中，也许可以得到另外一番启发。

1. 历史是发展的，教育是变化的，思想是流动的，一成不变的教育和不思变革的教育思想是缺乏生命力的；根据时代的特点不断调节我们的思想、发展我们的观点才能成为教育变革的主动者。

2. 好的教育是相对的，没有最好，只有更好。绝对的、统一的“好”教育是没有的，好教育不能通过模仿和抄袭而获得。教育是一种创造性的活动，我们只能根据特定的教育目的、教育场景、教育对象、教育任务和教育者自身的条件确定一种相对较好的教育行为方式，选择和创造自己认为好的教育。

3. 教育不是工艺，而是哲学，是艺术，是诗篇，是思想与思想的碰撞，是心灵与心灵的交流，是生命与生命的对话。教育需要用我们的热情和生命去拥抱。

4. 每一位从事教育工作的人，都可以努力成为一名教育家，而不是教书匠，关键在于要有自己对教育独立的理解，有自己对教育的理想，有自己对教育的持久的追求，并逐渐形成自己的风格。

教育是生命的火炬，是智慧的桥梁，是通向文明的阶梯；教育事业是一项激动人心的事业，它为我们提供了实现理想、激发智慧的宏大舞台，为实现师生双方的生命价值、获得内在的幸福提供了无限空间。

◎讨论题：

1. 你怎样理解所有的教育都是一种追求理想的教育?
2. 你怎样看待三种具有代表性的教育理想?
3. 谈谈现形势下“我的教育理想”。

|第六章| 校长的文化使命

校长是学校的旗手，理念是办学的灵魂。

——作者自题

第一节　教育的当代使命

经常听到一些教师、校长，甚至局长、市长感叹：有些事情想做但没法做，比如素质教育；有些事情不想做但不得不做，比如应试教育。

这是一个问题。

牵扯教育的因素很多，但是作为一名教师、一名校长，该做什么、不该做什么，应该坚持什么、反对什么，必须心知肚明，方能有教育的“定力”。我国约有 1800 万名教师，50 万名中小学校长，如果我们的教师、校长都能够坚持正确的教育观念，具有教育的定力，就将形成巨大的精神力量，教育的生态就会得到很大的改进，教育的发展就会更加健康和谐。

教育的定力来自对教育功能、价值、使命的正确、深刻的理解。教育的功能在于育人，教育的价值在于促进人的发展。促进所有人的发展、促进人的全面发展、促进人的个性发展、促进人的主动发展、促进人的终身发展是教育的当代使命。

使命一：促进所有人的发展，点燃每个人心中的火焰，使每个人充满成功的希望。

早在 2500 多年前孔夫子就说“有教无类”，在当时那只是一种美好的愿望。工业革命之后，所有人接受教育才成为历史的可能。2007 年，我国真正实现了全国城乡免费九年义务教育，所有人接受教育不仅成为现实，而且成为一种强制性的要求。但是，同在蓝天下的学生，是不是就一定能同享教育阳光呢？

这仍然是一个问题，当然是不同层次的问题。关注一部分学生，忽视一部分学生，甚至只关注少部分学生，忽视大部分学生的现象依然存在。只关注一部分学生，只关注成绩优秀的学生，而忽视成绩后进的学生，有人称之为“厚待前 10 名现象”。同在一所学校里，同在一个课堂上，不同学生的学习机会和发展机会大相径庭。由于升学竞争的压力，由于人性自身的弱点，聪明伶俐的、长得漂亮的、家庭背景好的学生很容易受到更多关注，被寄予更大期望；相反，那些不那么讨喜的学生就经常会受到冷遇甚至嘲讽。早在 20 世纪 80 年代，我就做过关于农村学生辍学的调查，发现 80% 以上辍学的学生并不是因为经济原因，而是因为在班上经常受到忽视、批评甚至欺负。上学对他们来说没有丝毫的快乐，而是经受煎熬，因此他们宁可逃离学校。期望效应的心理学研究表明，被寄予更高期望的学生会得到更多“雨露阳光”，性格会更加活泼开朗，学习成绩也会明显比其他学生提高得更快。优秀的学生、讨喜的学生通常会得到更多的教育资源，比如会得到更多的提问机会，会得到更多的鼓励，作业会得到更认真的批改，做错了事也会得到更多的原谅。有时候，课堂上的不公平可能比硬件配置上的不公平更严重，对学生成长的影响也更大。怎么把保障每个公民平等接受教育的权利这一现代教育基本理念落到实处，怎样确保平等对待每个学生，保障每个学生得到平等的学习机会和发展机会，仍然有很长的路要走。

面向所有人的教育，对教师来说是一种境界，是一种道德，是一种教育能力；对学校来说，是一种管理理念，非常考验管理水平，需要从有利于所有人发展的角度改革课程设置和编排，进行教学制度和教学模式的创新；对教育行政部门来说，是一种评价要求，是第一质量观。有一所城市在评价学校质量的时候重点关注后 30% 学生的学业成绩，有效促进了全市教育质量的提高，这就很值得提倡。

使命二：促进人的全面发展，使学生的所有潜能都得到尽可能的发掘，使其在学习中快乐成长。

人是丰富的生命体，具有各方面的才能和禀赋，教育有责任让这些禀赋像破土的嫩芽一样笑迎东风，茁壮成长，而不是让它们削足适履，萎靡凋谢。但是严酷的现实是，重智育轻德育、重知识轻能力、重学科学习轻社会实践的情况始终没有得到明显改变。我们经常会听到一位家长问另一位家长："你家孩子排多少名？"另一位家长不假思索地回答"78 名"，或"65 名"云云。这种没有对话背景、没有上下文的问答，双方配合如此默契，所有人都见怪不怪，问者问的是什么，闻者很清楚，答者答的什么，问者很明白——这难道不值得我们深思吗？学业成绩、学生考试成绩在年级中的排序成了评价学生的全部内容，成了家长和学校关心的全部内容。由于考试成绩占据了家长和学校的兴奋中心，甚至成为全部的兴奋点，学生用于其他活动的时间越来越少了。为此，学生的发展付出了沉重的代价。

其一，身体素质下降，这最容易检测：2018 年全国儿童青少年总体近视率为 53.6%。其中，6 岁儿童为 14.5%，小学生为 36.0%，初中生为 71.6%，高中生为 81.0%。一个全民近视的民族能行吗？国内外的研究表明，近视是完全可以控制的，对于 20 岁以下的儿童和青少年而言，每天户外活动多花 1 小时，可以降低 13% 的近视风险。

高近视率主要是由于缺少户外运动导致的。

其二，学生深陷学科学习负担之中，缺乏同龄人之间必要的正常交往，社会活动能力、社会适应能力、社会化程度得不到正常发展，所以我们经常会见到学习优秀、考试优秀的学生，其工作与事业发展却不尽如人意，这怎么能不引起我们的高度警惕呢?

其三，由于长期埋头于书本，埋头于习题，两耳不闻窗外事，很多学生社会视野狭窄，社会责任感淡薄，终身学习动力下降。

这些与全面发展的价值显然是背道而驰的。满足人的全面发展的要求，为人的全面发展创设情境、创造条件是教育改革的基本取向。

使命三：促进人的个性发展，为每个人提供适合的教育机会，为每个人的成长成才创造条件。

天下没有两片完全相同的绿叶，更没有两个完全相同的人。生物的多样性是生命发展的基础和保证，人的个性化发展是社会创造性的根本源泉。个性的消失意味着社会的死亡。如果要说到中国古代教育思想的贡献，在我看来，最朴素也是最深刻、最中国也是最世界的就是——因材施教，我相信这四个字是中国古代教育思想最伟大的遗产，也是在互联网时代会不断焕发新生的教育真谛。工业化推动教育走上了标准化的轨道，效率高了，但沉重的代价是个性的丧失。卓别林的《摩登时代》生动揭示了标准化、流程化生产对人的戕害，其实标准化教育对人的影响丝毫不亚于标准化流水线的后果。现代教育兴起以来，各国都在不断探索个别化、选择性、富有弹性的教育制度和方法，努力为学生的个性发展创造条件，使不同学生在教育过程中变得更加不同，而不是把不同的学生变成相同的人。

教育的个性化是一个重大、复杂、不断深化的课题。在一个特定的时间里，我们曾把个性化当作资产阶级自由化来批判，把统一规范上升到意识形态的高度。现在我们当然不会这么看待了，但是现在对个性化的深刻意义的认识恐怕还是不彻底。我们并没有足够认识到人的个性、独特性和不可替代性是人的根本特征，是人的生命价值的本质体现。多样性的教育不仅是要造就丰富多样的、适应社会发展需要的各种各样的人才，而且是对人的生命价值的尊重，是对生命意义的提升。因此多样化的教育和因材施教，不仅是教育的技巧、教育的经验，而且是教育的使命、教育的境界。

传统教育的考试、选拔制度基本上是一个把人纳入标准体系进行排序的制度，所以如何兼顾标准化和个性化才是选拔制度改革的重点。现在我们非常强调制定各级各类教育质量标准，这反映了从“有学上”到“上好学”转变后的客观要求。制定标准是需要的，对保障教育质量和探索方法的正确性具有重要意义，但标准化也是危险的，制定标准的目的应该是提供更多的选择，而绝不能导向千篇一律。

使命四：促进人的主动发展，引导学生主动地学习、自由地成长。

说到教育，在很多人的头脑里马上会呈现出这样一幅画面：一排排排列整齐的桌子旁，一个个孩子坐得端端正正，认真地或心不在焉地听着老师讲课，老师站在讲台上日复一日不厌其烦地传道、授业、解惑。老师讲、学生听，是千古不变的基本教学模式。

“教是为了不教。”当年叶圣陶先生讲这句话，意思是要注重对学习方法的培养，授人以鱼，不如授人以渔。学生自己可以掌握学习方法，自学，靠自己学。今天我们对这句话显然有了更深刻的理解：学生不是被动教学的接受者，不是固定知识的存贮者，不是教师人格的复制者，而是师生互动、课程、教学的共同创造者。从心理学的角度说，学习过程是主观建构的过程，没有主观的积极参与，就没有高质量的学习，更没有创造性的发挥。按照行为主义的理解，人的学习过程是被动反应的过程，有什么刺激就有什么反应，所以行为主义的教育改革关注的是呈现方式和技巧的改进。但人的大脑并不是简单的反应器，人脑是加工器，是过滤器，是在互动过程中形成独一无二的认知结构的复合体。被动学习不仅是心智的障碍，而且是人格的障碍。从社会学的角度说，今天的学习者是明天的建设者，是社会的主人，人类文明的发生发展历史是江山辈有才人出的历史。有自主发展的学生，才有自主发展的民族性格和民族精神。用这样的观念看问题，学生的自主学习不仅是提高学习效率和学习质量的要求，而且是铸造自主民族性格的要求。

说到这里，我们有必要重新认识教师的意义，重新定义教师的角色。我们已经习惯于把教师定位于传道、授业、解惑者，按照这样的定位，教师是先知者，是真理拥有者，是万能之人。特别是师严乃道尊的传统把教师祭上了神坛，师生之间失去了人和人之间基本的平等关系和对话机制，学生的思想自由和想象空间受到了无形的抑制。按照促进学生自主发展的要求，教师的角色应该从“演员”转变为“导演”，教师不是自己表演，而是组织帮助、协助、欣赏学生表演；学生应该从观众、听众席走向教学舞台的中心，成为表演者，在表演的过程中增长知识，增强自信，实现人格的独立。

使命五：促进人的终身发展，着眼于学生的健康成长和终生幸福。

“活到老，学到老”，表达的是一种生命不息、学习不止的情怀，也是一种人生的态度。但是到了现代社会，这已经成为一种客观要求，成为教育的基本特征之一。据信息学家的分析，互联网时代以来，人类的信息量迅速膨胀，近30年产生的信息已与人类文明5000年产生的信息量的总和基本相当。信息爆炸对应的是知识更新速度的加快，在信息科学领域，学生在大学一年级学到的东西到毕业时已经有过半的内容被更新了。其他学科更新的速度虽然没有这么快，但也是呈现加速发展的趋势，一个人一生中应用的绝大多数知识是离开学校后在工作过程中学得的。与此同时，旧的职业、工种、岗位不断消退，新的职业、工种、岗位不断出现，终身学习成为每个人的基本需要。

为了适应这种变化，20世纪六七十年代出现了终身教育理论，发达国家开始建立终身教育体系，并不断向发展中国家蔓延。进入21世纪后，终身教育逐渐被终身学习的概念所取代。这种概念的转换反映了社会对教育方式和学习方式变革的新要求。终身教育虽然把教育生涯拓展到了正规的学校毕业之后，并试图建立学校教育与继续教育相互联通的体系，但仍然远远跟不上现代信息技术特别是互联网的普及带来的新变化。互联网背景下的在线学习使得传统教育的基本特征——在固定的时间、固定的地点学习固定的内容，变成了可以在任何时间、任何地点学习任何内容，突破了时空限制，老师讲、学生听的基本模式受到了挑战。互联网成为一个人更新知识、掌握新技术和社会文明新成果的重要渠道。在这样的情况下，培养学生终身学习的意识、态度和能力，促进学生的终身发展，就成为教育的新使命。而且可以想象，这一功能将越来越强大，也越来越挑战现有的教育模式。

教育的这五个使命，准确地说是教育促进人的发展的五个维度，是相辅相成的，在教育改革的实践中并行不悖、相互促进。

第二节 决胜未来的三种核心能力

不同的时代、不同的社会发展阶段，对人才培养的数量、质量、规格有不同的要求，培养适应和引领时代发展要求的人才是教育的根本使命。当今世界变化迅速，但其基本特征却更加凸显：知识经济方兴未艾，逐渐成为世界主导经济；经济全球化深入推进，国际竞争日益加剧；信息网络化全面普及，知识和技术不断推陈出新。响应挑战，把握机遇，持续地提升我国的发展水平，关键在人才，基础在教育。面对新形势、新挑战，什么是决定个人和民族未来发展的核心能力？纵观历史，面向未来，三种核心能力赫然写在时代的路标上：创新能力、国际竞争能力、终身学习能力。

创新能力

1975 年，时年 20 岁的比尔·盖茨与好友一起创立微软公司。1995 年，他的个人资产达到 129 亿美元，跃升为世界首富。这样的“神话”是怎样产生的呢？这固然与其聪明智慧、精于运营和坚忍不拔的意志密不可分，但更重要的是，人类进入了一个新时代——知识经济时代，或者叫创新经济时代，为“神话”的上演搭建了平台。

人类文明经历了三种基本经济形态：农业经济、工业经济和知识经济。农业经济的主要动力是土地的扩张和简单劳动力的增加。工业经济的动力主要是资源的利用和技术工人的增加。在知识经济时代之前，历史上的富翁大多是钢铁大王、石油大王、汽车大王等。可是知识经济不同，比尔·盖茨成为首富时，微软只有一万多人，其消耗的能源和利用的资源与工业经济相比几乎可以忽略不计。那么，创新公司成功的秘诀是什么呢？——靠的是创新能力，靠的是创新思想转化为创新技术，创新技术转化为创新产品，创新产品创造了新型消费。知识经济的本质是创新驱动。

创新经济与传统经济的最大不同是它创造了一个与实体世界完全不同的世界——虚拟世界。这个与实体世界相对应的虚拟世界，仍在不断扩张、不断丰富，对人类生活的影响越来越广泛，越来越深入，魔幻且深刻地改变着世界的面貌。

虚拟世界是一个无中生有的世界，是一个靠想象力创造出来的世界，在这个世界里你的想象力有多丰富，你的世界就有多灿烂。

想象力、创造力，归根结底，是人的创新能力。

中华民族是一个不乏想象力、创造力的民族。美国《大西洋月刊》曾经邀请了12位杰出的科学家、技术史学家、工程师、企业高管等组成的专家团，评选对人类最有影响的50项最伟大的发明，按照得票多少排序，中国有五项发明排列第1、第6、第14、第17和第43名，它们分别是：印刷术、纸、火药、指南针和算盘。①② 但15世纪以后，世界进入科学时代，中国就再也没有举世皆知的伟大发明。20世纪以后的各种创造发明，诸如排列前100项、前200项的伟大发明，也基本都与我们擦肩而过。

改革开放之后，中国用最短的时间消化吸收了世界上已有的先进技术，实现了后发优势、跨域发展。现在我们已经与强手在同一起跑线上。要想持续发展，就必须实现从制造大国向创造大国的转变，就必须培养大批创新人才，就必须整体提高国民创新素质。

中国基础教育的质量是值得自豪的，上海学生连续夺得OECD国际学生评估项目（PISA）冠军的事实充分说明了这一点。但是，毋庸讳言的是，创新能力的培养是我们的软肋，创造力不足是我们的心病。长期以来，我们进行的是接受性教育，是寻找标准答案的教育。就像丰子恺先生的漫画所表现的那样，教育的过程成为把不同的人模塑成相同的人的过程。而创新与接受现成的结论相反，是发散

① 1. 印刷术（15世纪30年代）2. 电（19世纪末）3. 盘尼西林（青霉素）（1928年）4. 半导体电子设备（20世纪中叶）5. 光学镜片（13世纪）6. 纸（2世纪）7. 内燃机（19世纪末）8. 牛痘疫苗（1796年）9. 互联网（20世纪60年代）10. 蒸汽机（1712年）11. 固氮作用（1918年）12. 卫生系统（19世纪中叶）13. 制冷技术（19世纪50年代）14. 火药（公元10世纪）15. 飞机（1903年）16. 个人计算机（20世纪70年代）17. 指南针（公元12世纪）18. 汽车（19世纪末）19. 工业炼钢技术（19世纪50年代）20. 口服避孕药（1960年）21. 核裂变（1939年）22. 绿色革命（20世纪中叶）23. 六分仪（1757年）24. 电话（1876年）25. 拼音文字（公元前1000年）26. 电报（1837年）27. 机械钟表（15世纪）28. 无线电（1906年）29. 摄影术（19世纪初）30. 铧式犁（18世纪）31. 阿基米德式螺旋抽水机（公元3世纪）32. 轧棉机（1793年）33. 巴氏灭菌法（1863年）34. 格里高利历（1582年）35. 炼油技术（19世纪中叶）36. 蒸汽轮机（1884年）37. 水泥（公元前1000年）38. 科学植物育种法（20世纪20年代）39. 石油钻井技术（1859年）40. 帆船（公元前4000年）41. 火箭（1926年）42. 纸币（11世纪）43. 算盘（公元前3000年）44. 空调（1902年）45. 电视（20世纪初）46. 麻醉术（1846年）47. 钉子（公元前2000年）48. 杠杆（公元前3世纪）49. 装配线（1913年）50. 联合收割机（20世纪30年代）。

② 方陵生，法洛斯. 继轮子之后，《大西洋月刊》邀请专家评选出——塑造现代生活的50项重大发明创新［J］. 世界科学，2014（2）：11-17.

性、问题性、差异性的，是打破常规、突破成见，是标新立异、异想天开。接受性的、寻找标准答案的教育，非但不能鼓励创新，而且可能抑制创新。我国要想决胜未来，就必须把创新能力的培养提到国家战略的高度，形成宽松、自由的教育环境，鼓励创新人才脱颖而出。

国际竞争能力

宝马汽车是德国的产品，但宝马汽车的零配件来自80多个国家，波音飞机、苹果手机是美国的产品，但波音飞机的部件来自70多个国家的545家供应商，苹果手机大部分在中国组装……。随着经济全球化进程的不断推进，国家疆界的经济意义明显淡化，各国之间相互依存的程度不断提高。目前全世界近三成的经济总量是由跨国公司实现的，我国的国民生产总值中对外贸易也占有很大的比例。国家之间的影响、渗透、获利更多是通过商品、通过技术、通过服务实现。

生产用品、生活用品、服务性产品的全球化，必然带来技术标准、质量标准、管理标准的一体化。肯德基鸡块的大小、油温的高低、煎炸时间的长短，全世界所有国家使用的是同一份操作指南。节约、高效、安全，成为所有公司追求的目标。一切有利于实现这一目标的技术和规则都会大行其道，从福特汽车的生产流水线到通用电气公司的敞开式办公，从沃尔玛的供应链到阿里巴巴的物流系统，无不成为众多企业竞相效仿的管理范式。

标准的重要性不言而喻。我国为加入世界贸易组织（WTO）进行了15年的艰苦谈判，谈判的焦点就是市场准入标准。为了适应世界贸易组织的游戏规则，我们修改了上百条法律条文。正是由于我们勇敢地应对了经济全球化的挑战，对接了国际标准，我国经济发展才步入了快车道，成为世界贸易的最大受益国之一。

产品的流通，会促进技术标准、质量标准、管理标准的国际化，进而必然提出人才培养标准的国际化，律师、医师、会计师、工程师、建筑师、精算师……的培养，也逐渐形成国际标准和国际认证体系，随之对培养课程、培养方式、实习安排等教学体系提出相应的要求。

毫无疑问，人才的流动、人才的输入输出，将是国际化进程不可分割的有机组成部分，同时也是推进国际化的主体力量。

2010 年我国经济总量跃居世界第二，同时我国已经从引资大国逐步成长为投资大国，2014 年我国的对外投资首次超过了引进外资，实现了历史新跨越。但是我们还要正视的是，我国的投资效益大大低于我国的引资效益，我们的国际竞争能力还不够强。目前，世界上有近千个重要的国际组织，联合国、世界贸易组织、世界卫生组织、国际货币基金组织、世界银行……这些组织在国际生活中发挥着重要作用，但是我国在这些组织中的人员比例和岗位与我国的地位还很不相称。究其原因是国际人才匮乏，国际竞争能力培养不足，我们普遍对国际法律还不够精通，对国际游戏规则还不够了解，对国际话语的掌握还不够娴熟。

长期以来，从家庭到社会，从学校到政府，我们衡量教育水平、教育成效的眼光，都是盯着升学率，盯着“一本率”“重点率”。上大学、上“一本”固然很好，但归根结底还是局限于国内的竞争。即使有一天我们的大学完全普及了，即使所有的大学都办成北大清华了，如果缺乏国际视野，不谙国际标准，不掌握国际话语，依然很难有强大的国际竞争能力。

国际竞争能力的提高必须在国际化实践的进程中实现。教育国际化程度是衡量一个国家教育质量的重要指标，也是提高国际地位、影响力和竞争力的重要推动力。一个国家的教育理念越先进、教育资源越丰富、对外开放与交流程度越高，其教育国际竞争能力就越强；一个国家的教育国际化程度越高，其教育具有的影响力和吸引力也就越大，它们是相辅相成的。

在经济全球化的背景下，国际竞争愈演愈烈。要发展，就必须融入国际；进入了国际社会就要按照国际规则行事，在这种没有硝烟的战争中，掌握游戏规则，最终主导游戏规则的制定才是制胜的法宝。不入虎穴，焉得虎子，闭关自守必定落后挨打，改革开放才能决胜千里。

当然，国际化不等于西方化，推进中国经验、中国标准、中国话语的国际化是题中应有之义。

终身学习能力

1970 年，美国社会学家玛格丽特·米德在《文化与承诺：一项有关代沟问题的研究》一书中非常敏锐和具有预见力地说，历史的车轮即将驶进了她所谓的“后喻文化时代”。她将人类文明划分为三个文化时代：前喻文化时代、并喻文化时代和后喻文化时代。前喻文化时代是年轻人向老人学习的时代，在人类文明史上持续了几千年；并喻文化时代是老人和年轻人互相学习的时代，在人类文明史上才持续了几十年；而后喻文化时代是老年人向年轻人学习的时代，由于新观念、新知识、新技术层出不穷、迅速增长，年轻人的接受能力超过了他们的前辈，这个时代正在到来。米德写这本书的时候还没有个人电脑，没有互联网，没有手机，也没有智能机器人，深刻影响人类生活的这些重大变化都是近三四十年的事。自从互联网时代到来以后，人类的知识和信息以几何级数增长，现在一年产生的信息量比人类文明五千年产生的信息量的总和还要多得多。一个人在学校期间学习的东西再多，也无法适应走上社会以后的变化需要。据统计，在纽约，一个大学生从毕业到工作退休平均大概要流动 13 次，在伦敦大概要流动 11 次，在北京、上海要流动 9～10 次。现在，每天都有大量的工种、专业在消失，甚至整个行业退出历史舞台；同时又有大量新的工种、新的专业诞生。昨天还是容纳百万就业大军的行业如排版、打字、电话转接、报刊画版等说没就没了。2015 年，由美国青年企业家委员会（YEC）提供的一项报告显示，20 年内有 12 大行业可能将不复存在，包括出租车、邮政、造纸、固定电话、手机、信用卡、钱包、电影院、CD、有线电视、快餐店员工以及零售健康保险中介。一朝学习终身受用的历史已经过去，专业对口、学以致用的观点正在成为束缚人的发展的观念。

个人和社会发展的经验都告诉我们，个人成功的原因大都是相同的，不成功的原因则各有各的不同，能否继续学习、终身学习是决定他们成功与否的重要原因。一个人从学校毕业后，如果不能保持学习的意识、学习的热情和学习的习惯，那他一定不会有很好的发展；一个人不管从事什么工种和行业，如果不再学习，不再更新自己的知识和技术，都不可避免地会遭到淘汰。而每个在不同岗位上或多或少取得成就的人，一定都是坚持不断学习、不断获取新的知识和技术、不断锻炼自己新的能力的人。在互联网时代之前，人类是系统地学习知识、积累知识、回忆知识，当面对实际问题时，调动自己所有知识加以综合运用，以解决问题；而在互联网时代，知识、技术发展变化太快，当我们碰到新的问题时，即使调动我们所学的所有知识也无法应对，而只有即时学习、即时运用才能解决问题，这被称为从“Such in case”向“Such in time”的转变。今天，学习能力比什么都重要。

能力是一种意识，比如对于改革创新、国际竞争、终身学习的重要性和可能性的认识；能力也是一种态度，是一种主观上的愿望、情感上的体验，是积极尝试的倾向；能力还是一种方法，是对于技巧、渠道、策略的掌握，能力的增长依靠个人的努力和实践，更依靠社会观念的更新、良好制度的建设和社会氛围的形成。

第三节　批判性思维是核心素养的基础

科学技术突飞猛进，社会变化日新月异，网上购物、扫码支付、共享单车、高速铁路，被称为中国的“新四大发明”，正整体改变着我们的生活方式和交往方式；大数据、人工智能、区块链，将会在更深层次上创造人类的未来。这种变化、这种创造，给人类带来了前所未有的革命性影响：世界变得越来越不可预知。美国2016年人工智能报告称：未来十年到二十年，9%到47%的工作会受到威胁。也就是说，每3个月约有6%的就业机会将消失。[①]麦肯锡全球研究院2017年的报告认为，预计到2055年，全球经济体的有薪工作中，49%将借由改善现有科技而实现自动化，而受自动化影响最大的国家

① Executive Office of the President. Artificial Intelligence, Automation, and the Economy[EB/OL]. (2016-12-20) [2022-01-29]. https://obamawhitehouse.archives.gov/sites/whitehouse.gov/files/documents/Artificial-Intelligence-Automation-Economy.PDF.

为中国与印度。面对势不可当的科技创新浪潮，面对日益多元化、小型化、个性化的社会趋势，面对不断加快的世界变化和充满不确定的未来，按照传统模式学习和思考已难以适应时代的变化，人们需要有新的素质、新的认知方式、新的思维方式，自然也需要有新的教育方式。

进入 21 世纪以来，很多国家和国际组织都在考虑未来人才需要什么样的素质的问题，纷纷提出了核心素养的概念以及培养核心素养的纲领或计划，认为在这个变动不居的世界，如果我们再按部就班地传授知识培养人才，将不能适应时代的要求，必须从以传授知识为主导的传统模式转向着力培养核心素养的模式，着力培养应对世界的关键能力和必备品质。

美国提出的核心素养框架是：生活与生涯能力，学习与创新能力，信息、媒体和技术能力，核心科目和 21 世纪主题。①

OECD 通过调查得出最受推崇的未来能力是：领导力、人生规划与幸福生活、跨文化与国际理解、公民责任与社会参与、批判性思维、学会学习与终身学习、自我认识与自我调控、创造性与问题调控、沟通与合作素养。②

日本制定的 21 世纪关键能力框架是：基础能力、思维能力和实践能力，其中思维能力居于核心地位，包括问题解决力、批判性思维、元认知等。③

---

① The Partnership for 21st Century Skills. P21 Framework Definitions[EB/OL]. (2015-05-15)[2022-03-24]. http://www.p21.org/aboutus/p21-framework.

② OECD. The Definition and Selection of Key Competencies: Executive Summary[EB/OL]. (2005-05-27)[2022-04-21]. http://www.oecd.org/dataoecd/47/61/35070367.pdf.

③ 左璜. 基础教育课程改革的国际趋势：走向核心素养为本 [J]. 课程 · 教材 · 教法，2016，36 (2)：39-46.

新加坡 21 世纪素养的框架则把交流、合作与信息素养，公民素养、全球意识、跨文化素养，批判性与创造性思维作为核心。①

各国对未来核心素养的理解虽有不同，文化差异也较明显，但都对批判性思维予以高度重视，都将其放在突出位置。

为什么批判性思维受到如此的重视和推崇？因为批判性思维不仅本身是一种重要品质，而且是未来核心素养的基础。很多国家及国际组织普遍强调的未来核心素养都强调“4C”，即批判性思维（Critical Thinking）、沟通能力（Communication）、团队合作（Collaboration）、创造与创新（Creativity）。良好的沟通是在相互理解和信任的基础上进行的，创新是以问题和挑战精神为前提的，合作需要以尊重和自尊为条件，而这些都是批判性思维的内在要素，它们相互依存、共同促进。

什么是批判性思维？

哈佛大学校长德鲁·吉尔平·福斯特在 2017 年哈佛大学新生开学典礼上的致辞中说：我们需要具备勇敢、宽容和谦逊的品质，愿意参与知识社群的辩论，愿意包容他人的想法，并愿意基于理性和证据改变自己的观点。不过，这些不仅仅是我们希望在每个学生身上培养的重要智力技能，它们还是至关重要的基本能力——即做出判断和评估事实的能力，以及在新的事实面前虚心学习和自我成长的意愿。她引用了哈佛艺术与科学学院已故的老院长杰里米·诺尔斯在欢迎本科新生的年度典礼上的一句致辞，他所认为的高等教育的最重要目标是：

---

① 师曼，刘晟，刘霞，等. 21 世纪核心素养的框架及要素研究［J］. 华东师范大学学报（教育科学版），2016，34（3）：29-37+115.

确保毕业生能够辨别“有人在胡说八道”。

批判性思维是澄清似是而非、阻击混淆视听的能力。我们的学生需要通过挑战和被挑战，通过直面异议和分歧来学习这种能力，并在这当中找到自己的道路。

有人认为批判性思维主要是逻辑思维能力，甚至等同于逻辑思维[①]。这就把问题看简单化了。逻辑思维对批判性思维当然很重要，思维混乱、概念不清当然谈不上批判性思维，但逻辑学得很好，思维遵守逻辑，并不代表一定具有批判性思维。批判性思维是审慎地判断是非和正确决策的能力，是集知识、价值和思维方法于一体的综合能力和品格。批判性思维的要素有以下几点。

理性：尊重事实，实事求是。要做到实事求是并不是遵守逻辑就可以的。理性以科学知识和逻辑规则为基础，但还要排除情绪、利益、偏好的干扰，保持冷静客观的态度和立场。

怀疑：保持审慎的态度和质疑的精神，既不轻易否定，也不轻易肯定，根据确凿的事实和证据进行判断。

独立：不盲从，自己独立做出判断。独立性需要尊重自己，同时尊重他人，不自恋也不自弃。

责任：批判性思维是一种社会性思维，是对社会的责任的体现，许多放弃批评精神的人首先是放弃了社会责任。

思维自觉：批判性思维还是一种反思的意识，一种对自我、对文化意义的追问。反思是人类成熟的重要成果和重要标志。

影响、削弱、消解批判性思维的因素有心理的，有社会的，我把

① 吴妍．我国批判性思维课堂转化的问题与反思［J］．课程·教材·教法，2018，38（5）：69-75.

它们分为两类，一类称为“自我陷阱”，另一类称为“他人陷阱”。超越自我陷阱，跳出他人陷阱，才能永葆批判性思维的青春。

自我陷阱是自己的思维误区，也是一种人格的弱点，突出表现有以下几点。

①权威光环。因为讲话、发表意见的人是某个领域的专家、权威，或位高权重的人，所以对他们讲的话就不加怀疑，放弃思考。专家权威在他们所在的领域里是可信的，但他们在其不熟悉的领域里并非权威，有时候比普通人知之更少，因为他们可能集中精力于某些领域的研究而很少关心非熟悉领域内的事情。即使在权威熟悉的专业领域内，由于知识和认识的局限性，其死角、无知也是在所难免的。贝弗里奇在《科学研究的艺术》一书中说，科学家在其专业领域内的判断也是经常出错的，尤其是在他们持否定意见时更是如此。

②爱屋及乌。喜欢一个人就认可了他身边的一切，包括他的观点、意见和主张，不分青红皂白、不去进行去伪存真的辨析。认为自己喜欢的一切都好，自己不喜欢的一切都坏。

③人云亦云。别人怎么说，自己也跟着怎么说。没有主见，随声附和，随波逐流。人云亦云有两种情况，一种是放弃思考，一切等待别人的声音；另一种是放弃发言的权利，虽然自己有想法、有观点，但就是不说，放弃发表自己意见的权利同时也是放弃了自己应该承担的责任。

④一叶障目。“一叶蔽目，不见泰山；两豆塞耳，不闻雷霆。”说的是小的风景、小的利益让自己看不到更开阔美丽的风景或更大的利益。另一个相似的成语是“攻其一点，不及其余”，仅仅因为一些小的失误或不足就全盘否定别人所取得的成就或主要优点。

⑤盲人摸象。四个盲人摸象，摸到牙齿的说大象就像一个超大

的萝卜，摸到耳朵的说大象是一把大蒲扇，摸到大腿的说象是一根柱子，摸到尾巴的说象是一根草绳。实际上我们在判断事物时经常处于盲人摸象的境地，没有认识到自己的局限性，而信誓旦旦，以偏概全。

⑥先入为主。先听进去的话或先获得的印象在头脑中占有主导地位，以后遇到不同的意见时，就不相信或不接受。

⑦心存偏见。已经形成的看法或情感形成了思维定式，阻碍自己接受新的观点或信息。古人云："利欲未尽害心，意见乃害心之蟊贼；声色未必障道，聪明乃障道之屏藩。"利欲未必都会扼杀天性，只有自以为是的偏私和邪妄才是残害心灵的毒虫；声色享乐未必都会妨碍人对真理的探求，自作聪明才是修悟道德的最大障碍。

⑧自以为是。脱离客观现实，只凭主观臆断去想、去说、去做，去对待千变万化、纷繁复杂的社会事物，认为自己都是正确的，甚至认为只有自己的才是正确的。自以为是的心理根源是"自我中心"。自我中心一是心智不成熟的表现，儿童早期对世界的认识完全是以自己的身体和动作为中心的，是"自我中心主义"的；二是自私自利，只考虑对自己有利的意见和做法等。

他人陷阱是（明确或不明确的）对手通过强词夺理来混淆视听，服务于自己利益的伎俩，如果不能识破这些伎俩，就可能落入他人陷阱。突出表现有以下几点。

①谎称"众所周知"。用"众所周知""大家知道""社会普遍认为"这类毫无事实根据、随便贴上去的标签做幌子，欺世盗名，愚弄别人。

②合理化。用虚假的托词来实现自己的愿望或利益的欺骗手段。比如，张三决定在他的生日那天为妻子买一张新桌子，并告诉妻子："这桌子不便宜，但你会喜欢的，因为这样我就可以在车库里干活儿

而不会妨碍你了。”这个虚拟的例子中，“推理”谬误是相当明显的。张三把自己的愿望和妻子的愿望混为一谈了。

③虚假的两难境地。在还有其他选择时，却只给予两种极端的选择，就是虚假的两难境地。下面是美国的一个例子。

国会议员克莱格恩霍：今年我们不得不再次削减社会工程方面的支出。

为什么？因为我们要么削减支出，要么承受巨额赤字，而我们不允许巨额赤字。①

其实，社会工程支出与巨额赤字没有关系。

④稻草人谬误。就是树一个靶子自己进行攻击，假设一个观点然后自己进行批判。为反驳对方的立场，歪曲、夸大或以其他方式予以曲解，使得被攻击的不是对方的真实立场，而是更容易被批判的立场。几乎所有牵强附会的“争鸣”文章都有这个毛病。

⑤假设推论。“如果允许A发生，B就会随之出现”，所以，如果不希望出现B，就不能让A出现。其实出现A必然出现B是一个毫无根据的假设，是自己的一个推论。美国反对“手枪控制”的人用的一个假设推论就是：如果出台手枪登记的法律，就不可避免会继之规定，一切持枪皆为非法。假设推论的另一种形式是：“我们必须继续某一行动，因为我们已经开始了这一进程。”已经做了成为继续做的理由。

⑥双重标准。“用马克思主义的手电筒照别人，用自由主义的镜

① 摩尔，帕克．批判性思维［M］．朱素梅，译．北京：机械工业出版社，2012：135.

子照自己”就是说的这种情况。现在国际上双重标准的行为也经常可见，这些往往是出于自身目的的无赖行为。如果我们不能识别这种行为，还跟他去“讲理”，其实就已经陷进了他的陷阱。

⑦被平均。被提高、被改善，是很多人常会产生的感觉。通过统计数据的平均化，通过不科学的抽样调查等方法获得貌似科学的数据，得出不可信的结论。

⑧有罪推定。是指未经司法机关依法判决有罪，对刑事诉讼过程中的被追诉人，推定其为实际犯罪人，对其冠上罪犯的头衔，进行罪犯式的批判。在生活中，对未经确认的过错人进行过错者式的批评、嘲笑甚至打击，还要求被推定的犯罪人、犯错人提供没有犯罪、没有犯错的证据。

⑨妖魔化。毫无根据地把一个人或一件事与社会或历史公认的恶人或丑恶的行为联系在一起，用批判恶人或恶行的语言、概念批判这个人或这件事。比如，在攻击一个人之前，先把他认定为一个疯子，……，等等。

这些误区和伎俩都是发展批判性思维的障碍，只有突破这些误区、识破这些伎俩，批判性思维才能真正发展起来。逻辑训练、写作练习、辩论交锋等，都非常有助于提高批判性思维能力。

第四节　学校教育的结构性变革

我们耳熟能详的田忌赛马就是一个通过比赛选手的结构性调整反败为胜的经典案例。

钻石和石墨都是碳元素大家庭的成员，但由于它们原子排列组合方式的不同，一个成为自然界中坚硬物质的翘楚，一个则是易脆物质的代表。同样的元素由于原子组合方式的不同，功能会有如此大的差异，这就是结构性变化的神奇作用。

在教育领域，我们经常说到模式这个概念，人才培养模式是说得最多的。所谓不同模式，其实就是相同元素的不同组合方式，进而形成不同结构，而模式创新，也可以说是进行结构的调整，发生结构性变化。学校教育的元素很多，但学生、教师、内容和方法始终是最基本的，这些元素在课程安排、教学过程、活动开展和测量评价等基本环节中扮演的角色不同，其效果会大相径庭。

当前，知识经济逐渐成为主导经济，创新驱动成为社会发展的核心动力；国际化进程深入推进，具有掌握和掌控国际话语能力的人才拥有核心竞争力；信息化技术日新月异，终身学习能力成为社会和个人发展的最大法宝。中国教育正在实现从“有学上”到“上好学”、从“有质量”到“高质量”的转变，要完成这种转变，培养具有社会责任感、创新精神和社会实践能力的人，学校教育非实行结构性变革不可。

课程的结构性变革：从统一到选择

《国家中长期教育改革和发展规划纲要（2010—2020年）》中有一段话特别精彩："努力办好每一所学校，教好每一个学生"，"为每个学生提供适合的教育"。好就好在适合二字。好教育的标准是什么？——适合，适合就是好。而适合的前提是有选择、可选择。有选择，才有适合可言。整齐划一，统一安排，就没有适合，就不可能好。孔子在2500多年前就说了要因材施教。工业革命以后，教育成为社会的基本要求，为了大幅提高教育效率，捷克教育家夸美纽斯提出了班级授课制，适应了社会发展的需要，所以班级授课制很快成为全世界的普遍教育形式。班级授课制有个假设，即相同年龄的儿童具有相同的学习能力，所以面对相同年龄编成班级的儿童，可以用同样的速度教授同样的内容，甚至期待有相同的结果。然而，这个假设是不成立的。心理学的研究证明，同是7岁的儿童，他们的心理水平从4岁到11岁不等，更不要说他们生活在不同的家庭，具有不同的生活经历和生活体验了。一个孩子自身各方面发展也是不平衡的，"好学生"不是什么都好，"差学生"不是什么都差。所以在班级授课制形成后不久，改革班级授课制的努力就没有停止过。道尔顿制、文特纳卡制都是代表性的改革例子。改革班级授课制的目标都是增加学制的弹性，增加课程的选择性。

2000年以后我国开始的新一轮基础教育课程改革在政策上具有了选择的意识，确立了国家课程、地方课程和学校课程制度，目的就是发挥地方、学校和教师的主动性、创造性，根据地方、学校和学生的特点，开设富有特色的选修课程。但是所有学生按照一张课表上课仍然是大部分学校的实际情况，课程的可选择性很小。分析起来有三个主要原因。一是认识不到位，大部分学校把国家课程理解为统一课程，认为只能按照统一标准来上课。其实再好的国家课程也不可能适合所有的学生，需要学校根据实际情况有所取舍、有所改造。二是高考压力造成的应试教育，考的才是应教的，教的才是应学的，统一的国家考试造成了统一的学生学习。三是学校和教师的课程建设能力不足。照本宣科与自己开设课程对教师素质的要求完全是不同层次的。没有对学生需要、社会需要和知识发展的了解，是不可能开设出好的选修课程来的。从这个意义上来看，课程的选择性不仅是学生的需要，也是学校文化建设和师资队伍建设最重要的载体和最重要的抓手。具体而言，可以进一步划分为类型选择、程度选择和特色选择三个类别。

类型选择。人心不同，各如其面。借用这个成语来说明人的心理特点也是很恰当的。人们早就知道，有人擅长数学之类的抽象思维，有人擅长文学之类的形象思维，有人擅长绘画之类的艺术思维，有人擅长操作之类的动作思维。对此美国心理学家加德纳的多元智能理论进行了更加精细的分析和实证研究。类型选择就是要在课程设计和组合的时候，为不同思维特性的学生提供不同组合的课程，如理科类、文科类、艺术类、社会实践类等。

程度选择。同一思维类型的人学习的能力和兴趣也不是完全相同的，有人希望数学学习的程度深一点、历史学习的程度浅一点，有人反之，等等。这就要求将不同的课程分成不同层次，给学生选择的空间。

特色选择。除了主修课程的分层分类，为了适应学生发展特长、爱好和特殊需要的学习，为了反映独特的文化传统或对社会发展的理解，就需要开设丰富多彩的特色课程，最大限度地满足学生个性化发展的需要。

教学的结构性变革：从被动到主动

当你和一个朋友兴奋地进行交谈的时候，碰巧旁边有一台电视机在播放新闻，如果问你刚才电视里说什么，你能说得出吗？你最可能的反应是：没注意啊！

是的，人的学习过程是主动参与的过程，如果没有注意，没有热情，没有投入，就不能习得。但是我们常常忘记了这个基本道理，教师讲、学生听是教学的不变模式，这并不是中国独有的。苏联著名的教育学家凯洛夫提出了经典的五步教学法：准备上课、复习旧知、讲授新知、巩固新知、布置作业，教师是整个教学活动的主动者、主导者，学生是被动者、接受者。这种模式在中国至今处于支配地位。全国每年不知开设多少公开演示课，那些公开课、演示课，通常都是教师讲得风生水起、幽默生动、收放自如的“表演”课，教师俨然是优秀的演员，学生则是醉心的观众。能够有这样的教师、听这样的课，学生当然是开心的，是幸运的，毕竟这样优秀的教师还是少数。但是，在这样的课上，学生到底学到了什么呢？他学会发现问题了吗？学会寻找解决问题的办法了吗？学会与他人合作解决问题了吗？学会表达自己的思想、困惑和见解了吗？通过自我表达增强自信了吗？培养了独立自主的精神和坚持不懈的意志品质了吗？总之，一个观众通过观看演员的表演就能具备一个演员的才能、情感和自信吗？显然不能。

优秀的教师不应该是演员，而应该是导演，应该使学生成为优秀的演员。

学生从学习的跟班到学习的主人，核心是教学方式的转变，主要包括以下几点。

自主学习。自学，带着问题学，按照自己的节奏和方式学，学得才会起劲，才会深度参与；参与越深，投入越多，冲突越多，学习就越深入、越深刻。这时，教师的作用非但不能削弱，而且要符合规律地加强，要设置合适的问题情境，激发学生的兴趣和智慧。

合作探究。两个人交换一个苹果，一人只有一个苹果；两个人交换一个思想，每人都有了两个思想。两个人的思想相互碰撞，可能产生出第三个、第四个思想，更重要的是，通过交流可能会激发思维产生更深刻、更清晰的变化，同时通过合作探究学习可以获得社会性沟通与合作的品质。

自我展示。一个人理解某个知识和自己讲出来让别人理解这个知识是完全不同的境界。从心理学上说，一个是消极知识，即理解了的知识；一个是积极知识，即能够运用的知识。自我展示就是使消极的知识向积极的知识转化，并且能够增强学生的表达能力和自信。

新课程改革的一个重要理念，或者说衡量新课程改革成败的标准，就是看教学方式有没有发生变革，学生有没有成为学习的主人。如果课程改革实施了二十多年，教学方式仍然是教师讲、学生听，那便是课程改革的失败。只有学生真正焕发出自主学习的热情，成为学习的主动参与者、建构者，才是课程改革目标的实现。

评价的结构性变革：从单一到多元

很多时候学业成绩成了评价学生的全部内容，甚至成了学生的标志！无论是成绩优异者还是学业落后者，每个学生都背着这个包袱。一个个丰富多彩的生命，一个个具有鲜明个性的生命，竟然被分数排行遮蔽了一切，被压在了五行山下！

改革这个状况的根本办法就是使单一评价取向向多元取向转变。

评价标准的多样性希望达到这样的变化：每个学生都被排在第一。我们相信每个人都有超乎别人的、个性化的特质，有些人善于抽象思维，有些人善于形象思维，有些人敏感，有些人有忍耐力……所有这些特性都无所谓好坏，在特定的环境下都可能成为不可替代的优点。我们期待出现这样一种局面，每个学生、每位教师、每位家长，都知道、都能脱口而出某个孩子排在第一位的品质是什么，排在前三位的品质是什么。到了这种境界的时候，学生看重的是自己的优点、特点，教师看重的是学生的特色、特长，学校看重的是每个学生生命中不可替代的东西，如此，教育的功能就是使每个不同的学生变得更加不同，而不是把不同的人变成相同的人。

现在很多学校的墙上都贴有这样的标语：多一把尺子多一批人才。希望这一口号成为越来越广泛的共识，更希望这一共识真正成为评价实践。

多元评价的另一个值得提倡的优点是发展性评价。现在我们进行的评价多为比较性评价，为的是排序和筛选，而发展性评价，不是看一个人与别人比怎么样，而是看自己与自己比怎么样。在欧美国家，发展性评价在基础教育阶段已逐渐成为学校评价的主流。学校的根本使命是育人，是促进人的发展，是使每个人看到成绩，看到希望，看到美好的未来，而不是让人气馁，让人失去希望。发展性评价的意义就是从根本上纠正传统评价的理念和方向，把人的发展、把促进每一个人的发展作为教育工作的出发点和落脚点。

活动的结构性变革：从学科的延伸到社会性协作

活动在学校教育中几乎是个盲区，在很多教师、校长的头脑中，在学校的管理规定中，在教育行政部门的考核指标中，活动的关注度往往很低，但事实上活动是缺不得的。

一个人从学校毕业走上社会之后，成就的大小、发展程度的高低，主要并不取决于他在学校里的学习成绩，而取决于他的社会适应能力，特别是社会合作能力，当然也包括竞争能力和创新能力。有人说这是情商，其实就是人的社会成熟性。

一个人从6岁到18岁，从小学到高中毕业，在学校中要度过12年。这个阶段本来也应该是学生社会化的过程，但是，事实上学校在促进学生成为一个成熟的社会人方面，远远没有起到应起的作用。美国哲学家杜威先生曾强烈地主张，学校即社会，社会即学校，即学校最重要的功能是促进学生的社会化，社会成员应该学习不止，社会应该为每个成员提供不断学习的环境。杜威当时讲这些话的时候也是基于对传统教育脱离社会生活、脱离社会实践的批判。

我们的学校班级虽说也是小社会，但不是完全的社会，甚至不是真正的社会。虽然四五十个学生天天在一个共同的集体中生活，班级但并不是真实的社会。社会的交往规则、沟通方式、人际关系、情感纠葛、矛盾冲突等，在班级、课堂里多半反映不出来，学生也得不到真正的社会化锻炼，所以学生从学校毕业后，经常有点不食人间烟火，有点“傻乎乎”的。只有让学校充满了人间的真实信息，学生才会变得更加成熟，才能更顺利、更负责任地走上社会。

学生组建社团、参与社团活动是丰富社会性、增强社会责任能力的最重要也是最基本的途径，特别是自己组织社团，更是锻炼的最好方式。组织一个社团需要提出办社团的章程，需要制订活动规划，需要获得别人的赞同和支持，需要组织活动，需要利用各种资源，需要评价活动结果，等等，这样社团才能持续发展。而获得这种能力和意识的过程，除了亲身实践别无他法。我曾在一所学校看到过这样的口号：有 100 个学生，就有 101 个学生社团。这句口号给我强烈冲击，这就是要尽最大努力保证每个学生自己要组建至少一个社团。如果真正做到了这一点，功莫大焉！

社团活动的第一个重要要求是社会性。学习兴趣小组不能替代社团活动，有些学校可能会说，我们组织了很多兴趣小组，有语文的、数学的、音乐的、舞蹈的等等。这是不够的，社团活动不是学科教育的延伸。所谓社团的社会性，是说社团活动的内容要关注社会现实、反映社会情感、把握社会脉搏、体现社会责任，与知识的学习形成重要的互补。

社团活动的第二个重要要求是合作性。社会活动不是个人自己的自娱自乐，不是多少人在一起的各自活动，而是人和人之间的互动。比如说，如果五十个人在教师的带领下各自练习乐器，就不是合作性活动，但如果他们练习的是交响乐，互相配合，那么这就是合作性活动；一组人出去做社会调查，各做各的，不是合作性活动，一组人做相互关联的调查，产生“1+1 > 2”的效应，才是合作——任何一个人的行为会影响整体活动效果和每一个其他人的行为。合作有谦让也有计较，有争取也有妥协，有明争也有暗斗，有进行到底也有不欢而散……这就是社会，这就是每个学生将来必然碰到的真实情况。有合作才有社会性，在合作性的社会活动中，才能提高对自己的认识，对他人的认识，对人性的认识和对社会的认识，才能真正聪明起来。

社团活动的第三个重要要求是自主性。社团活动的基础是自己的兴趣和擅长，一定要是自己发起的、自愿参与的，而不是被安排、被强迫的。自主性越高，潜能调动就越大，得到的锻炼就越多，收获才越大，才越能持久。

这种结构性的变革，这种教育模式的整体变革，是社会发展和人的发展的历史需要，是教育高质量发展的内在要求。

第五节　办有选择的教育

什么是好教育？——适合就是好。

怎么才能适合？——提供有选择的教育。

提供有选择的教育是新的发展阶段的历史要求，是转变教育发展方式以提高质量为核心的哲学基础，是深化教育改革的时代趋势。

有选择的教育，是人选择教育，而非教育选择人。社会发展越来越多样化，丰富多样的社会需要丰富多样的人，人的发展的丰富多样与社会发展的丰富多样相辅相成。同时，人和人是不一样的，人的个性发展到什么程度，这个社会的多样性和人的多样性的匹配就能达到什么程度。我们讲德、智、体、美、劳全面发展，这是教育目标的总的原则，要具体落实到每一所学校、每一堂课、每一个环节的时候，光有这几个字是不够的。古语说，人心不同，各如其面。美国学者加德纳关于人的智能结构的研究，揭示了人有9种相互独立的智能要素，每个人有自己的智能结构，它们没有好坏之分，只是类型的差异。在生活中我们不难发现，有些人思维缜密，对数字十分敏感；有些人敏捷，吹拉弹唱，样样精通；有些人思维流畅，文采飞扬。但要全知全能却很难得，即使语文能力也分听、说、读、写，有些人很善于倾听，但是说不好；有些人口吐莲花，但是写不好；有些人妙笔连珠，但是不善于说。当然，也有人听、说、读、写都很好，所以听、说、读、写这四种能力是相互独立的。法国医生布鲁卡发现在人的大脑中存在与听、说、读、写相对应的功能区，医学上称为布鲁卡区。可以选择是个性化的本质要求。但我们现在的教育总体上说是统一化的教育，统一的学制、统一的学科、统一的课程、统一的标准、统一的管理、统一的评价，甚至统一的教材和统一的教学方法。现在的教育基本上是教育选择人，谁不适合谁就被淘汰；而非人选择教育，人在教育中各得其所，各展所长。现在，到了破解这个难题的时候了。不同年龄，甚至相同年龄的人，其心理发展水平、家庭背景、成长经历、知识结构、兴趣爱好、发展志向是不一样的，要适应人的发展，就需要由人来选择教育，就需要有丰富多样的教育可供选择。

有选择才有选择的教育，好教育就是能提供有选择的教育。超市的创立是现代商业模式的一个重大发明，它被评选为一百年来世界最伟大的创新之一。超市之所以被评为一项伟大的创新，不仅因为它是一种销售方法的变化，给人们带来了便利，更重要的是它改变了买卖关系，人的需要和尊严得到了很好的尊重。教育就更要如此了，有选择的教育不仅是为了更好地适应社会的发展要求，而且也是给学习者带来幸福感的根本途径。教育的根本功能在于促进人的发展，激发人的热情，点燃每个人心中的火焰，鼓舞人充满希望和信心地走向未来，而不是成为选拔和淘汰的工具。工业化统一学制以后有两种教学制度越来越得到认可，一种是学分制，一种是选修制，其实这是一个问题的两个方面。为什么这两种教学制度在所有国家、所有教育体系里都越来越受到推崇呢？其道理就在于，在有选择的空间里，我们才有更多的课程教学改革的要求和创新的可能性。教育改革、教学改革的一个重要任务就是提供更多选择的可能性。

有选择的教育必须通过深化改革，创造可选择的机会才能逐步实现。创造选择的机会是推动改革的重要动力，也是检验改革成败的重要标准。当我们在努力创造更多选择可能的时候，首先要建立正确的观念。第一，有个性无好坏。人无论是情感型，还是智力型，无论是创新型，还是接受型等，所有不同的人格都有其不可替代的价值，都是整个人类生态系统中平等的一分子，都应该受到同样的尊重，不应该厚此薄彼。第二，有类型无等级。教育有各种各样的类型，比如普通教育和职业教育、民办教育和公办教育、学历教育和职后培训等，不同类型的教育都是社会发展和人的发展的有机组成部分，功能不同，使命不同，但是没有高低贵贱之分。第三，有差异无差距。为了满足不同需求和多种选择，不同学校应办学有特色，教学有风格。但研究型大学和教学型大学、艺术性学校和技术性学校、综合性学校和专科性学校等获得的关注和得到的支持不应该有差距，在政策的平台上应该获得同样的发展机会和展现差异的可能性。

办有选择的教育，必须实现教育评价的多元化。评价是风向标，评价是指挥棒，多一把尺子就多一批人才，多一种标准就多一批好学校。如果我们承认不同性格、不同特点的人具有不可替代的独特意义和生命价值，如果我们承认不同类型、不同层次、不同特色的学校都在对人才培养、社会需要做出自己的贡献，那么就不能简单地用定等级、排名次的办法来划分学校，并依据划分的结果进行资源配置，不断地扩大人为的差距，强化人的标准化，而应该根据不同类型、不同特点、不同使命制定多元评价标准，营造鼓励人人都努力做最好的自己的氛围。

丰富多样性是世界的本来面貌，也是社会发展的必要条件。如果世界都一样了，这个世界也就死了。

信息技术在教育中的广泛运用也为办可选择的教育提供了广阔的前景。网络化、数字化、智能化，为满足个性化的选择提供了快速、便捷实现的可能。现代信息技术的广泛运用，一定会为教育的可选择性提供更多的可能。

可以自由选择，是教育的最高境界。适合的教育才是好的教育。俗话说，鞋子穿在自己的脚上，合不合脚只有自己知道。对这个人是好教育，对那个人来说可能就不那么好；对你来说是好教育，对于他来说可能根本不能满足需求。好学校绝不是一样的学校，教好每一个学生也绝不是用一个标准培养和评价学生。我们现在不许择校，实在是无奈之举，也是学校单一化、雷同化的结果。理想的状态恰恰是鼓励人们根据自己的兴趣爱好和发展理想选择适合自己的学校，鼓励学校办出特色、办出水平，为不同人的不同选择、要求创造条件。

第六节 校长的第一使命

校长的第一使命是什么？

就这个问题我进行了一次小型采访调查，调查对象有校长、家长，有教师、局长，也有海外留学生。答案多种多样，不一而足：

有的说校长的第一使命是明确办学方向；

有的说是制订学校发展规划；

有的说是建章立制，建立良好的人事制度和管理制度；

有的说是争取资源；

有的说是领导课程改革，提高课程领导力；

有的说校长的使命在于激发热情、形成思想、明确任务、操作到位，等等。

在意见并不聚焦的情况下讨论这个问题就难免有很强的主观性了。为了使大家对这个问题更易达成共识，有必要先明确一下怎么理解第一使命。我的定义是：

第一是最重要的工作，这项工作做不好，教育质量就上不去，人才培养的功能就会受到很大削弱，学校的地位也会受到影响；

第二是最基础的工作，是学校做好其他工作的前提，学校的其他工作都是在它的基础上发展起来的，离开了它，学校就办不好；

第三是最持久的工作，不是一朝完成、永久受益的，需要不断去维护、不断去努力、不断去创新。

用这样的标准去衡量，在我看来，校长的第一使命只能是促进教师的专业发展。在校长的工作中没有比促进教师专业发展更重要、更基础、更持久的了。

前不久与于漪老师交谈，没想到她和我的想法惊人相似，她说，校长的使命是发展教师第一、发展学生第二。这里的第一、第二显然不是说重要性第一、第二，而是说前提和基础，只有教师发展的工作做好了，学生的发展才能得到实现。没有教师的发展，就没有学生的发展。人们经常说，校长是学校的灵魂，教师是质量的关键，这里的教师当然不是一成不变的教师，昨天合格的教师不等于今天仍然合格，今天合格的教师不等于明天仍然合格，教师只有与时俱进才能保持思想观念、能力水平的领先。这又让我想起北京十一学校原校长李希贵曾经写的一本书——《学生第二》，针对这个书名还产生过一些议论。学校以学生为本，以学生的发展为出发点和落脚点，这样的道理李校长自然是十分清楚的。看了书的内容就会明白，他说的是，要想使学生得到好的发展，首先要使教师有好的发展，校长不可能面对每个学生，每天直接面对学生的是教师，校长直接面对的也是教师，所以促进教师的专业发展是校长的第一使命。

这个道理很简单吧，校长都明白吧？不见得，多数情况下社会上的很多人对此是模糊的，前面的小调查已经说明了这一点。所以校长需要明确地认识到这一点，坚持不懈地把做好促进教师专业发展的工作放在最重要的位置。

激发教师的热情和对教学的敬畏之心

有一位医学院的院长在谈到医德的时候说：面对医生，病人毫不犹豫地脱得赤身裸体，无怨无悔地吃下难以下咽的苦药，甚至心甘情愿地摘除体内的某个器官，那是一个人只有在面对上帝的时候才会做的啊！病人把生命都托付给你了，你怎能不肃然起敬、一丝不苟呢？病人把生理上的生命交给了医生，家长则把学生精神上的生命交给了教师。“教师是人类灵魂的工程师”，对学生的影响贯穿一生。如果要列举五位在自己成长过程中对自己产生终身影响的人，相信其中一定至少有一位是教师。教师的每一个言行、每一堂课，就像雕刻大师的一凿、一铲，塑造出学生的未来形象。当教师退休、进入暮年的时候，每年都会有一批批取得了成就、做出了贡献的学生前来看望，这是任何一个行业都无法比拟的幸福。人工制造的任何产品都会随着时间的推移日益陈旧、过时、废弃，而教师的工作成就却历久弥新，唯有教师的作品——学生，会薪火相传、生生不息。面对这样的荣誉和责任，教师有什么理由不怀着神圣的、敬畏的心情，面对每天怀着新的期待的学生，面对每天伴随着新的变化的课堂呢？在与学生交往的过程中教师也实现了与学生的共同成长，体验到了领略新世界的幸福。

从事教师职业的原因有多种，走进讲堂的机缘也不一样，并不是每位教师都是怀着对教育工作的热爱、对学生的热爱走进学校的。而一个不热爱孩子的教师从事教育工作，用苏联教育家苏霍姆林斯基的话说，那是他本人的不幸，更是学生的灾难。而当他真正理解了教师工作的意义和神圣使命时，他一定会爆发出对教育工作的热情来。校长，应该是这种热情爆发的导火线、推进器和加油站。

帮助教师制订专业发展规划

刚进学校的教师会被新的生活所吸引、所感染，充满好奇和激动，但同时也充满了疑虑和期待；有了一定教龄以后，对教育教学的工作已经基本熟悉，获得了基本的认可，可是在各种矛盾和议论之中，对到底怎样才是一名好教师仍然会充满疑问；老教师对一切都已经非常娴熟，但面对周而复始的工作又会慢慢滋生职业倦怠。校长的重要任务就是帮助不同阶段的教师因人、因时、因地制宜地制订相应的发展规划，以便有的放矢地采取促进教师专业发展的有力措施。

人们经常引用外国的两位教育学者福勒和布朗关于教师需要和不同时期所关注问题的理论，把教师的成长划分为关注生存、关注情境和关注学生三个阶段[①]。这种划分虽然笼统简单，但比较真实地反映了教师发展的一般趋势。第一个阶段是关注生存阶段，他们非常关注自己的生存适应性，最担心的问题是："学生喜欢我吗？""同事们如何看我？""领导是否觉得我干得不错？"等等。第二个阶段是关注情境阶段，教师感到自己完全能够生存时，便把关注的焦点投向了提高学生的成绩，即进入了关注情境阶段。在此阶段教师关心的是如何教好每一堂课的内容。第三个阶段是关注学生阶段，这个阶段的基本特征是备课、课中、课后反思时都能随时考虑到学生的成长需要，把能否自觉关注学生作为衡量一个教师是否成长、成熟的重要标志之一。

针对不同阶段的教师，发展的任务和重点不同。对新教师，校长需要对他们的专业发展提供切实具体的指导；对有一定教龄的教师要注重先进教育理念的引导，确立新的发展目标；对老教师重点则是鼓励他们创新课程设计，创新教学模式，形成个人风格。有人把这三个阶段的过程分别归纳为培训、培养、培育，对应的目标分别是规范、模范和示范，很有道理。

建立学习型组织，形成终身学习文化

教师这个职业有一个天然的悖论：一方面教师传授的是科学常识、基本规律、基础知识，来不得半点的虚假和修改；另一方面，教师又承担着激发学生创造力、想象力的责任，要鼓励学生打破常规，不被固有的知识所束缚。这就需要教师能够娴熟地游走于接受与怀疑、尝试与创新之间。要做到这一点，重要的就是鼓励和帮助教师不

---

① FULLER F, BROWN O. Becoming a Teacher[M]// RYAN K. Teacher Education -74th Yearbook of the National Society for the Study of Education. Chicago: University of Chicago Press, 1975.

断学习，不断挑战自我，不断开阔视野，对所教知识与所有知识的关系有更正确和全面的理解，对真理的绝对性和相对性有更深刻的理解，把知识传授寓于问题解决之中，把技能训练寓于思维方法养成之中，既能准确无误地运用知识，又能大胆怀疑、勇于创新。

教师的知识总是基于某一学科的，要在思维方法上不断变革，重要的是建立正确的知识观。按照传统的观念，知识是确定的事实，是不变的真理，基于这样的知识观，人们对知识往往会盲从，不会想到去怀疑它、挑战它。而现代知识观却告诉我们，所有知识都是不断被发展、被“证伪”的，随着人们认识能力的提高和认识工具的革新，知识也不断被创新。把知识固化了，就意味着精神的窒息。教师的专业发展在本质上是精神的发展、观念的更新，而学科知识的增长是支撑新观念的基础。没有学科知识增长的基础，精神、观念就会变成空中楼阁，凌虚蹈空。所以，校长的重要使命是有计划、成系统地促进教师知识的增长。

第一是拓展知识。新的信息、新的知识每天都在涌现，新的技术、新的方法、新的工具每天都在诞生，如果我们满足于以前学过的知识（还不要说以前学的知识也一天天在减少，因为记忆总是要遗忘的），不吸收新的知识，很快就会落伍。

第二是深化知识。如果说拓展知识是横向的增加，深化知识则是纵向的增加。同样的知识在不同层次的表现形式和抽象程度不同，人们对它的领悟程度也就不同。纵向的增加意味着对知识的来龙去脉、前后联系的理解和对知识发展未来的把握。对知识的掌握越有深度，对知识链条上特定环节知识的理解无疑就更到位。

第三是更新知识。知识不仅在增加，而且在“减少”，有些知识在新增的同时，有些知识则在被淘汰、被“证伪”、被更新。只有不断学习才能保持知识的“新鲜度”，不至于被过时的知识所蒙蔽。

第四是综合知识。人类知识的增长有两种相互补充的倾向——分化和综合。20 世纪之前，知识的增长倾向主要是分化，所以学习的科目越来越多，越来越细；而 20 世纪以后，特别是近 50 年来，知识的增长越来越倾向综合，通过知识的交叉、重叠和融合来实现。知识的综合不仅发生在文科、理科、工科等内部，而且发生在文、理、工、商、农、医等学科之间。知识的综合，通过综合知识解决问题，是对教师专业发展的新要求。校长的使命就是要鼓励教师和采取必要措施帮助教师通过终身学习不断“同化”和“异化”——吸收新的知识，更新旧的知识，保持对世界的好奇心。

教师是一个群体，教师的专业发展绝不能仅仅依靠个人的努力来实现，而是要充分发挥教师群体的作用，建立学习型组织（现在的许多学习进修看上去是集体活动，是很多人在一起的学习，其实只是坐在一个空间里的个体，并没有发挥集体的作用）。学习型组织是一个具有共同愿景，能够有效获取、传递和创新知识的组织，是一个善于修正自身的行为以适应新的知识挑战的工作坊。学习型组织的最大特征是富有热情，乐于分享，善于反思。

按照美国心理学家马斯洛的需要层次理论，需要是人的生活动力，不同的生存状态需要的重点不同。人的需要可以分为五个层次：生存的需要，安全的需要，交往的需要，自尊的需要，自我实现的需要。需要层次越高，功利成分越低，精神成分越高。学习型组织就是调动人的高级需要，加强交往，互相分享思想和智慧，彰显个性和特色，是提高个人尊严和社会价值的有效载体，是去行政色彩、放飞自由精神的活动天地。校长要善于调动这种热情和需要，使终身学习成为教师的一种生活方式，使学习型组织成为教师的精神家园。

反对标准化，鼓励教师富有创造性地开展工作

俗话说，教有法而无定法，尽信书不如无书，这阐述了简明而深刻的道理。第一，教学内容是人类的精神产品，是充满了内在张力的，科学真理、人文情怀、历史真相、伦理主张，从来就不是只有一种解释，大纲、教材、答案，都只能是参考，是样例，不可能是唯一；第二，教师是具有风格的个人，其文化背景、成长经历、知识结构、个性特征各不相同，教学方式和情感表达方式自然也各不相同，如果把教师的行为都规范成一种模式，那就成为机器人教学了；第三，也是最重要的，教育的对象是人，而不是流水线上的产品，教学过程是师生互动的过程，教师如果不能因材施教，采取填鸭式教学，那就成为目中无人的知识灌输而非教育了。千百年来，教师和教育学家为了提高教学的有效性，总结了很多行之有效的经验和办法，形成了很多规范和步骤。这些宝贵的历史遗产，是提高教育教学效果的有价值的经验，非常值得继承和发扬。但是如果生吞活剥、照抄照搬这些经验和做法，那就“尽信书不如无书”了，会误人不浅。

教师的专业发展要规范化，但要反对标准化；要基础扎实，但要鼓励个性；要继承传统，但要勇于创新。校长的一项重要工作就是鼓励教师进行教育科学研究，创造条件支持教师进行研究：研究学生，研究教学内容，研究教学方法；研究家长，研究社会舆情，研究时代趋势；也研究教师自己——自我反思。有研究才有探索，有探索才有创新，有创新才有超越。专业水平的不断提高是教师发展的内在动力。

第七节 把学校办成有文化的地方

看到这个题目，可能有人会觉得这是一个多余的提示，学校是传播文化的地方还能没有文化吗？是的，传播文化的地方不一定有文化。就像电影院不一定有文化、文化馆不一定有文化一样，虽然承载、传播着文化的内容，其陈设、服务、管理却鄙陋、蛮横、封闭，学校也不一定有文化。提出这个要求不但不多余，而且还很现实。比如，有些学校办成了升学机器，却成了地方的名片；有些学校大门落锁，二门紧闭，操场长草，走廊噤声，却视若正常；有些学校弥漫着学生厌学、教师厌教的情绪……这些问题的原因很复杂，深层次的原因之一是学校文化的缺失。

育人是学校文化的核心

一个单位、一个行业、一个系统有没有文化，关键看它的内隐价值与外显行为是否与它的功能、使命相一致，是否能够提升它的自身尊严和社会贡献。每个部门、每个行业都有与自己使命相适应的核心文化价值。比如，企业文化的核心是赢利，企业强调质量也好，强调效率也好，强调社会责任也好，都是它的重要价值，但企业首先要保证它的产出大于投入，要赢利，不能赢利自己的生存都不能保证，也就无法谈质量、谈效率、谈社会责任了。军队文化的核心是纪律，“军人以服从命令为天职”，不是说军队没有自由、没有争论、没有创新，而是说纪律是军队的本质要求，没有了纪律军队也就不成军队了。机关文化的核心是忠诚，司法文化的核心是公正，医疗文化的核心是救死扶伤，等等。学校文化的核心是什么呢？——学校文化的核心是育人，是促进学生的发展。育什么人，怎样育人，怎样促进学生的发展，是学校文化建设的出发点和落脚点。如果学校未能孕育出有利于促进人的发展的价值、制度、氛围，就很难说形成了学校的文化。关于学生发展的要求和内容我在“教育的当代使命”一节中已经做了比较全面的阐释，即促进所有人的发展，促进人的全面发展，促进人的个性发展，促进人的主动发展和促进人的终身发展。如果学校的文化建设偏离了促进学生发展这个核心命题，甚至以大人需求取消了孩子的需求，以教者的文化替代了受教者的文化，偏离了学校育人的正确轨道，表面文章做得再好也无济于事。

生动活泼是学校文化的精髓

校训可能是学校文化最重要的象征了，校训凝聚了人们对学校价值的认识，对目标的追求和对风格的认定。当年毛泽东主席在延安为中国人民抗日军事政治大学（简称“抗大”）办学题写了八个大字：团结、紧张、严肃、活泼，遂成为抗大的校训。回顾一下历史，在炮火纷飞的年代，为了培养共产党军队的革命干部，提高军队指挥员的思想水平和理论水平，中央在延安创办了这所大学。当时学员都是从四面八方赶来的，有些是从前线厮杀的战壕里抽身出来的，每个人都有不平凡的经历，每个人都是功勋赫赫的战将，到了一个安静的读书环境里，首先就是要搞好团结。作为军政大学的学生，当然主要不是来学习文化的，不是来断文识字的，而是来提高政治意识和战略战术水平，为将来走出延安走向全国培养将领的，意义重大，任务艰苦，时间紧迫，所以不允许松松垮垮、嘻嘻哈哈，而是要紧张、严肃，这都很容易理解。即使是在这样的背景下，毛泽东的题词里也还是强调了学校不能缺少的本质元素——活泼。没有活泼，学校就失去了学校的最大特征，学生就失去了最重要的成长环境。

一提到学校，人们首先联想到的一定是欢声笑语，生龙活虎，歌声阵阵，书声琅琅，一派生动景象，这是学校外在行为的活泼。死气沉沉，少年老成，相信一定不是人们心目中学校应有的形象。

一提到学校，人们首先想到的一定是知识的交流、思想的碰撞、自由的辩论，人人都跃跃欲试的热烈气氛，这是智慧的活泼。填鸭式，满堂灌，被动接受，消极模仿，把学生当成知识的储存工具，相信一定不是人们心目中学校应有的形象。

一提到学校，人们首先想到的一定是天真烂漫，充满理想，热情万丈，欲与天公试比高的豪情，这是精神的活泼。过于现实的功利主义，过于精致的利己主义，一定不是人们心目中学校应有的形象。

现代社会每个人在学校度过的时光少则十多年，多则二十余年，这是人生最宝贵的青春年华，它绝不仅仅是为了未来生活做准备，其本身就是重要的生命过程。学校不仅要传授知识、启迪智慧，培养适应社会需要的人才，还要为学生提供身心自由、幸福愉快的文化环境，使学校成为人生最留念、最值得回味的地方。

学校文化自然流淌在日常行为之中

活泼是一种状态，是一种氛围，是一种境界，是集体无意识的自然流淌。文化可能被贴在墙上，可能被说在嘴上，但更重要的是流淌在日常的教育教学行为之中。

《论语》里记载了有一天孔子和学生讨论人生。

孔子就人生理想的问题问曾点："曾点，你怎样想？"曾点弹琴正接近尾声，他铿的一声放下琴，站起来说："我与他们三位不同。"孔子说："说说有什么关系？只是各谈各的志向而已。"曾点说："暮春三月，穿上春天的衣服，约上五六人，带上六七个童子，在沂水边沐浴，在高坡上吹风，一路唱着歌而回。"孔夫子感叹地说："我欣赏曾点的情趣。"这是不是一种美妙的境界？

同是 2500 多年前，有一天，苏格拉底和他的学生讨论道德问题。

苏："什么是道德？"

学生甲："道德是人们行为的准则。"

苏："比如——"

学生乙："要诚实。这是雅典贵族必须坚守的品质。"

苏："现在我们正在和斯巴达人作战，如果你被俘虏了，敌人要你说出雅典的布防情况，你准备诚实地告诉他们吗？"

学生乙："这……对敌人不能诚实，但对自己的朋友必须诚实。"

苏："如果你的亲人得了不治之症，他问你，我会死吗？你怎么回答？"

学生乙："……"

学生丙："有时对自己的朋友、亲人可以有善意的撒谎，但对小孩不能撒谎。"

苏："如果你的孩子得了病，需要吃药，孩子问你药苦吗？你打算怎么回答？"

……

无休止的追问，逼你大脑中的思想自相矛盾，逼你大脑中已有的思想荒唐可笑，这是苏格拉底的境界——思想的催生婆。孔子主张

“不愤不启，不悱不发，举一隅不以三隅反，则不复也”，似有异曲同工之妙。

学校，英文是 school，原本的意思就是智慧的学园，是自由交流讨论的地方，为了自己的兴趣自愿而来，为了找到同道聚集一处。学校的本意是人与人的交流，情感与情感的沟通，生命与生命的对话。

缺乏育人文化的场域不是学校，补习班不是学校，网吧不是学校，MOOC 也还不是学校。没有理想更不是学校。“恰同学少年，风华正茂；书生意气，挥斥方遒。指点江山，激扬文字，粪土当年万户侯。”这是毛泽东的气概。“为天地立心，为生民立命，为往圣继绝学，为万世开太平。”这是北宋著名理学家张载的精神遗产。人是要有点精神的，没有理想，就没有创造；没有理想，就没有未来。学校应该是孕育理想的地方，学校文化是放飞学生理想风帆的劲风。

学校文化是为了学生的文化

据陈桂生教授的分析，中国学校的校训存在普遍的雷同现象。他曾经对校训的内容做过研究，分析了 99 则高校校训和 206 则中小学校的校训，发现在 99 则高校校训中，团结、勤奋、求实、创新、严谨、敬业、进取、献身是出现频率最高的 8 个词，分别出现了 48、48、37、37、20、8、8、7 次，在 206 则中小学的校训中，求实、勤奋、团结、创新、严谨、进取、奋进、文明是出现频率最高的 8 个词，分别出现了 64、60、55、38、31、24、15、14 次[①]，大中小学校训的内容和顺序有着惊人的相似。

---

① 陈桂生．“校训”研究［J］．《宁波大学学报》（教育科学版），1988（1）：29-33．

大中小学校训内容频率最高的 10 个词

	团结	求实	勤奋	创新	严谨	敬业	进取	献身	奋进	文明
高校	48	37	48	37	20	8	8	7		
中小学	55	64	60	38	31		24		15	14

恐怕还不只是雷同的问题。现在很多学校的校训“相互借鉴”，富丽堂皇，“高大上”，但缺乏学校特色，缺少自身特点，缺乏学校文化的针对性。我相信这 10 个词放在机关、企业、事业单位均无不可。这些概念没有从学生出发，从中看不出是把营造有利于学生健康发展的环境、氛围作为学校文化建设的出发点和落脚点，所以大概也不会被师生记住，更不必说亲近和热爱了。学校文化建设不是为了好听、好看而建设，而是为了学生而建设，为了学生的健康发展而建设。

那么，如何建设学校文化呢？

站在学生的立场上想问题、立规章。学校文化的建设要促进学生的发展，首先要站在学生的立场上想问题、立规章。

前不久在微信里流传一则两个小学生对话的段子，初看好笑，细想颇值得玩味。学生甲：大人老批评我们小孩挑食，大人为什么不挑食？学生乙：大人想吃什么就买什么，当然不用挑食了。

在一次报告会上听杨九俊教授讲了一个故事，印象深刻。几年前上海举办世界博览会，排队等待时间长成为参观者最厌烦、抱怨最多的事。可是一家人回去后，老人问孩子什么最好玩，孩子说，排队最好玩。大人都觉得莫名其妙，问他，排队有什么好玩的？孩子的回答大人是想不到的：“因为排队时大家都陪着我玩了啊！”

鲁迅爱子是出了名的。有一次鲁迅带着夫人和儿子海鹰到一家很体面的饭店赴宴。海鹰把吃到嘴里的肉吐了出来，还说，臭臭。弄得主人很尴尬。大家尝了以后都觉得没有问题，觉得是孩子淘气，也就过去了。可是鲁迅把海鹰吐掉的肉包起来带回了家，亲口尝了一下，真的是臭的。有人指责他对孩子太溺爱，鲁迅以诗回应：

> 无情未必真豪杰，怜子如何不丈夫。
>
> 知否兴风狂啸者，回眸时看小於菟（小老虎）。

这几则故事说明的是一个道理：立场不同，出发点不同，结论不同。只有以平等的态度，只有站在学生的立场上想问题，才能真正尊重学生，才能真正懂得怎样热爱学生。

充满期待。促进学生活泼成长的最大动力是对学生充满期待。期待对于学生来说如同阳光雨露之于嫩苗，它不仅是学生努力的动力，而且是幸福的蜜糖。

“罗森塔尔效应”是20世纪最重要的心理学研究成果之一。心理学家罗森塔尔带着他的团队到一所学校进行了一次煞有介事的学生潜能测试，然后他们交给教师一份“具有潜在能力”的学生名单。一年以后，罗森塔尔重回这所学校，老师们十分兴奋地告诉他：“你们的测试真准确，你们列出的学生成绩进步都十分明显，而且性格开朗乐观，师生关系特别融洽。”可是学校万万没有想到的是，罗森塔尔告诉老师们：“我们根本没有进行什么测试，名单完全是随机抽取的。”不是这些学生有什么与众不同，而是老师们相信了这些学生有与众不同的潜能，发自内心地对他们充满了期待，给了这些学生更多鼓励的目光、更多提问的机会、更多肯定和表扬，甚至对他们的作业也比别的学生批改得更认真。这些学生在期望的雨露阳光滋润下幸福成长。

使特点成为亮点。每个人都有与众不同的地方，有些人是左撇子，有些人是大嗓门，有些人是慢性子，有些人说话直来直去……这些特点既可能成为缺点，也可能成为优点。2015 年，美国总统奥巴马在美国教师节的讲话中讲了一个他自己的故事。作为一个黑人，他上小学的时候非常自卑，特别不希望同学们注意他，就选了一个靠角落的位置坐下。老师理解他的这种心理，也假装没看见他。可是在后来的教学过程中，老师总是寻找机会让他表现出黑人具有优势的方面，逐渐地，他的优点和特长表现出来，受到同学们的赞扬和尊重，他的特点成了他的亮点。奥巴马说，他的小学老师不仅是他学生时代的老师，而且是他人生的导师。要消磨一个人的特点很容易，要培养出一个人的特点却比登天还难。宽容一个人的特点是一种气度，欣赏一个人的特点是一种文化。

我们在几乎所有的学校里都可以看到很多杰出人物的肖像，看到古今中外名人的警句，这些对营造积极向上的学校文化当然都是有积极意义的，但更重要的是要营造学生自己的文化，营造活泼快乐、真实自然、自由向上的成长文化，让学生成为学校的主人。

◎讨论题：

1. 你怎么理解学校文化及其意义？
2. 学校文化的核心是什么？
3. 建设学校文化的关键是什么？

|第七章|　教育家的诞生

教育家是一个时代教育文化的象征。

——作者自题

第一节　教育家

我经常听到这样的发问："中国当代有没有教育家？"有的发问就更加明确地暗示中国当代没有教育家："中国何时能产生教育家？"2003 年教师节，温家宝总理在人民大会堂接见教师代表时说："要像宣传劳动模范、宣传科学家那样宣传教育家，宣传优秀教师。"在 2006 年的政府工作报告中，温家宝总理特别提出："要培养一支德才兼备的教师队伍，造就一批杰出的教育家。"可见，在总理的心目中，教育家不是有没有的问题，而是宣传不够的问题。

中国有约世界五分之一的受教育人口，有一千多万中小学教师和一百多万大学教师；中国教育有悠久的历史文明，有素质教育的当代实践，我们不仅应该有自己的教育家，而且事实上也孕育着并产生着这样的教育家。霍懋征、于漪、斯霞、孙维刚……这些我们熟悉的名字，他们有些已经离我们而去，有些还在关心或从事着教育工作，他们难道不能说是教育家？几年前我和我的同事们组织编写了《中国当代教育家丛书》，丛书的每位作者所展现的教育风采都激动人心，我想他们每位都无愧于教育家的称号。

教育家是优秀的、出色的，也是平常的、平凡的，但是平凡中又有不平凡。

何为教育家

什么样的人才能称得上教育家呢？我在互联网上搜索了一下，发现有关的内容还真不少，但众说纷纭，莫衷一是。现在摘取几种有代表性的观点如下[①]。

刘道玉（原武汉大学校长）：教育家必须具备5个条件：一是执著地热爱教育——一个不爱教育的人不可能成为教育家；二是潜心研究教育理论；三是勇于进行教育改革、创新的实践；四是能够提出独到的教育理念；五是出版有系统的、有代表性的教育论著。

顾明远（中国教育学会名誉会长）：我认为，教育家应该是长期从事教育工作、有正确的教育观念和高尚的职业情操、有自己的理论见解、在教育界有较大影响、被广大教师所公认的人，不论他是第一线的教师，还是教育行政工作者或是教育理论研究者。对教育家要求不能过低，但也不能让人觉得高不可攀。

方明（原陶行知研究会会长）：教育家首先要有献身精神，要“捧着一颗心来，不带半根草去”；教育家要“爱满天下”，爱每一个人；教育家要能创新，有自己的理论体系，并经得起实践检验；教育家要讲真话、做实事，“千教万教教人求真”；教育家培养的学生要是个“真人”，能创造、有抱负，能为祖国和人民献身。

① 袁振国．教育家是一个时代教育文化的象征［J］．江苏教育，2007（17）：10-13.

霍懋征（全国模范教师）：作为一个老师，首先要爱孩子，要全身心地投入到教育事业中去。不管遇到什么困难，始终勇往直前。这样的人也许称不上教育家，但他（她）一定能成功，能把孩子教好，把事业做好。我自己就经历了“文革”中的各种摧残，但我从没有后悔过自己的选择，60年来一直执着地爱着教育事业。现在是21世纪了，时代在变化，事业在前进，孩子们在不断成长，工作需要老师不断地学习，在实践中不断进步。通过实践，通过不断的学习，老师要把自己的实践上升到理论层面，并要不断跟上时代的要求，更新充实自己的理论。同时，这个理论要能推广，能影响后人。

从上述的观点和论述中我们可以看出，大家对教育家称谓的要求还是比较高的，远远高于对作家、科学家、艺术家的要求，但也不是高不可攀。教育工作者队伍中这样的人物不乏其人。

教育家何为

在上面关于教育家的讨论中，并没有一个关于教育家的明确定义，也没有一种关于教育家定义的方法，是客观标准和主观看法混合在一起的。我想，我们需要有一个定义的方法，哪怕是最简单的定义方法，就是角度要统一，所以我想从教育家干了什么以及他们工作的结果来给教育家一个标准和定义的方法。综合各种关于教育家的观点，依据我个人的看法，提炼出教育家的10条客观标准。

标准1：培养了大批人才，其中不乏杰出人才

既然是教育家，是培养人的人，他的最直接、最主要的产品就是

人才。人们提到教育家孔子，首先想到的无疑就是他的“弟子三千，贤人七十”。虽然这似乎很自然，但这里就把许多在很多人看来无疑属于教育家的对象排除在教育家的范围之外了，比如教育理论家、教育思想家、教育管理家。他们对教育也做出了很大的贡献，但他们没有直接从事学校教育活动，便不在我们的定义内。后面的很多条件也都是以这一条为前提的。

标准 2：受到学生广泛拥戴

称得上教育家的人一定是受学生欢迎的，一定是在与学生的长期交往过程中深受学生爱戴的。要做到这一条，就必须热爱学生，尊重学生，能够一视同仁，公平地对待所有学生，而且能因材施教，促进每个学生的发展。要做到这一条并不容易。从事过教育工作的人都知道，要喜欢优秀的学生、美丽的学生是容易的，而要喜欢愚笨的学生、残缺的学生就不那么容易了；要重视有能力的、活跃的学生是容易的，而要重视能力不强、性格消极的学生就不那么容易了。这正是很多人终身从事教育工作，却成不了教育家的原因。

标准 3：能激发同行把教育作为一种崇高事业的热情

教育家并不是个人奋斗的英雄，而是影响、团结、激励周围的教师共同追求教育理想的领袖。要能够激发同行的热情，必先建立教育的理想和激动人心的目标。人是有理想的动物，成就感是人的重要社会情感，远大而又具有可操作性的理想是激励人心的精神动力。在为教育理想奋斗的征途上，教育家不是孤军奋战，而是一个先行者、示范者、发动者，是领跑人，是带领群体前进的领袖，是引导群体发展的协调人。

标准 4：具有广为人知的教育观点

教育家不仅要有自己的教育观点而且能被人们接受。有自己的教育观点且为人接受，需要有对教育的独立见解，有自觉的教育理论。蔡元培提出兼容并包、兼收并蓄的办学主张，这就是他广为人知的教育主张，这与他对大学精神的理解有着内在的联系。

标准 5：具有可操作、可模仿的教育方法

教育家是教育理论的实践者，在取得教育成就的过程中必然形成了某些行之有效的、简洁明了的教育方法。南开大学老校长张伯苓先生要求，下午三点半后所有学生不许留在教室里，必须出去运动、出去玩，并且常和学生一起打球。这看起来很简单的教育方法，其实是教育理论的具体化、操作化。张伯苓常念叨一句话："孩子们就像一群野马，哪能关在笼子里？"上海育才中学老校长段力佩提倡读读、讲讲、议议、练练的"茶馆式教学法"，就是把启发式教育理论具体化的实例。这些方法既有深厚的理论基础，是多年的探索心得，又毫不神秘，极易模仿。

标准 6：逐渐形成了自己的教育风格

在长期的教育实践中，逐渐形成了自己的教育风格，或细腻，或潇洒，或严谨，或活泼，或以智育见长，或以体育著称，或以美育闻名……是衡量是否堪称教育家的整体标志。这需要有长期的实践、细心的观察、用心的总结、理论的提升，再回到实践中去锤炼，始成风格。

标准 7：有教育定心力

教育观念异彩纷呈，教育思潮此起彼伏，你听谁的？在教育活动中能从善如流，又坚持自己，坚持自己认定的真理，这就叫教育定心力。要具有教育定心力，条件是理论认识达到一定信念的程度。教育家首先要有思想，有对教育的独立见解，有对教育理想的不停追求。自古以来人们对教育的期望、对教育的理解就有不同，因此，每个人都有可能具有自己的教育思想。但是教育家的教育思想更深刻、更系统、更自觉、更富有创见，并且坚持自己的教育信念，不人云亦云。

标准 8：影响超出学校围墙

所谓影响超出围墙，就是超出本校的范围，甚至超出教育领域。它不仅需要在实践中不断改进和提高教育艺术，把经验上升到具有普遍意义的理论，而且要善于把学科教学和学生的发展、学校的发展、教育的发展结合起来，不仅是一个学科教学专家，而且能超越学科，上升到具有普遍意义的高度。

教育家不仅要有教育心，而且要有社会责任心，要成为社会活动家，要把教育的理念扩散到整个社会，以先进的教育理念引导全社会的发展，同时争取全社会对教育的支持。

标准 9：能根据社会的要求做必要的变化

教育有自身的特点和发展规律，但又不是一成不变的，教育随着社会的发展而发展，尤其在社会转型时期，教育更要与时俱进，把握时代的脉搏，代表时代的声音。在历史上，很多的教育家是以改革家的姿态出现的，是改革的实践家、创新的实践家。他们善于发现新情况、新问题，善于看到新趋势、新机遇，善于采取新方法，建立新机制。面对着日新月异的社会形势，面对着不断把社会上的新经验、新形势、新体验带到学校里来的生龙活虎的学生们，不仅要把握时代的脉搏，还要敢于领时代之先，才能称得上是真正的教育家。

教育家要敢于超越别人，还敢于超越自己。只有敢于和善于超越自己，敢于顺应时代发展的要求，否定自己以前成功的经验或做法，建立新的模式或制度，才能立大志、建大功、成大业。

标准10：有人格魅力，道德高尚

毫无疑问，教育家还具有伟大的人格。教育是直接与人打交道的，教育不仅以思想观念影响人，而且以行为榜样影响人，榜样有时比言语更重要。教育是挚爱，这种爱，越是无私，越是深厚；教育是思想，这种思想越现实，越智慧；教育是信仰，信仰越坚定，越有力量；教育是追求，追求越执着，越有成果，这种执着达到痴迷的程度就一定有大成果。在追求理想教育的道路上，有思想的冲突，有人际关系的矛盾，最重要的是有行动的风险。没有“捧着一颗心来，不带半根草去”的大爱，没有“我不入地狱，谁入地狱”的大义，没有“敢为人先，誓创一流”的大志，岂有大成就者？孔夫子“颠沛流离，累累若丧家之犬”而不改其志，陶行知“脱下长衫”穿上草鞋，“与牛大哥做朋友”，皆几十年如一日，始成教育家。没有对信念的追求执着到痴迷的程度，是无法做到的。苏格拉底、裴斯泰洛齐、马卡连柯、孔子、陶行知……当我们提到这些名字的时候，联想到的往往是他们视学生如己出、视学校如家庭、视教育如生命的形象。真正的教育家，留给人们的是思想，更是人格。

当然，金无足赤，人无完人。教育家是有个性，也是有缺陷、有不足的。而且越是有个性，越是具有改革创新精神，自身的缺陷或不足就越容易暴露出来。所以教育家并不是没有缺点和弱点的人。有缺点、有弱点，才更真实、更可爱。

下面，我们把教育家的客观标准和主观条件列表如下。

教育家的客观标准	教育家的主观条件
1. 培养了大批人才，其中不乏杰出人才	1. 有长期教育实践
2. 受到学生广泛拥戴	2. 热爱、尊重、公平对待学生，因材施教
3. 能激发同行把教育作为一种崇高事业的热情	3. 有教育理想和目标，行动领袖
4. 具有广为人知的教育观点	4. 有自觉的教育理论
5. 具有可操作、可模仿的教育方法	5. 能把教育理论具体化
6. 逐渐形成了自己的教育风格	6. 长期追求，用心思考，理论提升
7. 有教育定心力	7. 认识达到信念程度
8. 影响超出学校围墙	8. 有社会责任感，是社会活动家
9. 能根据社会的要求做必要的变化	9. 能与时俱进
10. 有人格魅力，道德高尚	10. 大爱，大志，大智，大勇

第二节　大教育家

时任总理温家宝曾多次看望钱学森先生，有一次钱老问：“为什么现在中国的教育培养不出杰出的人才？”2006 年温家宝多次召开教育工作座谈会，也拿这个问题问过参加座谈的专家学者。总理特别谈到我们要有自己的大教育家。可见在总理看来，教育家和大教育家还是有区别的。他还说，目前我们在各个领域并不缺领军人物，但缺乏大家，包括大科学家和大教育家。我想，很多人对我国当代有没有教育家存有疑问，主要也是觉得缺乏大教育家。

清末国学大师王国维先生在《人间词话》中说，古今之成大事业、大学问者，必经过三种境界："昨夜西风凋碧树，独上高楼，望尽天涯路"，乃第一境界；"衣带渐宽终不悔，为伊消得人憔悴"，乃第二境界；"众里寻他千百度，蓦然回首，那人却在，灯火阑珊处"，乃第三境界。他以作诗填词的境界比喻做事做人的境界，很妙、很美，给人很多启发。拿它来比赋教育家的最高境界，那就是达到使命、理念、责任与对教育规律的把握浑然天成的程度。这样的境界正是大教育家的境界。

什么样的人可称得上为大教育家？中国的孔子、蔡元培、陶行知，外国的苏格拉底、柏拉图、裴斯泰洛齐、马卡连柯无疑都可称为大教育家。总结起来，大教育家确实具有一些常人不具备的品质。

有人通过对50位世界著名教育家的统计分析，得出了这样一些结论。

> ①教育实践，尤其是教育管理工作对教育家施展自己的抱负以及不断完善自己的教育思想、育人方法是非常有益的，教育家的最佳实践基地主要是中小学，且私学的优势大于官学。
>
> ②著名教育家除对教育学有巨大贡献外，一般也同时是杰出的哲学家、文学家或心理学家等，所以说教育家应是杂家，是通才，中西教育家在教学素养方面的差异较大。
>
> ③教育家强烈的助人成才欲望，大多是通过直接的教学活动来体现的，少数教育家则主要通过其作品去实现。

④政治、文化等环境因素对教育家的崛起和成长具有很大的影响，一个成功者总是既善于适应环境，更勇于选择环境。信仰专制的年代最不利于教育家的成长。

⑤著名教育家在政治上多崇尚国家主义，在社会磨难上是遭受政府制裁最多的一类学者。他们在哲学上信奉唯物主义的较多，在宗教上担任神职的并不多。他们的家庭不幸多于常人，这使其更趋于早熟。对于一个雄心勃勃、自强不息、崇尚进步的国家和民族来说，当社会的动荡或转型期到来时，即是杰出教育家得以产生的最佳时机。

比起我们通常说的教育家来，大教育家有其更加非凡之处。

一是具有伟大的社会理想和拯救人类的宏大抱负。堪称大教育家的人，绝不仅是教育大家，而且一定是社会的大家、思想的大家，有伟大的社会理想和宏大的社会抱负，有为天地立心、为生民立命、为往圣继绝学、为万世开太平的大志向。孔子的社会理想是“克己复礼”，建设君仁臣忠、父慈子孝、夫和妇顺、兄友弟恭、朋诚友信的伦理社会；培养人才的理想是君子贤人。陶行知的社会理想是建立民主的好人社会，使平民都能受教育，培养不虚伪、不狡诈、有责任心的“真人”。在几乎所有中外大教育家心目中，社会理想、社会目标和教育理想、教育目标是相辅相成的。

二是具有对教育功能的超历史认识，具有关于教育的真知灼见。在人类几千年的文明史上，杰出的政治家、军事家、思想家不乏其人，他们对社会的理解和洞察无不具有超乎常人之处，大教育家也不例外。但大教育家与其他杰出人才最大的不同，在于他们主张通过教育实现其社会理想。他们认为，社会好坏根本在于人心，人心好坏关键在于教育。他们的政治理念、政治追求虽然各不相同，但他们的政治路线都是通过建立好教育培育好人心，建设好社会。孔子强调，如欲建国君民，必先化民成俗；陶行知主张通过平民教育培育率性真人，建立好人社会。他们在政治上，都主张改良，反对暴力，热爱生命，热爱和平，所以他们对教育的功能有超乎常人的认识，特别强调教育的重要性。在他们那里，他们把教育视为最大的政治，用现在的话说，他们是把教育放到国家战略的高度来强调。也正因为此，大教育家的教育思想始终是争论的对象，甚至是攻击的对象。

三是具有天降大任于斯人的社会使命感和改造社会的坚强意志。要想成为大教育家，不唯有超人卓绝之才，还要有坚忍不拔之志。因为大教育家的教育理念和教育主张具有超时代性和超社会性，这就不可避免地出现：第一，可能与现行的政治制度、社会秩序有冲突；第二，可能与改善政治的很多其他主张有冲突；第三，可能与很多人对教育的看法，与现行的教育制度、教育方法有冲突。所以，他们的主张不仅会受到政治的压力、舆论的压力，而且可能受到教育内部的排挤和打击。没有顽强的意志，没有持之以恒的决心，没有牺牲地位、金钱、名誉、个人生活的精神，是难以成为大教育家的。你可以列举一位大教育家，看看在他奋斗的征途上是不是都充满了障碍、困难和坎坷，都有可歌可泣的动人故事。

四是具有培养人才的卓越成就。如果孔子没有颜回、子路这样的“高材生”，没有孟子、朱熹、康有为这样优秀的精神上的学生；如果苏格拉底没有柏拉图、亚里士多德这样的“高材生”，而且还是“我爱吾师，我更爱真理”的学生，他们就很难戴上大教育家的桂冠。而要培养这样的高材生不是靠权力、金钱、地位能办到的。为什么？因为首先，你要能够慧眼识英才；其次，你要能够吸引聚集人才，你的知识、智慧、视野、胸襟使天下英才愿意追随你；再者，这些人才要认同你的信仰，愿意与你为了实现理想颠沛流离，休戚与共，景行影从。我想，毫无疑问，你一定会发现，大教育家对自己教育理想的追求，已经成为一种信仰，已经具备了某种宗教的成分。否则，它就不可能产生那么巨大的精神力量。这是可以理解的，任何信仰都具有某种宗教的色彩。

教育家是个人努力的结果，更是环境和制度造就的产物。现在正是一个需要大教育家并且产生大教育家的时代，时代呼唤有更多影响力的教育家。

◎讨论题：

1. “中国当代没有教育家。”谈谈你对这一观点的看法。
2. 教育思想家与教育家可以画等号吗?
3. 请收集、分析一位教育家的成长过程。

|第八章| 面向2030的教育改革

未来已来……

——作者自题

第一节　教育聚焦 2030

2015 年 9 月，在第 70 届联合国大会上，193 个成员国通过了《变革我们的世界：2030 年可持续发展议程》（简称《议程》），制定了新的全球可持续发展目标。《议程》声明："我们决心在现在到 2030 年的这一段时间内，在世界各地消除贫困与饥饿；消除各个国家内和各个国家之间的不平等；建立和平、公正和包容的社会；保护人权和促进性别平等，增强妇女和女童的权能；永久保护地球及其自然资源。我们还决心创造条件，实现可持续、包容和持久的经济增长，让所有人分享繁荣并拥有体面工作，同时顾及各国不同的发展程度和能力。"提出了"确保包容和公平的优质教育，让全民终身享有学习机会"的教育目标。[①]

2015 年 9 月 28 日，国家主席习近平出席联合国发展峰会并发表了题为"谋共同永续发展　做合作共赢伙伴"的重要讲话。

2015 年 11 月，联合国教科文组织发布《2030 教育行动框架》，指出：必须在当今发展的大背景中来审视"教育 2030"，教育系统必须相互关联，回应迅速变化的外部环境，如变革的劳动力市场、技术

---

① United Nations. Transforming Our World: the 2030 Agenda for Sustainable Development[EB/OL]. (2015-09-21) [2022-11-06]. https://documents-dds-ny.un.org/doc/UNDOC/GEN/N15/291/89/PDF/N1529189.pdf?OpenElement.

的更新换代、城镇化的兴起、政治环境的不稳定、环境恶化、自然风险与灾难、对自然资源的争夺、人口压力、全球失业率的攀升、贫穷的困扰、不平等的扩大以及和平与安全所面临的更多威胁。[①]

美国胡佛研究所成员联合数位眼光锐利的教育观察员，结合对将来的预测与现有的政策，勾画出了美国 2030 年初等教育和中等教育的生动画面，希望缔造出一个更具响应性、更有效、更高效、更灵活、更多产的 K-12 阶段教育体系。他们把研究主要集中于课程与教学、标准与测试、政府管理与财政拨款、地方私有化与学校选择等领域的探讨。

近几年来，经济合作与发展组织发布了多个关于 2030 的文件，包括《OECD 学习框架 2030》。该《框架》认为：2030 年，世界将会更加复杂，易于波动，不确定因素增多，形势不定。全球化、数字化、气候变化、人口结构变动以及其他重大趋势不仅创造了机会，而且给个人和社会带来了挑战，需要人们积极应对。下一代人需要掌握一种全新的、不同于以往的技能，才能取得成功，为有序社会做出贡献。[②] 该计划预见在下述领域将会发生教育变化。

①教育目标与课程。由教学生具体知识，转变为给学生一个指南针和导航技巧，来帮助他们在日益迷惑的世界里找到出路；培养学生的创新思维，以便他们将来能够从事新工作、新行业以及拥有新的生活方式；回顾目标，以确保所有学生为未来做好准备，确保教育的宏伟目标得以实现，确保继续教育、高等教育中学科领域与继续学习途

① UNESCO.Education 2030: Incheon Declaration and Framework for Action: Towards Inclusive and Equitable Quality Education and Lifelong Learning for All[EB/OL].[2022-11-06].https://unesdoc.unesco.org/ark:/48223/pf0000243278/PDF/243278eng.pdf.multi.

② OECD.OECD Future of Education and Skills 2030[EB/OL].[2022-11-06].https://www.oecd.org/education/2030-project/.

径相关联。

②新教学 / 学习模式。这意味着学校、企业及其他工作单位之间将展开全方位的更多的合作；学校教育、职业培训、继续教育和终身教育的方式将更加灵活；鼓励向同辈学习；通过免费网络课程支持随时随地学习；教育提供者涉及更多的公共组织、私营培训机构和全球机构。

③新教学模式和新教师教育 / 培养模式。在该领域的改革意味着教师将更像是教练；其核心是构建跨学科合作教师团队，并促进同伴学习；为教师提供不同的培训方式。

④关注学习与教学。这要求学习对象从关注内容转变为关注评估；教师教学从要求学生被动听讲转变为运用主动教学法。该教学法基于已有的问题和现象，以案例为导向，能够激发学生活力；让小学生解决真实世界中的问题，或通过合作项目让小学生涉及专业领域；将科技作为学习的动力，提高学习的开放程度、灵活性和多元性。

⑤对学生成果的预期。期望学生能够更多地关注问题解决、创新性和实用技能，从而高效地整合、运用所学知识；期望学生能够运用跨学科思维以及其他高水平的能力，比如跨文化能力、适应性思维和实践技能。理想中的人才是“T”型人才，既有广博的知识，又对某一特定领域有很深的理解并具备相应的技能。

⑥相互联系。一个因素（如课程、评价方式、教学法等）发生改变，只有当其他相关因素也发生改变时，该因素才能发挥作用。这就要求改革中要有强大的领导力。

可见，关注 2030、研究面向 2030 的教育，已经成为国际热点，成为世界教育的首要话题。

第二节 为什么把目光投向 2030

为什么世界上很多国家和国际组织都把目光投向了 2030 年?

因为世界变了，世界在加速变化!

科学技术日新月异，未来世界难以预测，一个我们熟悉的、连续的、线性发展的世界正在逐步消失，一个我们不熟悉的、非线性发展的、充满不确定性的世界正在呈现。对于未来世界，人们既充满好奇和期待，也充满焦虑和不安。

美国著名未来学家库兹韦尔预测，2045 年前后，人工智能将超过人的智能，他在《奇点临近》一书中说：人类社会发展的下一个阶段，是人类与机器的联合，即嵌入我们大脑的知识和技巧将与我们创造的容量更大、速度更快、知识分享能力更强的智能相结合。人的智能会逐步非生物化，其智能程度将远远高于今天的智能——一个新的文明正在冉冉升起，它将使我们超越人类的生物极限，大大加强我们的创造力。在这个新世界中，人类与机器、现实与虚拟的区别将变得模糊……这并不是耸人听闻，科学技术的发展正印证着他的观点。从现代科技到高科技（high tech），从高科技到深科技 (deep technology)，从有线网到无线网，从互联网到物联网，科学技术的力量正按指数级数在增长。

20000 年前人类进入石器时代，通过对石器的打磨，人类开始了人造工具对大自然的征服进程；2000多年前人类进入了铁器时代，人类超越了对自然物质的简单加工，通过对矿物质的发掘、冶炼和锻造，创造出远远优于大自然本身特性的材料，创造出功能和特性全新的工具，假借舟楫之利，突破了地域和时令限制；200多年前，人类进入蒸汽时代，工业文明登上历史舞台，科学技术成为世界的主宰力量，人类克服了时间和空间的限制，逐渐成为大自然的主人；20年前，人类早已进入了信息化、数字化时代，一个看不见、摸不着的无形世界为我们提供了无限的便利，也从根本上重塑着我们的世界。信息迅速膨胀，数字化成为新的生产力，一个全新的虚拟世界把人类包裹起来，虚拟世界正在形成对实体世界的控制。电子商务打败了传统店商，微信支付逐渐代替了现金支付，共享经济成为新型经济……所有这一切，都是在人们没有完全做好准备、猝不及防的情况下发生的。以前我曾说：未来在哪里？未来就在过去的历史节点和现在节点连线的延长线上。可是现在这个延长线发生变化了，不再平滑、连续了，而是出现了跳跃，出现了弯曲，甚至出现了“纠缠”，世界的变化越来越超出人们的想象。

现代科技将农民从土地上解放出来，农业经济人口在发达国家的人口结构中只有5%左右，美国甚至不到2%；将工人从流水线上解放出来，发达国家的制造业人口已下降到了40%以下，从事服务业包括高端服务业的人口超过了60%。而20世纪60年代以后，高科技逐渐发展起来，成为经济发展的领头羊。所谓高科技，就意味着人才密集、知识密集、技术密集、资金密集、风险密集、信息密集、产业密集，竞争性和渗透性强，对人类社会的发展和进步具有重大影响的前沿科学技术。创新驱动成为经济发展的最大特征。

近年来，深科技异军突起，并且以横扫千军的态势快速“蹿红”。

所谓深科技，是以人工智能、基因技术的突破为核心，建立在科学发现和真正的科技创新基础上的科学技术。笼统地说，深科技专注的主要领域为人工智能与数据、物联网、无人飞行器和机器人、新材料和纳米科技、生命科学技术、虚拟现实与增强现实，所涉及的领域有航空航天、农业、驾驶与交通、消费品与服务、能源、环境、金融、食品饮料、医疗健康、制造建筑、移动通信等。

信息社会、数字化时代的到来，无疑将对教育、对学校、对学习产生深刻影响，甚至产生颠覆性挑战。

第三节　教育正在和将要发生的变化

相对于通信、金融、交通、影视、物流以及科研、医疗等领域来说，教育受到信息化影响的程度可能是最低的，至少是最低的领域之一。如果互联网发生故障，手机无法使用，银行无法取钱，飞机无法起飞，快递无法送达，但学校不会因为互联网故障而停止上课，在教育的时空里基本上还是一支粉笔、一块黑板的天下。

自从 300 多年前，捷克教育家夸美纽斯提出班级授课制以来，这种被杜威批评为教师中心、教材中心、课堂中心的教学模式，至今仍然是教育的主导模式。乔布斯生前曾多次感叹：这么僵化的教育怎么还不改变呢？他多次表示将要用余生的精力对教育发起颠覆性的革命。

事实上，这种革命正在发生，泛在教育正悄悄走来。

说到学校，我们每个人的脑子里大多会出现这样一个场景：一群一群的孩子，在一个固定的地方、固定的时间，被安排学习固定的内容。而互联网的普及、移动通信的普及，使得我们可以在任何时间、任何地点学习任何内容，这就是泛在教育。在互联网上可以一年365天、一天24小时不间断工作，不受气象条件影响；移动通信、手机、平板电脑，可以在任何地方联网，加上卫星导航系统，甚至可以在1万米的高空和人迹罕至的海岛收看天安门阅兵典礼的直播；互联网上的信息量比任何图书馆的信息数量更多、更新速度更快，检索也更方便有效。互联网还使得人和人的交流，例如文字、图像、视频的交流传播变得异常迅捷。这一切使得教育发生了并一定会发生更具根本性的变革。

第一，学习的时间和空间限制被彻底打破。蒸汽革命给人类带来了动力，可以“移山造海”；电器革命给人类带来了光明，人们不再日出而作、日落而息；电子革命带来了信息传输方式的变化，实现了异地通信；而互联网、云技术和软件技术的不断突破，使信息成为互相联通的海洋，成为可以为所有人提供实时的、个性化服务的信息巨库。如果仅从读书学习的角度说，学校已经完全可以被替代。人们可以不受时空的限制，进入任何领域、选择任何层次、按照自己的兴趣与需要安排学习的节奏和进度。

第二，学习者中心替代教师中心。传统的教育中，教师是中心，教师是知识的拥有者，是教育活动的主导者，是学生交流的核心。即便教师尽心尽力、充满智慧，面对四五十甚至更多的学生，也无法很好地做到因材施教。所以我们经常说“面向学生的大多数”，而这个大多数，据有经验的教师看，也只能是面向三分之一，有三分之一跟不上，还有三分之一“吃不饱”。而在互联网的环境下，每个学生成为一个独立的学习主体，可以选择和被有效推送符合自身特点的内容；学习者的交流对象不仅有老师，而且有网络社区空间的所有相邻、相近、相知的人，学习者的自主交流成为广阔有效的主要渠道。学习者成为学习的发起者和最大的受益者。总之，学习者成为教育的中心。

第三，以学定教成为可能。学校确定什么课程，学生就进入什么轨道；老师教什么、怎么教，学生就学什么、怎么学，这是工业化以来并且沿用至今的基本教学模式。而学习者中心将彻底改变这种模式，学习者希望学什么就能获得什么，学习者需要怎样学就可以安排怎样的进度和方式，实现了从“以教定学”向“以学定教”的转变。这样一种变化，不仅对校长、对教师将产生深刻影响，而且对学校管理、对国家教育形态、对社会教育观念、对人才成长方式，都将产生深刻影响。

到目前为止教育虽然对信息化的反应比较“迟钝”，但反应过来后对世界的影响和冲击可能更巨大。在泛在教育的概念下，国家和世界的教育系统必然要重构，学校的布局必然要重组，对教师素质必然有新的要求，教和学的方式必然发生变革。这种影响目前在体制内的学校还没有完全体现出来，其中既有教育自身复杂性的原因，也有技术需要进一步完善和配套的原因，更有体制惰性的原因。事实上，信息化对体制外教育机构教育方式的影响已成火山爆发之势。很多培训机构已没有传统意义上的学校、教室，甚至没有固定的教师，却有几万甚至十几万学生，可以盈利几亿甚至几十亿元。在这些培训机构的观念里，网络就是学校，终端就是教室，天下的有才之人都是教师，可以分布在全球各个地方；学生没有传统的年级、班级和同学，没有年龄、资历的限制，每个人有一张自己的课程表，真正做到了“定制服务”。

第四节　未来对教育内容的挑战

学校教育离不开四个基本要素：教育内容、教育手段、教师和学生。学校教育的这四个基本要素在未来的教育中都不可避免地遇到巨大挑战，同时也将迎来一片崭新天地。

我们先说说教育内容面临的挑战。

从传播学的角度说，人类文明有四个标志性事件：文字的发明，活字印刷术的发明，电子技术的发明和互联网的发明。这是一个人类信息的来源越来越广泛、越来越丰富、越来越深刻的过程。文字发明之前，人是靠耳传口授传递信息的，人的经验局限于生活在一起的祖辈。文字产生以后，前辈的经验和见闻可以被记载下来了，这就有了历史，有了学校，有了人类文明的真正开始。但是由于当时的文字是被记载在钟鼎、竹简、丝绢上，成本昂贵，所以文化是奢侈品，是少数贵族的专利。活字印刷术发明以后，文化逐渐走向大众，文化普及的时代到来了。电子技术的发明，广播、电视的诞生，使信息传播突破了时间和空间的限制，教育的概念开始变化，学校的围墙开始倒塌。而互联网的到来，使图书、广播、电视这些有限的内容载体，这些固定的传播渠道，这些单向的信息流动，被无限的、流动的、双向和多向的信息传播代替了。在无限的、流动的、双向和多向的信息世界里，传统的教育内容观念和传播方式面临着巨大的挑战。

第一，教材从唯一的最好追求走向多元的自主选择。政府、学校、家长都有一个共同理想，用最短的时间教给下一代最有用、最有价值的内容。各个国家都不遗余力地组织大批专家，投入大量人力、物力编写教材，大概也都自信自己的教材是最好的。可是有趣的是，全世界 200 多个国家和地区，没有哪两个国家的教材是相同的。可见，也许最好的教材是没有的。在浩瀚无边的知识海洋里，怎么处理好个人知识的一滴水和人类知识海洋的关系，从来没有像今天这样面临严峻的挑战和空前的机遇。有人说，教材只是教学内容中的一个例子，多元的、个性化的选择在今天成为可能。

第二，课程从分科走向综合。课程是教学内容的总体框架和对教学时间与顺序的安排。课程的内容和顺序通常是按学科的分类来安排的。19 世纪的英国社会学家、哲学家、教育家斯宾塞对此有着特殊的贡献。他从人的出生、成长过程来规划知识，从生理的知识、自然的知识到社会交往的知识、文学艺术的知识，再到宗教哲学的知识，设计了一个堪称完美的课程体系，奠定了世界基础教育课程体系的基础，至今仍然发挥着巨大作用。高等教育是随着知识的、学科的分化，不断建立起大学的学科和院系，形成了以学科为基础的大学格局。但是网络世界正迅速瓦解着人为建立起来的学科体系，为不同学科、不同层次知识的贯通和综合创造条件。现在从网络上可以越来越多地获取单一学科的知识，知识的综合运用才是人的教育的优势。更重要的是，传统的基于学科分类进行的课程设计，已经不能适应今天和未来对于人的素养的要求。未来世界的人才越来越需要具备综合性知识，应对复杂情境时及时解决问题的能力。正是在这样的背景下，美国才推出 STEM（科学、技术、工程、数学）综合教育计划的。STEM 教育与传统的分科教育具有完全不同的理念，需匹配完全不同的方法，呈现出新的课程面貌。

第三，掌握知识从目的走向手段。在教育内容有限的情况下，无论是西方还是东方，追求的都是“百科全书式”教育、“通学”教育、“用全人类的知识武装下一代”的教育。掌握知识本身就是教育目的。可是随着知识的膨胀，掌握全人类的知识已经完全不可能了，就出现了“T”型人才的理想，即通识教育加上专才教育，全面但相对简单地掌握尽可能多的知识，在此基础上学习自己的专业。后来有了双学位，有了跨学科，有了以问题解决为主线的“研究性课程”“项目式课程”。人们在应对知识膨胀、社会发展的过程中，总是穷于应付，总是捉襟见肘。现在终于明白，内容的学习、知识的掌握本身并不是目的，而只是手段，学习的过程是以这些内容为例子训练和掌握学习方法的过程，发展学习的能力、掌握学习的方法才是教学的目的。20世纪60年代出现了终身教育的概念，一个人“一朝学习，终身受用”的时代已经过去了，必须不断地接受教育才能跟上时代的步伐，不被淘汰。可是20世纪90年代以后，终身教育的概念逐渐被终身学习的概念所取代，为什么？就是因为，被动接受、增加知识的观念已经越来越不能反映时代的新特征、新要求了。一个人只有建立了自己的学习动力系统（意识、需要、方法等），才能主动适应，获得成功。我们每个人都有体会，步入工作岗位以后，中小学、大学学习的东西，用到的很少，忘记得越来越多。学到的内容多少并不重要，学习的内容再多比起知识的海洋来都不值一提。有没有学习的能力，有没有学习的动力，才是最重要的。

第五节　未来对教育手段的挑战

生产力是推动社会进步最革命、最活跃的因素，工具是生产力的核心，工具的发明创新推动着人类历史不断变革发展。教育教学手段的变革创新同样推动着教育的变革发展。

教育教学手段有三个维度：学——获得信息的手段，教——传播信息的手段，教学——互动的手段。教学手段的改进极大地促进着教学效率和教学质量的提高。在耳传口授的时代，教和学的手段都很简单，二者是合为一体的；有了文字和活字印刷技术之后，教和学有了相对分离的可能；有了电子技术以后，教和学出现了更大的分离空间，一对一的关系发展为一对多、多对一、多对多的关系；现在进入了网络时代，特别是在移动互联网、大数据、超级计算、传感网、脑科学等新理论、新技术以及经济社会发展强烈需求的共同驱动下，人工智能加速发展，呈现出深度学习、跨界融合、人机协同、群智开放、自主操控等新特征。

2017 年 7 月国务院印发了《新一代人工智能发展规划》，强调围绕教育、医疗、养老等迫切民生需求，加快人工智能创新应用，为公众提供个性化、多元化、高品质服务。在智能教育领域，提出要利用智能技术加快推动人才培养模式、教学方法改革，构建包含智能学习、交互式学习的新型教育体系。这对于在信息化面前显得明显落后的教育来说，是空前的挑战和机遇，预示着与粉笔加黑板时代的彻底告别。

第一是智慧校园建设，推动人工智能在教学、管理、资源建设等全流程的应用。智慧校园指的是以物联网为基础的智慧化的校园生活、学习和管理一体化环境。智慧校园的首要目标，是通过物联网技术，连接校园网中的各个物件（传感器），连接人和人、人和物、物和物之间的信息输送与反馈。安全校园、信息化校园成为现实。未来教室是智慧校园建设中的一个重要成果，它将彻底颠覆学生、家长对传统教室的想象。教室里没有黑板，没有粉笔，也没有教科书，只有一个或多个超大屏幕的电子白板，老师的手轻轻一画，所有的教程就以图文并茂、声像结合的形式出现在学生的眼前。而学生也不再需要背着几公斤重的书包，只要随手拎一个“电子书包”即可轻松上课。电子书包里装满了生动有趣的互动教材，学生能在上面直接完成作业并提交，也能在上面回答老师提出的问题。

第二是开发具有立体综合教学场景、基于大数据智能的在线学习教育平台。MOOC 即大规模开放在线课程已经为很多人所了解，它是运用这种教育平台的一个典型例子，只要有网络，学习者就可以听老师讲课，和老师进行远程互动，向老师提交作业，老师也可以即时在线批阅，并迅速反馈学生的答题情况。它的更大优势在于互动联结，它可以通过远程互动系统实现班级与班级、学校与学校之间的高清互动学习，学生就像坐在一个超大的公共课堂，共享来自全球最好的老师讲座与教学资源。不同地方的学生共同学习，真正实现“天涯若比邻”。

第三是开发智能教育助理，建立智能、快速、全面的教育分析系统。现在运行着的 MOOC 系统还只是一个低版本的在线学习形态，MOOC 加上人工智能，将在线学习提升到一个新境界，实现海量资源、共同学习与量身定制的高度统一。它可以根据不同学习者的特征进行自动诊断、自主推送适合特定学习者学习难度的内容，自动编制有利于特定学习者的习题，自动提出适合的阅读建议，使教育的个性化真正成为现实。

人工智能在语音识别和语义识别领域的突破，使得不同语言之间的自动翻译成为可能，使不同国家语言的交流障碍和材料的阅读障碍越来越少。甚至于若干个不同国家语言的学习者，可以在一个网络平台上进行同声交流，输入端讲中文，输出端可以同时翻译成英语、俄语、法语、德语、西班牙语等多种语言。教育的国际化程度将空前提高，优质教育资源将空前汇聚，教育的竞争大概也要进入一种完全不同于当下的状态，赢者通吃的局面在教育领域将是怎样一种情形？会不会像今天的电商巨头亚马逊、阿里巴巴、京东等瓜分物流市场一样，若干教育内容提供商瓜分教育市场？由此对学校教育形态进行颠覆性变革，构建包含智能学习、交互式学习的新型教育体系变得十分迫切。未来教育手段的变化对教育的影响绝不仅仅是对提高教育效率和教育质量的贡献，而是开创教育的新纪元。

第六节　未来对教师的挑战

未来教育对教育的内容、方法产生挑战的同时，必然会对教育的主体——教师产生严峻的挑战。

第一是对教师使命的挑战。千百年来，传道、授业、解惑一直是教师的基本使命和主要任务。但在教育内容多元化、综合化、能力导向，教育方法手段数据化、网络化、智能化的背景下，传统意义上的传道、授业、解惑已经不能反映现代教育和现代人才培养的要求，不能满足学生发展的需要了。在未来教育中，师生之间单向传授的关系变了，面对日新月异的社会变化，面对网络化社群交往的普遍化，教师的单向传授无疑将被师生的双向交流、多向交流所替代。在现代网络环境下，人人是信息发出者，人人是交流主体，一人讲授、众人倾听的空间将越来越窄。教授、传授单一结论的特性变了，未来教育信息渠道无限广阔、信息内容无限丰富、信息传播无限快速，用一种观点、一种声音、一个结论统率教育过程将无法继续，一个世界多种声音、一个问题多种答案将成为常态。教育内容的单一信息来源更是变了，教师、教材、教参作为教育内容唯一的信息来源将被丰富多样、多途广泛的信息来源所取代，信息与信息之间的整合与辨析，信息的选择、判断和利用能力比信息本身更为重要。

第二是对教师教育功能的挑战。随着教育理念的更新，以及人们对教育性质和作用认识的加深，近年来关于教师单纯传授知识的观念已经得到了很大的改变，从单一知识传授转向知识、能力、态度三位一体的培养已经成为广泛共识，并被写在国家的教育文件里，出现在教师培训的活动中。但是，我们无法否认，由于教育传统和考试选拔制度没有发生根本改变，传统的教育功能——知识性传授、模仿性训练、重复性练习仍然是教师教学的主要内容和形式。随着现代信息技术和人工智能的发展，传统的讲授将被丰富生动和更加具有针对性的信息传播所替代；机械地练习、作业批改将被人工智能所取代。据估计，现在教师工作内容的70%将由信息技术和人工智能来完成。所以有人惊呼：教师将严重失业。对此，我们既要有所准备又不必过于紧张，简单重复的劳动被技术取代之后，教师的工作内容将聚焦于更复杂、更富有情感性、更指向创造性和艺术性、更具互动性的“人”的教育活动。

更复杂的教学是将不同学科的知识和方法加以综合运用，以解决复杂问题的教学。学科分化、分科教学仍然是现在教育的主要形式，随着单一学科知识、简单问题解决逐渐被信息手段所取代，复杂性教学将更依赖于人的教学。更富有情感性的教学既是学生成长的需要也是机器教学的短板。高情感需求是现代社会的特征，情感交流和情感成长要比知识的获得更重要，传统教育虽然始终强调这一教育的重要性，但受限于时间、精力以及难以缓解的考试压力，学生情感世界的苍白是普遍性问题，而教师机械性、重复性的劳动被信息技术替代以后，才更有可能从事一个大写的“人”的教育工作。更指向创造性和艺术性的教学强调的是与众不同的、个性化的、培养想象力的教育，这些既是未来社会对人的素质的基本要求，也是我们当今教育的明显不足，当机械的、简单的、提供标准答案的教育更多由技术手段完成之后，教师才有可能更多从事创造性、艺术想象性的教育。更具互动性的教学是指教师和学生在相互教育中构建新的世界。知识是现成的、是别人创造的，学生只是接受知识的“容器”的观念在未来教育中将被彻底改变。学生既是知识的接受者，也是知识的创造者，师生教学活动既是既有知识的传递过程，也是新知识的创造过程，互动产生知识，互动创造人生。

第三是对教师生活方式的挑战，终身学习将成为教师的生活方式。很长时间以来，在我们的观念中学习是为了未来的读书、学习进行知识的储备，是为了将来工作的需要，这是社会现实的客观反映，并无不妥，就如同人们在农业社会过着“日出而作，日落而息”的生活，进入工业化以后人们习惯了“早九晚五”的生活一样。社会的发展向人们提出了改变生活方式的要求，同时也为生活方式的改变创造了条件。信息化之前人们的通信方式主要依靠写信，后来主要依靠电话、电报，现在手机成为人们须臾不可离身的东西。在未来的教育形态中，教师的不断学习、终身学习必将成为伴随教师一生的基本生活方式，成为一种人生的永久性体验。不断强化学习意识，增强学习动力，自觉改进学习方式，也将成为合格教师的必备素质。

第七节　未来对学习者的挑战

网络化、数字化、智能化的日益普及，推动着社会走向分散化、小型化、多样化和个性化。这些特征在改变教育、改变教师的同时，也对学习者的学习方式提出了严峻的挑战，同时也提供了前所未有的条件。纸媒性学习、个体性学习、接受式学习、统一性学习、分科性学习的地位将日益下降，网络化学习、交互性学习、批判性学习、个性化学习、综合性学习的重要性将日益凸显。

近年来，“深度学习”这个概念成为一个热词。深度学习是指机器学习、人工智能研究中的一个新的领域，是通过建立、模拟人脑进行分析学习的神经网络，模仿人脑的机制来解释图像、声音、文本等数据，并具有自主学习、调节行为模式的功能。它的自主性、自动适应性能力成为科技发展的最新也是最重要的成就，也被广泛地借用到人类学习的新场景、新变化当中来，强调的也是这样一些学习的新可能、新要求。新的学习要求和方式是基于现代信息技术，特别是互联网以及快速发展的物联网条件的，这在之前想不到更做不到，所以说它有了可能；同时它将大大提高学习效率和学习质量，与传统教育相结合将如虎添翼，所以它又是新要求。

网络化学习。互联网的发明发展，使得知识、信息的传播出现了这么几个新特点，一是不受时间和空间限制，无时无刻不在；二是海量呈现、自由搜索，无须借助纸质媒体；三是随时随地的移动学习成为可能。如果学习者不能利用互联网提供的如此巨大的便利，如果我们的教育还囿于特定的时空、特定的知识来源，那无疑等于自我边缘化，自我放逐。从 2012 年中国部分省市参加经济合作与发展组织（OECD）进行的国际学生评估项目（PISA）的情况来看，中国学生的纸笔测试成绩普遍优良，而网络测试成绩稍弱，反映了我国突破传统教育方式、学习方式的迫切性。

交互性学习。传统学习的基本形态是老师讲、学生听，一个个老师与学生单独发生联系，学生和学生之间没有联系的平台。而网络化，加上移动通信设备的使用，使得网络社区、虚拟社区的功能在学习上的运用空前活跃和重要起来，相同层次、相同特点、相同需求的学生在网络社区“同声相应、同气相求”，互相交流、互相学习、互相分享、互相促进。学生与教师的单向交流照样进行，师生、生生的多重对话也毫无障碍地实现了。

批判性学习。传统的教学是以完成规定教学进度，掌握标准答案为导向、为目标的教育。这种接受式学习的弊端始终受到人们批评，但工业化时期推行标准化以来，它基本适应了社会需要，没有得到多大改变。而未来社会是多变的、多样化的、充满不确定性的社会，标准答案将越来越不标准，唯一的选择也将越来越不唯一，一种现象多种解释、一个问题多种答案将成为常态，从小形成批判性思维，探求多种解决方案，将成为基本的和必备的学习品质。

个性化学习。随着简单的、机械的、重复性的工作越来越被智能机器人所替代，人的活动、人的工作将越来越指向高情感的、艺术性的、个性化的活动和工作。个性化不再仅仅是一种精神的追求，而是社会现实的需要，是主观愿望与客观需要在新的层次上的结合。在教育、学习领域的个性化资源包、个性化推送、个性化诊断、个性化练习、个性化定制等将成为很大的市场。

综合性学习。分科和分科性学习是学术、科学和人类文明发展的重要历史进程，到机械唯物主义的晚期达到最高水平。20世纪以后，特别是21世纪以后，学科、科学的发展越来越以交叉、重叠、综合为特征，解决社会复杂问题越来越依赖于综合运用学科知识的能力。将不同学科的知识、方法和价值融会贯通的能力成为学习者最核心的能力。淡化学科概念、推迟专业分工、打破学科壁垒，已经成为世界教育改革的潮流，也是我国新高考改革的重要导向。

所有这些变化将带领学习者走向新的学习境界，同时也对教师和教学提出了新的要求，尤其对填鸭式、满堂灌的教学产生了根本性挑战。其实，早在2500年前，孔子就提倡启发式教学，要求："不愤不启，不悱不发，举一隅不以三隅反，则不复也。"不经过思考不继续教学，不达到临近的程度不提供答案，讲一个道理能举出三个例子来说明那才是真正明白了。几十年前叶圣陶先生就曾说过，"教是为了不教"，学生达到不教自教、自主学习的境界，才是教育的目的，才是教育的最高境界。这样一种境界在未来教育中不仅是一种追求，而且将成为一种基本需要，成为学习者处于良好地位的必要条件。

第八节 未来对教育管理的挑战

包括学校管理制度在内的现代教育制度，是适应工业化要求逐渐建立起来的。现代科层制度是现代教育和学校管理制度的基础，控制是管理的核心，单向联系、垂直管理、适当赋权是现代管理制度的基本原则。统一性、标准化、以教定学是现代教育制度的基本特征，招生、学籍、学分、文凭、职称、职位等的控制是教育管理的关键要素。实践证明，这样的制度使行政效率得到了保证，教育发展空前迅速。

自从建立现代教育制度以来教育发生了四方面的变化。第一，教育普及率大幅提高，教育实现了从精英教育向大众教育的转变。与工业化进程如影随形，工业革命时期开始普及小学教育，电气化革命时期开始普及初中教育，电子化革命时期开始普及高中教育，人类进入信息社会以来，高等教育的普及化逐渐成为国家发展的普遍议题和事实要求。第二，教育的概念不断拓展，教育实现了从一次性、阶段性向多次性、终身性的转变。“一朝学习，终身受用”的观念已经被终身学习、终身发展的观念所取代。继续教育和在职培训盛行，资格证书、资格再认证制度已经成为终身学习的最重要的制度保证。第三，教育与社会深度融合，学校从有围墙向无围墙转变。100 多年前杜威说“学校即社会、社会即学校”，当时很难被人接受，现在这一观点在社教融合、产校融合方面普遍流行，灵活的学籍制度、鼓励在学创业制度，达到了杜威当年完全无法想象的程度。斯坦福大学把大学本科的四年制改变为五年制，五年期间学生可以随意进出，学分修满即可毕业，最快两年即可毕业，可以说是学校和社会深度融合的时尚先锋。第四，国际化进程深入推进，从国家标准向国际标准转变。国际入学标准、学业标准、质量标准、课程标准、考试标准越来越从理论走向实践。20世纪末OECD发起的国际学生评估项目（PISA），1999年启动的“博洛尼亚进程”，吹响了基础教育和高等教育加快国际化的进军号。

但是，尽管如此，教育管理的基本思路、基本制度依然是在我们熟悉的轨道上滑行。而互联网、数字化、智能化的加快发展，给世界带来了万物互联、扁平化、免费分享、虚拟世界的全新景观。在这样的背景下，多样性逐步替代统一性，个性化逐步替代标准化，小型化逐步替代大型化，以学定教逐步替代以教定学。对此，传统的教育管理体制与机制已经越来越不适应时代的发展，越来越成为阻碍变革的力量。

在世界万事万物相对分离的情况下，管理的一项重要工作和功能就是把教育资源根据需要整合起来。比如，学校就是把教师、学生、内容、方法、手段整合与联系起来，国家通过经费和政策为学校的管理提供保证或进行问责。而互联网、物联网及其相关技术的突破，把现实世界和虚拟世界的万事万物都联系了起来，而且这种连接迅疾、广大，并且可以基于发出者个体的要求随时任意组合。原来的科层制度的必要性和控制力均在下降，分散化、小型化、流动性趋势不断加强。每个人既是数据的分享者，同时又是数据的提供者。毫无疑问的是，垄断性、封闭性、自上而下的主导性的积极意义不断弱化，互动性、开放性、个体的能动性不断增强，教什么、学什么和怎么教、怎么学的固有模式正逐步瓦解，希望学什么就教什么、希望怎么学就怎样教的崭新模式将逐渐兴起。

面对如此景象，固有的管理显然面临着变革的挑战。这种情况似乎在各行各业都普遍发生，比如无人驾驶汽车从技术上说已经基本成熟，而现有的法律制度、交通管理制度、人们的行车习惯，特别是利益关系，明显成为新的技术、新的生产力发展的阻力。但是，生产力是最革命、最活跃的因素，最终它一定会推动生产关系的变革，这种道理具有普遍性。尽管因为教育行为不仅与生产力紧密联系，而且与社会关系、意识形态、价值观念紧密联系，教育管理的变革无疑更复杂，也更需假以时日，但教育管理的变革同样是不可避免的。

互联网背景下的管理变革是一个具有普遍意义的话题，教育又有其自身的特征。第一，管理理念从控制观转向服务观。变外在的强制性要求为激发内在的主观需要，通过协商式合作达成共同目标，通过提高服务水平、服务能力提高管理效能。第二，管理中心从管理者转向被管理者。在日新月异的新环境下，不仅要看怎样满足条文和规章，更要看怎样有利于工作，怎样有利于发展。第三，管理方式从垂直管理转向扁平化管理。通过搭建数据平台，推进平台的使用，收集更多的数据，达到优化管理的目的。第四，从“一刀切”、粗放式管理转向个性化、精细化管理。要办好每一所学校，教好每一个孩子，为每个学生提供适合的教育，就必须充分利用现代网络条件和大数据技术提高管理水平，推进各个层面的个性化服务。第五，从单向管理转向双向互动。互联网时代的一个重要特点是角色变化、身份互换的经常性、普遍性，师与生、官与民、老板与员工，供方与需方、卖方与买方、赢方与输方等，随着场景的不同，随时可能互换。持久的、单向作用的管理模式将越来越失去活力，代之而起的是双向的、多向的互动，共同构建有动力、有压力、有约束力的管理新模式。

◎讨论题：

1.“未来已来”对教育来说意味着什么?

2. 现代教育中的哪些内容会带进未来教育?

3. 教师如何应对未来教育的挑战?

出 版 人　郑豪杰
责任编辑　池春燕　邵　欣
版式设计　孙欢欢
责任校对　贾静芳
责任印制　叶小峰

图书在版编目（CIP）数据

教育新理念 / 袁振国著 . —3 版 . —北京：教育科学出版社，2023.1
（新时代教师教育丛书 / 袁振国主编）
ISBN 978-7-5191-3314-6

Ⅰ . ① 教…　Ⅱ . ① 袁…　Ⅲ . ① 教育理论　Ⅳ . ① G40

中国版本图书馆 CIP 数据核字（2022）第 212368 号

新时代教师教育丛书
教育新理念（第 3 版）
JIAOYU XIN LINIAN（DI 3 BAN）

出版发行	教育科学出版社		
社　址	北京·朝阳区安慧北里安园甲 9 号	**邮　编**	100101
总编室电话	010-64981290	**编辑部电话**	010-64989441
出版部电话	010-64989487	**市场部电话**	010-64989009
传　真	010-64891796	**网　址**	http：//www.esph.com.cn
经　销	各地新华书店		
制　作	北京浪波湾图文设计有限公司	**版　次**	2002 年 3 月第 1 版
印　刷	保定市中画美凯印刷有限公司		2007 年 9 月第 2 版
开　本	710 毫米 ×1000 毫米　1/16		2023 年 1 月第 3 版
印　张	19	**印　次**	2023 年 1 月第 1 次印刷
字　数	211 千	**定　价**	58.00 元